PHILOSOPHY OF SURVIVAL IN TURBULENT TIMES
Analysis of Rhetoric and Characters in Intrigues of the Warring State

乱世图存
《战国策》中的话术与人物分析

韩鹏杰 马 玲 ——— 主编
陈 晋 李 拓 ——— 副主编

西安交通大学出版社
XI'AN JIAOTONG UNIVERSITY PRESS

图书在版编目（CIP）数据

乱世图存：《战国策》中的话术与人物分析／韩鹏杰，马玲主编. --西安：西安交通大学出版社，2023.7（2024.1重印）
ISBN 978-7-5693-3307-7

Ⅰ.①乱… Ⅱ.①韩…②马… Ⅲ.①《战国策》-研究 Ⅳ.①K231.04

中国国家版本馆CIP数据核字（2023）第122144号

乱世图存　《战国策》中的话术与人物分析
LUANSHI TUCUN　《ZHANGUOCE》ZHONG DE HUASHU YU RENWU FENXI

主　　编	韩鹏杰　马　玲
策划编辑	王斌会
责任编辑	张　娟
责任印制	刘　攀
责任校对	蔡乐芊
装帧设计	董　琪　王泓瑾
封面题字	王　劲

出版发行	西安交通大学出版社（西安市兴庆南路1号 邮政编码710048）
网　　址	http://www.xjtupress.com
电　　话	(029)82668357　82667874（市场营销中心）　(029)82668315（总编办）
印　　刷	西安五星印刷有限公司
开　　本	880mm×1240mm　1/32　印张9.625　字数195千字
版次印次	2023年7月第1版　2024年1月第2次印刷
书　　号	ISBN 978-7-5693-3307-7
定　　价	65.00元

如发现印装质量问题，请与本社市场营销中心联系。

订购热线：(029)82665248　(029)82667874
投稿热线：(029)82668525

版权所有　侵权必究

序　章

硝烟四起的战国时代,有这样一群人,他们游走于各国之间,凭借三寸不烂之舌,使得诸侯国或是抱团,或是分裂。他们就是以苏秦、张仪为代表的策士。他们都是才能出众之士,结合当时的社会现状为国君出谋划策。他们孤身入别国,对他国国君说以利害,稍有不慎就会招来杀身之祸。这要求策士们对于捭阖之术拿捏准确,进退得当。因此,能够不辱使命完成游说任务的人,把握领导者心理的能力、分析情势的能力,以及临场应变的能力等都不是常人所能企及的。这些素质和能力在今天依然值得我们学习,也能够对我们的工作、生活起到指导作用。

一、关于《战国策》

《战国策》是西汉刘向编订的国别体史书,以秦、楚、齐等国家为单位,主要记述了战国时期纵横家的政治主张和策略,展示了战国时期的历史特点和社会风貌,是研究战国历史的重要典籍。

《战国策》总共三十三卷,计有"周策"二卷、"秦策"五卷、"齐策"

六卷、"楚策"四卷、"赵策"四卷、"魏策"四卷、"韩策"三卷、"燕策"三卷、"宋卫策"一卷、"中山策"一卷,约十二万字。因为这本书中所记载的大多是战国时期的纵横家为他们所辅佐的君王提出的政治主张和外交策略,所以刘向把这本书命名为《战国策》,并且沿用至今。

需要注意的是,这本书的作者并非一人,成书也并非一时,书中文章的作者大多数都无法确定。北宋时《战国策》散佚颇多,经过唐宋八大家之一的曾巩校补,形成我们今天所看到的《战国策》。

二、关于纵横捭阖

(一)关于捭阖

"捭阖"二字出自《鬼谷子》。《鬼谷子》又名《捭阖策》,是战国权谋大师鬼谷子王诩的重要著作,该书侧重讲权谋、策略以及言谈辩论的技巧,总共十四篇(一说二十一篇,一说十七篇)。相传苏秦、张仪、孙膑、庞涓都是鬼谷子的弟子。鬼谷子名叫王诩,据说他隐居云梦山鬼谷之中,故号鬼谷子。鬼谷子的隐居地被认为是中国历史上最早的军校。

捭阖指两种方法,出自《鬼谷子·捭阖篇》:"捭之者,开也,言也,阳也;阖之者,闭也,默也,阴也。"也是一种阴阳之道。单从字面上看,捭就是打开,阖就是闭合。若从游说术的角度来看,捭就是公开说出自己的意见,并且引导对方说出自己的意见,这种方法强调自我的强大,多表现为咄咄逼人,以气势让对方屈服,比如张仪的游说术;阖就是强调保持沉默,让对方先说出他的意见,然后以利诱之,说服对方,比如苏秦的游说术。

若从哲学的角度看,捭就是阳,阖就是阴,所以捭阖术又叫阴阳捭阖之道。捭讲究的是威势,故常常只讲害而不讲利,比较典型的例子是张仪游说韩王,毫不客气地说:"你们韩国的国土只有九百里,你们种的粮食也就是豆子之类,还有你们的国土无险可守,你们的军队也不行,所以跟秦国为敌那就是以卵击石。"这是捭。阖讲究的是以利诱之,比如同样是在韩国,苏秦游说韩王的时候,恰恰跟张仪是相反的,就是一直夸。说韩国地势好,四方都是要塞,土地纵横千里,兵器有天下闻名的韩弩,士兵也是一人可当百人用,这些话让韩王热血沸腾,立马决定"宁为鸡口,不为牛后"。

其实捭与阖都是在讲与人交往的技巧,两者相配合就是有张有弛。捭阖之术用到实践领域就是纵横术。

(二)关于纵横

纵与横的本义是东西为纵,南北为横。在战国时纵横被赋予了新的含义,这就是《战国策·序》中所说的苏秦合六国抗秦为纵,张仪以秦联合其他国为横。所谓"横则秦帝,纵则楚王,所在国重,所去国轻"。就是说,要讲连横,那就是秦国是头领;要讲合纵,那就是楚国为头领。当然齐国也有偶尔做头领的时候。这些纵横家在哪个国家,哪个国家就被看中;离开哪个国家,哪个国家就被轻视。战国时的纵横家是以苏秦、张仪为代表的,苏秦提倡合纵,张仪倡导连横,连横成功则秦国称帝,合纵缔结则楚国为王。

纵横讲的是合纵与连横，用通俗的语言概括其实就是外交上的"拉帮结派"，或者说是团结与分化。战国时期有几次非常有名的合纵与连横，比如说齐国的孟尝君田文，曾经合纵韩魏攻打秦国的函谷关。秦国也会连横其他国家攻打别国。

(三) 关于策士

战国时期士的种类有很多，包括勇士、策士、死士、方士，等等。我们要讲的主要是策士，策士中的"大牛"就是纵横家，他们在战国舞台上留下了很多故事，可以说是贯穿战国的始终。策士纵横家之外，要重点说的就是王。用现在的话说，策士纵横家只是首席执行官，王才是背后的大老板，毕竟策士纵横家的话都是对王讲的。除此还有著名的战国四公子，还有荆轲等刺客，都留下了至今广为流传的典故，构成了战国时代蕴含深刻智慧的话术大世界。

(四) 关于纵横家

纵横家属于策士，其中我们最熟悉的要数苏秦、张仪，而事实上，还有许多搅弄风云的人物。

按时间来划分，纵横家的活动大致分为三个阶段，第一阶段就是战国初期。这一阶段的特点是众弱联合以攻伐一强，也就是以合纵运动为主。这一阶段的代表人物是公孙衍，他曾经在秦国做过大良造，离开秦国后，开始联合其他国家攻打秦国。此时在秦国跟他对抗的就是赫赫有名的张仪。

第二阶段即战国中期。这一时期出现了众多纵横家的代表性人物,其中比较著名的就有战国四公子,苏秦、苏代、苏厉三苏,还有齐国的淳于髡、赵国的楼缓、虞信等。这是纵横家最活跃的时期,他们在各诸侯国纵横捭阖,在战国舞台上留下了非常精彩的故事。

第三阶段即战国中后期。这一时期以秦国纵横家的连横运动为主,因为秦国越来越强大了。代表人物有秦国的范雎、蔡泽、李斯、姚贾等。

刘向在《战国策·序》中这样评价纵横家:"战国之时,君德浅薄,为之谋策者,不得不因势而为资,据时而为画。故其谋扶急持倾,为一切之权,虽不可以临国教化,兵革救急之势也。皆高才秀士,度时君之所能行,出奇策异智,转危为安,运亡为存,亦可喜,皆可观。"

刘向对士这个阶层还是蛮肯定的,认为他们的所作所为皆"可喜可观",还能够使国家转危为安。刘向指出,战国之时的君主德性浅薄,所以替他们出谋划策,不得不以形势为依托。给他们讲大道理是不明智的,所以要根据时间的变化而谋划。这些人的谋略目的很多都是扶助急难,维持将要灭亡的国家,所以所做的一切可能只是权宜之计。当然,刘向也指出策士纵横家的计策既然都是权宜之计,就不能当作治国教化的良方,他们的计谋只是服务于救急。但无论如何,单从这个方面来讲,纵横家也都是才能出众的人士,他们能够转危为安,能够救亡图存,在战国大舞台上有那么多精彩表演,所以说"亦可喜,皆可观"。

看得出来,刘向对纵横家还是比较赞许的。这也启示我们,要多思考纵横家的思想与智慧,不要简单粗暴地把他们定义为花言巧语的

"骗子"。

《三国演义》里有"诸葛亮舌战群儒"的故事。诸葛亮来到东吴游说孙权联蜀抗曹,受到东吴群儒的刁难。当时东吴名儒步子山直接指出,孔明你是想效仿苏秦、张仪来游说我们吗?这很能代表一部分人对纵横家的蔑视。诸葛亮是怎么说的呢?

孔明曰:"步子山以苏秦、张仪为辩士,不知苏秦、张仪亦豪杰也。苏秦佩六国相印,张仪两次相秦,皆有匡扶人国之谋,非比畏强凌弱,惧刀避剑之人也。君等闻曹操虚发诈伪之词,便畏惧请降,敢笑苏秦、张仪乎?"

本来步子山想要给孔明一个下马威,说他想要效仿苏秦、张仪来招摇撞骗。诸葛亮直接反驳步子山,说他并不了解苏秦、张仪是什么人。他俩一个佩六国相印,一个两次为秦国宰相,这都是辅助国家的谋士,有匡扶社稷之才,不像步子山之流皆为避刀畏剑之徒,刚听说曹操的诈伪之词,便吓得投降,还有什么资格笑话苏秦、张仪呢?

无论哪个时期,总会有相当一部分人对这些有智慧,更有勇气的纵横家表达敬佩。

再强调一下,无论是策士纵横家,还是战国四公子,站在他们背后的都是王,他们才是战国舞台上真正的主角。比如说秦惠文王时期的张仪,秦昭襄王时期的范雎、蔡泽,秦王嬴政时期的李斯、姚贾,燕昭王时的苏秦,他们其实都是王手中的利剑,剑柄是握在王手中的。了解这一点,我们才能更好地了解纵横捭阖的深刻历史内涵。

目录

第一编 策士·纵横家话术鉴赏

第一章 颜率、张孟谈话术鉴赏 ········· 3

第一节 颜率说齐王:一言九鼎 ········· 3
第二节 张孟谈既固赵宗:前事不忘,后事之师 ········· 7

第二章 张仪话术鉴赏 ········· 12

第一节 张仪说秦王:削株掘根 ········· 12
第二节 张仪与司马错争论于秦惠王前:争名于朝,争利于市 ··· 15
第三节 张仪说魏王:积羽沉舟 ········· 18
第四节 张仪说楚王:势不两立 ········· 20
第五节 张仪说韩王:贯颐奋戟 ········· 23
第六节 张仪说齐王:朋党比周 ········· 27
第七节 张仪说赵王:缮甲厉兵 ········· 29
第八节 张仪说燕王:狼戾无亲 ········· 33

1

第三章　苏秦话术鉴赏 ………………………………………… 37

　　第一节　苏秦以连横说秦：羽翼未丰 …………………………… 37
　　第二节　苏秦始将连横：引锥刺股 ……………………………… 41
　　第三节　苏秦从燕之赵始合从：不可同日而语 ………………… 44
　　第四节　苏秦为楚合从说韩王：鸡口牛后 ……………………… 50
　　第五节　苏秦为赵合从说齐宣王：挥汗成雨 …………………… 54

第四章　苏代、苏厉话术鉴赏 ………………………………… 59

　　第一节　苏代为燕说齐：伯乐一顾 ……………………………… 59
　　第二节　赵且伐燕：鹬蚌相争，渔翁得利 ……………………… 63
　　第三节　苏厉谓周君：百步穿杨与百发百中 …………………… 66

第五章　鲁仲连、唐雎、虞卿话术鉴赏 ……………………… 70

　　第一节　鲁仲连话术鉴赏：排忧解难 …………………………… 70
　　第二节　唐雎话术鉴赏：怒怼"伏尸百万" …………………… 75
　　第三节　虞卿话术鉴赏：不遗余力 ……………………………… 79

第六章　蔡泽、姚贾话术鉴赏 ………………………………… 86

　　第一节　蔡泽：月满则亏 ………………………………………… 86
　　第二节　姚贾：咫尺之功 ………………………………………… 91

第二编　《战国策》与诸侯王

第七章　《秦策》与秦王 ……………………………………… 101

　　第一节　大秦帝国 ………………………………………… 101

第二节　道不拾遗与商鞅变法 ·················· 106

第三节　嬴驷对商鞅:五马分尸 ·················· 110

第四节　秦惠文王灭巴蜀三国:石牛粪金 ·················· 113

第五节　秦惠文王与陈轸:画蛇添足 ·················· 117

第六节　秦惠文王与陈轸再相逢:卞庄子刺虎 ·················· 120

第七节　秦武王:末路之难 ·················· 124

第八节　秦昭襄王与范雎:杜口裹足 ·················· 127

第九节　秦庄襄王与吕不韦:奇货可居 ·················· 131

第八章　《韩策》与韩王 ·················· 136

第一节　韩国风云 ·················· 136

第二节　韩昭侯:福无双至,祸不单行 ·················· 140

第九章　《赵策》与赵王 ·················· 144

第一节　赵国风云 ·················· 144

第二节　齐王使使者问赵威后:舍本逐末 ·················· 149

第十章　《魏策》与魏王 ·················· 153

第一节　魏国风云 ·················· 153

第二节　魏文侯与虞人期猎:文侯守信 ·················· 158

第三节　魏文侯与西门豹:似是而非 ·················· 162

第四节　庞葱与太子质于邯郸:三人成虎 ·················· 166

第五节　魏安釐王:南辕北辙 ·················· 170

第十一章 《楚策》与楚王 ········· 174

第一节 楚国风云 ········· 174

第二节 江乙与楚宣王:狐假虎威 ········· 177

第三节 楚威王与莫敖子华:断胆决腹 ········· 182

第四节 楚襄王:见兔顾犬与亡羊补牢 ········· 186

第十二章 《燕策》与燕王 ········· 191

第一节 燕国风云 ········· 191

第二节 燕昭王:千金马骨 ········· 194

第十三章 《齐策》与齐王 ········· 196

第一节 齐国风云 ········· 196

第二节 齐威王与邹忌:门庭若市 ········· 200

第三节 齐宣王与颜斶:安步当车 ········· 205

第四节 齐湣王与王孙贾:倚门倚闾 ········· 209

第五节 田单与齐襄王:长剑拄颐 ········· 213

第六节 君王后与齐王建:齐后破环 ········· 216

第三编 战国四公子

第十四章 孟尝君田文 ········· 223

第一节 孟尝君·冯谖弹铗 ········· 223

第二节 孟尝君·狡兔三窟 ········· 227

第十五章　春申君黄歇 ·················· 232

第一节　春申君·惊弓之鸟 ·················· 232

第二节　春申君·骥服盐车 ·················· 237

第三节　春申君·无妄之灾 ·················· 241

第十六章　信陵君魏无忌 ·················· 248

第一节　信陵君·窃符救赵 ·················· 248

第二节　信陵君·天下无双 ·················· 253

第十七章　平原君赵胜 ·················· 256

第一节　平原君·辞金蹈海 ·················· 256

第二节　平原君·富不期骄 ·················· 258

第四编　《战国策》之刺客

第十八章　刺客豫让：士为知己者死 ·················· 265

第十九章　刺客聂政：白虹贯日，仗剑入韩都 ·················· 273

第二十章　刺客荆轲：易水苦寒，一去不还 ·················· 282

第一编

策士·纵横家话术鉴赏

第一章 颜率、张孟谈话术鉴赏

第一节 颜率说齐王：一言九鼎

一

一言九鼎的典故出自《战国策》首篇《秦兴师临周而求九鼎》，讲的是策士颜率智保东周九鼎的故事。

据《史记·楚世家》记载，九鼎由三件圆鼎、六件方鼎组成，是国家权力的象征。相传九鼎最初是由大禹命人建造的。当时天下共分为九个州，九个州的臣子都纷纷贡献出州内异常宝贵的青铜，献给大禹，而大禹铸造的九鼎，便象征着天下的九个州，九鼎周身环绕着九州山河，代表的是国家统一繁荣。青铜九鼎遂成为传国重宝，相传得此物者将得天下。

至春秋五霸时期，九鼎存于周王室。只是此时，周王室已经逐渐衰落，到了战国时期更是虚弱不堪，管辖范围大幅度缩减。各诸侯国虎视眈眈,都想取周天子而代之,其中就有战国时期已经非常强大的秦国。秦国在战国初期就已经常年征战,胜绩也是远远多于败绩,国力逐渐强盛,到了战国中期,已经可以与齐国、楚国这样的强国争锋,成为一流强国,有了问鼎中原的心思。

二

当时诸侯争霸愈演愈烈,相互之间讨伐不断,到底谁有资格取代周天子统一天下?各路诸侯对九鼎觊觎已久,秦国兴师讨伐东周王室,实则是索要至宝青铜九鼎。

秦国大军打败韩国之后,军心大振,到达周京畿附近,向周王索要九鼎重宝。周王心中十分烦忧,九鼎是国之重器,若是拱手相送,周天子颜面荡然无存,若是不交出青铜九鼎,那么就有可能遭受灭顶之灾。周王将心中的担忧告知自己的心腹颜率。颜率请求出使齐国一趟,让周王暂且不要与秦王开战。

颜率至齐,谓齐王曰:"夫秦之为无道也,欲兴兵临周而求九鼎。周之君臣,内自画计,与秦,不若归之大国。夫存危国,美名也;得九鼎,厚宝也。愿大王图之。"齐王大悦,发师五万人,使陈臣思将以救周,而秦兵罢。

颜率来到齐国,对齐王说:"如今秦国打算兴兵索要九鼎,此作为是为无道也。周室君臣商议后觉得,九鼎给秦国,不如给齐国。这样齐国既救了周室,得到美名;又得到了九鼎,可以作为国之珍宝。希望大王考虑。"齐王闻之大喜,出兵五万,以陈臣思为将,出兵救周,秦国退兵。

颜率这一招很有智慧,说与其把青铜九鼎给秦王,不如给齐王。周天子当时还是名义上的天下共主,齐国能为周天子解围,而且还能得到青铜九鼎,齐国满朝文武都觉得这是一个树立威信的良机。并且九鼎又是传国重器,黎民百姓知道齐国得到九鼎,必然更拥护齐国统一天下。齐王很高兴,立即派遣大军,去为周王室解围。秦国军队听闻齐国大军援助周王室就撤退了,为了青铜九鼎没必要和当时威名赫赫的齐国对峙。这一局,颜率完胜。

三

秦国退兵之后齐王索要九鼎,周王再次犯难,颜率又一次出使齐国。

颜率到齐国后,向齐王诉说了对齐王派兵援助的感激之情,并打算将九鼎心甘情愿献给齐王。颜率问道:"不知道贵国要经由哪条路把九鼎运送到齐国?"

齐王早就想好了,说道:"寡人想要借道梁国。"颜率一听借道梁国,心中暗喜。他对齐王说梁国国君早就想得到九鼎,并且一直谋划着夺鼎事宜,所以九鼎一旦进入梁国,怕是不可能出来了。

齐王继续说要借道楚国:

"寡人将寄径于楚。"对曰:"不可。楚之君臣欲得九鼎,谋之于叶庭之中,其日久矣。若入楚,鼎必不出。"王曰:"寡人终何途之从而致之齐?"颜率曰:"弊邑固窃为大王患之。夫鼎者,非效醯壶酱甀耳,可怀挟提挈以至齐者；非效鸟集乌飞、兔兴马逝，漓然止于齐者。昔周之伐殷，得九鼎，凡一鼎而九万人挽之，九九八十一万人，士卒师徒，器械被具，所以备者称此。今大王纵有其人，何途之从而出？臣窃为大王私忧之。"

颜率一听，继续回答楚国也不行，因为楚国国君为得到九鼎，一直在叶庭谋划。楚国是当时的强国，实力可与齐国一较高下。齐王反问颜率有何方法将九鼎稳妥地运送到齐国。

这一切仿佛都在颜率的计划之中，只是齐王还蒙在鼓里。颜率于是表明了运送九鼎的困难。这九鼎不是瓶子罐子那种小器皿，容易运送，也不是放在怀里就可以拿到齐国，更非鸟类一般可自己飞到齐国。当初周把九鼎由殷都运回时用了八十一万人，而且还需要制造很多工具器械，准备被服粮饷等，这几乎就是无法完成的任务。

颜率如此说，齐王也明白过来了，周天子根本不打算将青铜九鼎给自己。

"子之数来者，犹无与耳。"颜率曰："不敢欺大国，疾定所从出，弊邑迁鼎以待命。"齐王乃止。

颜率说来说去也是不打算将九鼎给齐国，齐国是赔了夫人又折兵。颜率见齐王动怒，就赶快说自己不敢欺骗齐国这样的大国，等齐王选好路，周王随时可以将九鼎献给齐国。因为没有合适的路线，齐王只好放弃了九鼎。也许齐王也考虑到战国时期动乱异常，诸侯征战不断，齐国无法花费如此多的人力物力去运输青铜鼎，并且也确实担心其他国家半路劫持,所以就彻底打消了夺取九鼎的念头。颜率又完胜第二局。

四

颜率在处理这件事上可谓战国"空手套白狼第一人"。先是以送九鼎许诺,不提难处只道好处,待到危机解除,再摆出运鼎的重重困难,齐王也只得吃了这个哑巴亏。

历史上有不少人赞扬颜率是极有智慧的大臣,赞他为高才秀士,帮助君王度过危机,可谓智慧过人。

周王室在战国时期已经名存实亡,各诸侯王都想一统天下,取周天子而代之。在这危急关头,颜率挺身而出,游刃有余地处理此等危机,使得秦王问鼎成了一个大笑话。

至于齐王更是欲哭无泪,自己辛辛苦苦谋划着得到象征国家统一的九鼎,结果竹篮打水一场空。

颜率不愧为《战国策》中第一个出场的谋士。虽然后世诟病其有诈欺之嫌,但当时周王室已是岌岌可危,用这种方法也是无奈之举,也依然不枉"一人之辩,重于九鼎"的美名。

第二节　张孟谈既固赵宗:前事不忘,后事之师

说战国,聊历史,学话术,谈智慧,这就是我们了解战国的独特角

度。当然,知晓历史的意义是以史为鉴。这节要说的"前事不忘,后事之师"也正是如此,意思是人们应当记住过去的经验教训,作为以后行事的借鉴,避免重蹈覆辙。此类智慧还有很多典故,比如前车之鉴,比如殷鉴不远,等等。

前事不忘,后事之师,这个典故的主角叫张孟谈,他是三家分晋这个历史事件中不得不提的人物之一。三家分晋是战国的开端,但它并不是发生在某一个确定的年份,而是指一个过程。

分晋的三家是谁呢?就是韩、赵、魏。有个成语叫秦晋之好,说的就是秦国和晋国这两个大国之间的关系总体上还是不错的。秦国是个大国,晋国也是个大国,可是晋国后来出现了问题,国君权力旁落,实权被几家卿大夫把持,主要是智、赵、韩、魏四家,其中智家的势力最大。

至公元前453年,这四家最后归为三家,这中间发生了什么事情呢?智伯瑶自居老大,专横跋扈,以复兴晋国的名义强行向其他三家卿大夫索要土地。韩康子与魏恒子惧怕智家,均服从了智伯瑶的安排。智伯瑶又向赵襄子要,但赵襄子硬是不给,智伯瑶大怒,就带着韩、魏两家去攻打晋阳的赵襄子。

攻打的过程中,赵国拼死坚守,双方僵持不下。于是,智伯瑶想了一个毒计,引汾河之水把晋阳给淹了。晋阳成了一片汪洋,智伯瑶还得意扬扬地向韩康子和魏恒子炫耀自己的毒计。韩康子、魏恒子心中十分惊恐,因为他们的封邑的地势与晋阳很相似。他们的惊恐之情被智伯瑶手下的一个大臣发现了,他就跟智伯瑶说这两家有异心。自以为是的智伯瑶直接就把韩康子和魏恒子叫过来,问他们是否有异心。他们说没有没有,根本没有异心。结果向智伯瑶进谏的大臣被气走了:"我对你说了这么重要的事情,你竟然轻而易举地就把我出卖了,蠢成这样还怎么辅佐你啊?"智伯瑶这样做事,就埋下了灭亡的伏笔。

在晋阳城被水淹的过程中,赵襄子手下的一个著名人物出现了,这个人就是张孟谈。张孟谈是怎么做的呢?他先对赵襄子说:"我觉得韩、魏两家跟着智伯瑶,其实不是真心的,只不过是迫于权势罢了。您让我今晚去说服他们,我们三家联合起来一起对付智伯瑶。"赵襄子允许之后,当天晚上,张孟谈就划着小船,趁夜色来到韩魏两家的营地,对他们晓之以理,动之以情:"大家都是迫于威权,你们今天虽然跟智伯瑶联手,但是将来也可能会落到我们赵家这种处境,咱们三家何不联合起来一起消灭智伯瑶呢?"韩魏两家被张孟谈说服,于是三家联合把智伯瑶灭掉。后来,韩、赵、魏三家觉得晋王也都没什么实权了,于是就把晋国也给分了。三家分晋是春秋时代与战国时代的分界点,并且战国七雄中的三雄就是由分晋而产生的韩、赵、魏。

其实,三家分晋后持续了几十年晋国才完全消失,但习惯上,都把战国的开端放在这三家封侯的时期。

再来说说张孟谈的结局。张孟谈功劳很大,也得到了赵襄子的善待,给他封官加爵。但张孟谈并没有居功自傲,反而跟赵襄子说自己要隐退:"今臣之名显而身尊,权重而众服,臣愿捐功名、去权势以离众。"

赵襄子一听,自然不同意,还很不高兴,就问他为什么要这样做。

但凡立了功劳的人，无一不想封官加爵，然后更好地为国家服务。张孟谈现在有这么好的一个位置却想要隐退，赵襄子不能理解。可是张孟谈不这样想，张孟谈对曰："……<u>臣观成事，闻往古，天下之美同，臣主之权均之能美，未之有也。前事之不忘，后事之师。君若弗图，则臣力不足。</u>"意思是："根据古往今来的例子，我认为天下一切的美好都是相同的，可是大臣与国君的权势相同还能友好相处的，却是从来没有过的呀。所以汲取过去的经验，可以作为今后做事的借鉴。您如果重蹈历史的覆辙，我也无能为力呀。"

张孟谈立功之后，为什么能说出这样的话？因为他很善于总结历史上的经验教训，知道功成而身退乃天之道，他的确有智慧。

张孟谈是很有智慧的，赵襄子能把他放走，也算是比较贤明的君主。张孟谈心里想到的前车之鉴都是什么呢？其中一个典故广为人知，就是春秋时期越王勾践手下的两位大臣范蠡和文种的故事。越王勾践卧薪尝胆的时候，这两个人帮了他很多，后来勾践战胜了吴王夫差。当初越王围困吴王时，吴王就曾经对文种和范蠡说："别打了，等你们把我打败了，你们也就离灭亡不远了！"为什么呢？狡兔死，走狗烹；飞鸟尽，良弓藏。兔子没了，猎犬没啥用了；用弓箭射鸟，鸟没了，弓箭也没用了。范蠡和文种的不同结局也发人深思。越灭吴后，范蠡就隐居山林，也有一说是大商人陶朱公便是范蠡，总之是功成身退了。文种没走，结果呢？有人给越王勾践进谗言说文种要造反，然后勾践听了这些谗言就赐了文种一把剑，说："你有灭吴六计，我用了两个，就把吴国灭了,现在你用剩下的四计去帮我的父亲吧。"文种只好自杀了。

所谓前事不忘,后事之师,意思是让我们汲取历史的经验教训。人类历史上最大的教训就是常常忘记了历史的教训,所以要牢记前事不忘,后事之师。

第二章　张仪话术鉴赏

第一节　张仪说秦王：削株掘根

这节要说的是削株掘根,意思就是斩草除根。一看这个成语,就知道肯定是一位"狠人"说的话。说这话的人就是张仪。

一

毫无疑问,策士纵横家的代表人物是苏秦、张仪。削株掘根这个成语出自《战国策·秦策一·张仪说秦王曰》。这个故事中的秦王是秦惠文王。那说的是什么事呢?张仪对秦王说:"且臣闻之曰:'削株掘根,无与祸邻,祸乃不存'。"张仪对秦王说,他听说斩草要除根,不给祸患留下胡作非为的空间,祸才不会存在。

二

这个故事的背景是张仪前去游说秦王,他首先夸赞秦国地势优越,政令清明,又说因为秦国谋臣不能够尽忠,所以导致四方诸侯不肯臣服,秦的霸业也就不能建立。张仪指出,秦国其实本来有三次可以称霸的机会,但都是因为没有能削株掘根,所以导致至今都没有建立霸业。

张仪对这三次机会的论述就不详细说了。《张仪说秦王》这一篇跟《韩非子·初见秦》很像,恐怕在张仪之前秦国也有对六国斩草除根这样一个谋略,通过这些可知战国时期的纵横家们做的谋划有多狠。

张仪以赵国为例,讲述了自己踏破三晋的设想:

赵氏,中央之国也,杂民之所居也。其民轻而难用,号令不治,赏罚不信,地形不便,上非能尽其民力。彼固亡国之形也,而不忧民氓。悉其士民,军于长平之下,以争韩之上党,大王以诈破之,拔武安。

这段话中有几个关键词:中央之国、上党、长平。张仪认为,赵国处于各诸侯国的中央,人民五方杂居,民众轻浮散漫而不好治理,导致国家号令无法贯彻,赏罚毫无信用。而且赵国的地理位置是不利于防守的,统治者又不能使人民的潜力全部发挥出来,这已经是亡国之势了。再加上赵国的君主不体恤民间疾苦,几乎把全国的百姓都遣送到了长平战场上,去跟韩国争上党这个地方。

张仪替秦国谋划,就要找赵国的弱点,于是他就说赵国人不听号令,中央之国门户洞开,地形也不好,等等,指出了赵国有亡国之势。这里涉及两个重要的城市,一个是上党,就是现在的山西省长治市,自古就是兵家必争之地。上党在河西之地非常关键,这个地方要是被秦国占了,赵国就门户洞开了。还有一个是长平,即现在的山西省高平市(隶属于长治市的县级市),秦昭襄王时秦赵于此进行了几乎可以称为决战的长平之战,秦将白起坑杀了赵国四十万兵众,是战争史上极其惨烈的大屠杀之一。

张仪为什么能够说服秦王、魏王、齐王等王者呢?这和他这种长远的眼光密切相关。很多事情可能一开始还没有发展到那一步,但他已经知道长此以往可能会发生什么样的事情。通过这个案例,可以看出战国时的这些纵横家是很有见识的,游说的时候能够抓住问题的关键。

三

张仪其人有几个特点。第一,他能把握住问题的关键,这说明他是一个很有智慧的人。第二,他很善争,很善于为自己的国家争得利益,为自己争得利益,在这方面毫不手软。第三,善辩,张仪辩才很高,口才很好。第四,善变,张仪非常善变,作为纵横家,他翻手为云、覆手为雨,非常善于明修栈道,暗度陈仓。第五,善于挑拨离间,特别是挑拨六国之间的关系。

张仪认为,秦国统一六国的顺序是先对韩、赵、魏三家削株掘根,然后再来征服和灭掉其他国家。

谋划已经有了,具体实施则有很多要注意的事项。张仪又是怎么提醒秦王的呢?他说:"且臣闻之,'战战栗栗,日慎一日'。苟慎其道,天下可有也。"战战栗栗就是战战兢兢、小心谨慎、慎终如始。张仪的意思是,只要战战兢兢,日慎一日,谨慎得法,则天下可有也。

历史上削株掘根的例子并不罕见,前边讲的自高自大的智伯瑶,最后被韩、赵、魏三家所灭,灭得还真狠,家族的二百多口人被斩草除根了。削株掘根,这就是《战国策》中张仪首次亮相留给我们的印象。

第二节　张仪与司马错争论于秦惠王前: 争名于朝,争利于市

作为纵横家的首要人物,张仪是一个善争之人,这节要说的话术就跟张仪的善争密切相关。这就是"争名于朝,争利于市",出自《战国策·秦策一·司马错与张仪争论于秦惠王前》。

一

秦惠王也就是秦惠文王,名叫嬴驷,是秦孝公的儿子,也就是做太子时被商鞅惩罚,即位后把商鞅的尸体车裂的那位秦王。其实,秦惠文王即位后先做了十四年秦惠文君,然后才称王。张仪和司马错的争论发生在秦惠文王称王后的第九年,也就是公元前316年。这一年在秦国朝堂发生了一场大辩论,这场辩论的双方一个是秦相张仪,另一个是秦将司马错,争论的焦点是到底该先打巴蜀,还是先打韩国。关于司马错的观点、论据,后边会专门来讲,这节重点讲张仪的观点。

二

张仪旗帜鲜明地主张先伐韩:"周自知不救,九鼎宝器必出。据九鼎,按图籍,挟天子以令天下,天下莫敢不听,此王业也。"意思是说,周

国君主自知没有办法自救,一定会交出传国宝器九鼎,秦国拥有九鼎,再依照周王室掌握的地图、户籍,挟周天子以号令天下,那么天下就没有人敢不听从秦国了,这才是帝王的大业。

张仪的意思很明确,鼓动秦惠文王先借道东周攻打韩国,趁机把周一灭,把象征王权的九鼎抢回秦国。还有一个是"图籍",图就是地图,籍就是户籍,天下的地图、户籍,都在周王室那儿呢,把这些都据为己有,就可以成就帝王大业。

张仪的意思很清楚,为什么要攻韩呢?其中有一个重要的原因就是攻韩可以"借道东周",然后把九鼎抢过来,把图籍抢过来,挟周天子以令诸侯。

至于蜀国,张仪说蜀国就是一个落后的小国,太远了、太偏了,就算夺取了那里的土地,也没有什么利益可获得。于是他说:"臣闻:'争名者于朝,争利者于市。'今三川、周室,天下之市朝也,而王不争焉,顾争于戎狄,去王业远矣。"

意思是,争名的话要来朝堂,争利的话要去集市。对秦国而言,三川、周室才是集市和朝堂,秦王却不去争,反而要去蛮荒之地伐蜀,这就让秦国离帝王之业越来越远了。

上文中的三川是指黄河、伊水、洛水,也就是韩魏之地;而戎狄是我国西方和北方非华夏部族的其他部族的统称,就是西戎、北狄等的合称。

但后来的事实证明,张仪的观点有所偏颇,司马错才是对的。因为得蜀后不仅得到了给养，还从那里绕道迂回攻击了楚国，是长远之策。

这是一场影响国运的辩论，最后秦王同意了司马错的主张，并派司马错、张仪率兵平定蜀国，还趁机把巴国、苴国也给灭掉了，秦国的疆域大为扩展。

张仪的谋略有两个特点。一是狠辣。他打算先跟楚魏联盟一起攻打韩国，打完韩国之后，回过头来再收拾"盟友"魏国和楚国，最后兵临周天子城下，挟天子以令诸侯。张仪认为韩国是必争之地，就像朝堂和市场一样，想争名就到朝堂上去争，想争利就到市场上去争。二是有点急功近利。挟天子以令诸侯，会留给其他国家以口实，这可是一步险棋。当时的周天子实际上已经没有什么权力了，就算真的把周天子给控制住，发号施令恐怕也没人听。可周天子的影响力虽然弱了，但是若有人利用"攻打天子"给秦国扣上非正义的帽子，联合起来攻秦，那秦国就危险了。此时秦国羽翼未丰，天下群起而攻之，很可能招致灭顶之灾。

三

后世的曹操手下有个谋士叫毛玠，给曹操出过"奉天子以令诸侯"的主意，意思是建议曹操把汉献帝好好侍奉着，做什么大事都以汉献帝的名义来做。曹操听从了毛玠的建议，他在世的时候只做手握实权的丞相，发布命令都是以皇帝的名义发出，这就占领了道义上的"制高点"。魏武帝是曹操的儿子魏文帝曹丕追封的。魏蜀吴三国争霸时常常都是曹操占据上风，这与奉行"奉天子以令诸侯"的策略不无关联。

比较一下会发现,张仪的"挟天子"与曹操的"奉天子"还是有着格局上的差别。不过话说回来,虽然这次张仪输给了司马错,但依然难掩他作为策士纵横家的光芒。

张仪善争,直言要争名于朝,争利于市。很多策士都出身寒微,如果不争,没有办法出名,所以这些人都很好争,但是张仪是善争。张仪善争善辩,这是不争的事实,也是绝大多数策士纵横家共同的特点,《战国策》也成为学习辩论很好的经典教材。不过要注意的是,我们学的是这些策士的进取精神,敢于争名于朝,争利于市,学的是他们的辩论水平,但是不要学他们的不讲诚信、挑拨离间,我们要有正确的价值取向。就说张仪本人,秦惠文王很听他的话,也欣赏他的翻云覆雨,所以秦惠文王时期他很风光,但秦惠文王的儿子秦武王,就讨厌张仪的翻云覆雨,秦武王即位后,他在秦国也就失势了,只能出逃魏国。

第三节　张仪说魏王:积羽沉舟

积羽沉舟,意思是羽毛虽然轻,但是积累多了,也可以把船压沉,小小的不利因素积累起来就会带来严重后果。

一

积羽沉舟出自《战国策·魏策一·张仪为秦连横说魏王》:"臣闻

积羽沉舟,群轻折轴,众口铄金,故愿大王之熟计之也。"

原文中除了积羽沉舟还有两个成语——群轻折轴、众口铄金,大概意思和积羽沉舟都是相同的。积羽沉舟是羽毛多了,也能压沉船只;群轻折轴是指轻的东西装得多了,也能压断车轴;众口铄金是指众口一词就足以融化金属。相同意思的还有"三人成虎"等。平常我们说的集腋成裘、积土成山之类都是正面的,而积羽成舟等则是侧重向坏的方向发展。

像张仪这种以"连珠"的方式使用成语,说服力还是比较强的。

二

张仪到魏国游说魏王,一上来就是一顿劈头盖脸的狂贬。他说魏国国土面积不大,兵将也不多,而且四面都是平坦的地形,正所谓诸侯四方通达之地。总而言之,就是一个没有防守天险之地,南边和楚国接壤,西边是韩国,北边是赵国,东边又与齐国相邻。可以说各个方向都是强大的敌人,而且没有险要的关口可以防守,很容易被攻破。这样的地形、地势,如果国力强大,方便出兵开疆拓土;若是国家弱了,则周边各国都来骚扰,国家很快就会四分五裂。这样的地形、地势,只能依靠一个强国以求生存。那么谁是强国呢?自然是秦国,况且秦国已经连横了魏国周边的国家,如果魏国不跟秦老大混,得不到秦国的保护,秦国就会动员齐国、赵国、韩国、楚国这些魏国周边的国家一起来攻打魏国!

张仪的这种方法叫"带盖摇",其实当时秦国还没跟这些国家真正建立铁盟,但他却已经把这些国家都说成是自己的资源了。话说到这里,张仪又给魏王出主意,说那些劝魏王合纵的人都是用大话欺人,是骗魏王的。他们是没办法和魏国联合的,魏国只有一条路,那就是跟秦老大连横,让秦国来保护魏国。最后魏王也确实屈服于秦国了。

张仪背靠秦国这棵大树,游说的语言都带着威胁的色彩。被吓傻的魏王给秦国进贡奇珍异宝、飞禽走兽,表示臣服。

三

说到合纵,按理说六国要真的紧密联合起来,秦国还是难以对付的。问题是六国心也不齐,这样就让能言善辩,善于翻云覆雨、挑拨离间的张仪有了可乘之机。张仪的游说术,很少有和风细雨式的,一般先是一通贬低,然后再给对方指条路,让对方觉得不屈服于秦国马上就会亡国,而被秦国保护就能图存。张仪的这一套看似简单粗暴,但在战乱不断的战国的确管用。

第四节　张仪说楚王:势不两立

势不两立这个成语今天也经常用,是指绝对的敌对状态,出自《战国策·楚策一·张仪为秦破从连横说楚》。《秦策一》《魏策一》《楚策一》中到处有张仪的身影。

一

张仪对楚王说:"凡天下强国,非秦而楚,非楚而秦。两国敌侔交争,其势不两立。"意思是说,如今天下的强国不是秦国就是楚国,不是楚国就是秦国,这两国不相上下,互相争夺,势不两立。势不两立就是由此开始逐渐演化为成语的,是指敌对双方不能够同时存在,又比喻矛盾不能调和,所谓有你没我,有我没你。张仪倒还真是胆子大,上来就说秦国和楚国势不两立,他这样做能够说服楚国吗?

二

张仪去游说楚王,开篇直接从秦国的土地辽阔、地理位置优越、兵强马壮、法律严明、将帅善武等五个方面,极力铺陈了秦国之强盛,使楚王有一种危机感。张仪说:"秦地半天下,兵敌四国,被山带河,四塞以为固。虎贲之士百余万,车千乘,骑万匹,粟如丘山。法令既明,士卒安难乐死。"

张仪所说的秦军"安难乐死"并非虚言。秦国军队强大狠戾,打仗时势如破竹,是杀伐果决的虎狼之师,这是各诸侯国公认的。其根本原因是商鞅变法推行的奖励耕战制度。商鞅虽被诛杀,但是制度没废,所以秦军一直保持着强大的战斗力。

张仪举了一个以群羊攻猛虎的例子来警告楚王,不要上推行合纵的策士的当,否则后果很严重:"且夫为从者,无以异于驱群羊而攻猛虎也。夫虎之与羊,不格明矣。今大王不与猛虎而与群羊,窃以为大王之计过矣。"那些搞合纵的人,让六国联合起来对付秦国,就像群羊攻猛虎,不用斗就知道结果了。楚王不与猛虎为伴而与群羊为伍,那就是大大失策了。这里又出现一个成语驱羊攻虎,意思是说驱赶羊群去进攻老虎,形容以弱敌强,力量悬殊,结果必然是失败。一通狂轰滥炸之后,张仪开始指责那些主张合纵的人,说他们夸夸其谈,强调的都是可能得到的利益,却不能窥见隐藏的祸患。

至此,可以说是铺垫到位了,重点来了!要知道,张仪来楚国是谈合作的,所以他话锋一转说:"凡天下强国,非秦而楚,非楚而秦,两国敌体交争,其势不两立。"

张仪表现出站在楚王的立场为楚王考虑的姿态,给出的结论也很合情合理,秦楚如果势不两立,两虎相争,咱都得不到好处,既然两国力量差不多,那为什么咱们不联合起来呢?隐含的意思是其他国家搞合纵让楚国领头,把楚国的力量耗完,他们趁机渔利。

张仪这一招可称为"明修栈道,暗度陈仓",口口声声说是为楚王考虑,其实都是为秦国考虑,的确是三寸不烂之舌胜于百万之兵。

三

"势不两立"一说,除了张仪用过,苏秦也用过,后世也经常使用。以三国时代为例,《三国志·周瑜传》里面孙权曾说:"今数雄已灭,惟孤尚存,孤与老贼势不两立。"他是要与曹操势不两立。周瑜也说过"吾与老贼势不两立",针对的也是曹操。当时诸葛亮想说服周瑜跟蜀国联合起来抗曹,便有意引用曹植《铜雀台赋》中的两句诗:"揽二桥于东南兮,乐朝夕之与共。"文中的"二桥"是两座桥,诸葛亮有意曲解,给周瑜念《铜雀台赋》,将两座桥改成了大乔小乔,故意说曹操想把孙权的夫人大乔和周瑜的夫人小乔都抢到铜雀台,然后"乐朝夕之与共",结果真把周瑜激怒了,所以一定要和曹操势不两立。

张仪善争,能争名于朝,争利于市;善辩,善于抓住对方的心理,巧舌如簧;善变,能随机应变,翻云覆雨。总之,张仪是策士纵横家中的风云人物,通过上述话术亦可见一斑。

第五节　张仪说韩王:贯颐奋戟

一

贯颐奋戟,出自《战国策·韩策一·张仪为秦连横说韩王》。这次张仪游说的是韩襄王,张仪说:"秦带甲百余万,车千乘,骑万匹,虎贲之士,跿跔科头,贯颐奋戟者,王不可胜计也。"

这一段话里出现了很多成语:虎贲之士、跿跔科头、贯颐奋戟等。科头是不戴帽子的意思,跿跔就是踊跃跳跃的样子,"跿跔科头"意指不穿盔甲、快速冲锋的轻装兵。正是因为秦人打仗之勇敢,奋勇争先,所以才有挥舞战戟、勇猛无敌的场面,也就是贯颐奋戟。

二

有解释说"贯颐"是托着下巴,这自然不妥,托着下巴怎么冲入敌阵？而如果联系前边的跿跔科头，贯颐奋戟就好理解了，就是脑袋别在裤腰带上，提着脑袋不惜命地勇猛冲锋。戟是一种古代的兵器，它是把戈和矛合到一块，既可以刺也可以砍。奋戟是军队奋勇作战的象征。

战国之时，有四个国家的军队很有特点：一是齐国的技击之士，由管仲开始训练，练各种各样的射箭术与武术，单兵作战能力很强。二是魏国的武卒，在魏文侯时由吴起训练。三是秦国的锐士，是商鞅到秦国后创建的军队，由司马错主抓训练。这三个进行比较，齐国的技击之士不如魏国的武卒，魏国的武卒不如秦国的锐士。四是赵国的骑兵，就是赵武灵王时在胡服骑射政策下训练的兵士，在和少数民族作战时很有优势。这四国军队都很有特点，最厉害的则是秦国的"虎狼之师"。秦国有二十级军功制，奖罚分明，所以秦军打仗是虎贲之士、跿跔科头、贯颐奋戟。

三

张仪是怎么游说韩王的呢？他一上来还是老套路，先跟韩王说，你们韩国不行，首先是地理位置不行："韩地险恶，山居，五谷所生，非麦而豆；民之所食，大抵豆饭藿羹；一岁不收，民不厌糟糠；地方不满九百里，无二岁之所食。"意思是说，韩国地形十分险恶，老百姓都居住在山中，所种植的粮食不是麦子就是豆子，老百姓吃的都是用豆子做的饭，用豆叶做的羹。假如有一年没有好收成，百姓吃糟糠都吃不饱。韩国国土方圆不满九百里，存粮不够吃两年。

地利不占优势说完后，张仪又说韩国的军队也不行，韩国的士卒加起来也不过三十万,就算把所有的苦力、杂役都算上,现在戍守关卡要塞的士兵也超不过二十万。看看秦国,单是披戴铠甲的精锐部队就有百万以上,战车上千乘,骏马万匹,勇猛的士卒更是数不胜数,而且个个勇猛无比,高举战戟,不畏惧死亡。这样的虎狼之师不仅韩国无法阻挡,其他五国也是难以阻挡的。比较完了,张仪这样给韩王打比方,说秦国和韩国打仗,就像千钧之重集于鸟卵:"山东之卒,被甲胄以会战,秦人捐甲徒裎以趋敌,左挈人头,右挟生虏。夫秦卒之与山东之卒也,犹孟贲之与怯夫也;以重力相压,犹乌获之与婴儿也。夫战孟贲、乌获之士,以攻不服之弱国,无以异于堕千钧之重,集于鸟卵之上,必无幸矣。"

"山东六国",指崤山以东的六国,齐、楚、燕、韩、赵、魏。有一个成语叫崤函之固,就是说崤山和函谷关一线固若金汤。秦国守住崤山、函谷关,其他六国就进不来。

崤山以东的士卒,他们披着铠甲,前来迎战。秦兵就算不披铠甲,赤身裸体去跟他们打仗,也能把敌人打败。秦军打仗是左手提着人头,右手挟持着俘虏。由此可见,崤山以东的士兵跟秦国的士兵比起来,就犹如懦夫和勇士孟贲相比,如果再用重兵相压,那就像大力士乌获对付婴儿一般容易了。用像乌获、孟贲一样勇猛的士卒去攻打不臣服的弱国,就像把千钧重的东西压在鸟卵上,必定没有可以幸存的。

总而言之,张仪最后给韩王的出路是,先事秦则安矣,不事秦则危矣:"故为大王计,莫如事秦。秦之所欲,莫如弱楚,而能弱楚者莫如韩。

非以韩能强于楚也,其地势然也。今王西面事秦以攻楚,为敝邑,秦王必喜。夫攻楚而私其地,转祸而说秦,计无便于此者也。"威胁完了,张仪开始给韩王出主意,让韩王臣服于秦国。秦国所要的是什么呢?就是想要削弱楚国,削弱楚国谁最重要?韩国最重要。倒不是说韩国比楚国强大,而是韩国的地势好,韩国挡住了楚国,跟秦国联合就叫连横。秦韩连横,一个小小的楚国算得了什么呢?韩国也可以避免灾祸了,转祸为福,没有比这更好的计策了。

张仪这个套路我们已经很熟悉了。就是前面威胁,然后再"好心"为大王献计。韩王一听,很快就屈服了,并将宜阳敬献给了秦王。宜阳,就在现在的洛阳,是一个非常重要的地方,宜阳一旦归属秦国,韩国的门户就大开了。在秦国统一六国的进程中,韩国最先灭亡,与一次一次割地,把重要的地方献给秦国密切相关。这次就很有代表性,韩王听信了张仪的主张,间接地丧失了对国家主权的掌控。那些合纵的策士游说韩王时激发的一点点独立的小火苗,又被张仪的恫吓浇灭了。

四

张仪的屡屡得手,完全是张仪说话水平特别高吗?也不完全是,这与秦国的强大关系密切,秦国的强盛给张仪提供了平台。所以不要太局限于策士的话术,他们背后的国力才是最重要的。这是我们了解历史时要重点关注的。

第六节　张仪说齐王：朋党比周

一

朋党比周，出自《战国策·齐策一·张仪为秦连横齐王》。

什么是朋党？《战国策·赵策二》也有"塞朋党之门"之语，意思就是不让朋党相互勾结，排除异己。朋党多指同类的人形成的集团、派别。朋党一般做什么呢？多是以恶相济，不同朋党常常因为政见不同而互相倾轧，总之就是结党营私，排斥异己。

历史上有很多朋党之争，宋朝欧阳修有《朋党论》，明确给朋党定性，就是干坏事的人结合在一起了。比周的意思是集结、聚合、亲近、营私，这在当时是一个很常见的说法。比如《管子》中有"听群臣比周，则群臣朋党，蔽美扬恶"，意思是大臣们结党营私、蔽美扬恶。还有《荀子》里也说："不比周，不朋党"，《战国策·楚策一》里也有关于比周的说法："下比周，则上危；下分争，则上安。"意思是臣子结党营私，君主就危险了。可见比周、朋党都不是什么好词。

二

这次，张仪在说服齐王的时候，也用了朋党比周的说法。张仪游说了魏王，游说了韩王，这次来游说的是齐王。和以往的先贬低不同，这次他是先大赞齐国:"天下强国无过齐者,大臣父兄殷众富乐,无过齐者。"天下强国没有比齐国更厉害的了,朝野上下的大臣及家族都富足安乐,这一点也没有哪个国家能赶得上齐国了。张仪的话很有深意,一是表面上高抬齐国,说齐人都很富庶,生活都很安定,隐含的意思是也就没有什么进取之心,这是明扬实贬;二是为下文的转折埋下伏笔:"然而为大王计者,皆为一时说而不顾万世之利。"

张仪操纵连横,攻击合纵是必然的。他说为大王谋划的人,都空谈一时的安定,并不能谋划出万世长治久安的政策。于是开始说合纵的坏话:"夫从人朋党比周,莫不以从为可。"

张仪以齐鲁交战、秦赵交战为例,举实例来说事。他说齐鲁交战三次,鲁国三战三胜,但是鲁国并没有因为战胜而更加繁荣,反而衰弱了,最后还亡国了。张仪举的第二个例子是秦国和赵国交战,这和齐鲁交战是一个道理,赵国虽然屡次获胜,但最后也是耗不起,由强国变成弱国。秦国强大赵国弱小,所以赵国能胜几次也没什么可得意的,最后吃亏的还是赵国。

张仪讲了这么一通,落脚点还在齐国。齐国的这些繁荣有什么用呢?如果齐不臣服于秦,那么秦国就会带领韩国、魏国来攻打齐国南部,还会征调赵国,越过河关,攻打齐国的西面、北面,到那时齐王再考虑归顺秦国就已经来不及了。

张仪的陈述条理清楚,逻辑严密,虽一副为齐王深谋远虑的姿态,但字里行间渗透着为秦连横谋利的打算,这就是张仪"明修栈道,暗度陈仓"的游说术的典型例证。

在"顺秦者昌,逆秦者亡"的威胁之后,张仪给齐王的出路就是与秦连横。结果,齐王说:"<u>请奉社稷以事秦。</u>"献鱼盐之地三百里于秦也。这里的鱼盐之地是指出产鱼与盐的富庶之地。这也就是《六国论》里所说的割地之祸。

第七节　张仪说赵王:缮甲厉兵

一

缮甲厉兵,缮甲的意思是修治铠甲,厉兵就是指磨砺武器。不管是缮甲还是厉兵,都是在做军事准备。类似的成语还有秣马厉兵,秣马的意思是喂饱马,厉兵的意思同上。

缮甲厉兵出自《战国策·赵策二·张仪为秦连横说赵王》,这次张仪游说的对象是赵王。

张仪这次去游说赵王,首要目的是离间燕赵两国,使燕国不再倚仗赵国。他先是吹捧赵国的兵力强盛,然后又说:"<u>大王收率天下以摈秦,秦兵不敢出函谷关十五年矣。大王之威,行于天下山东。弊邑恐惧慴伏,缮甲厉兵,饰车骑,习驰射,力田积粟,守四封之内,愁居慴处,不敢动摇,唯大王有意督过之也。</u>"张仪说秦兵因为畏惧赵王而十五年不敢出函谷关,这个要先解释一下,其实秦国不敢出函谷关攻打"山东六国",主要的原因倒不是怕赵王,而是合纵的"山东六国"联合起来针对秦国,让秦国很被动,不敢出函谷关。张仪呢,把这个功劳算在了赵王的头上,是给赵王戴"高帽子"。赵王也很高兴地接受了张仪的"高帽子"。张仪说赵王率领天下诸侯对抗秦国,以至于秦国军队不敢出函谷关已经有十五年了。赵王的威信行通于天下和"山东"其他五国,秦国对此非常恐惧,于是就开始修缮铠甲、磨砺兵器、整顿战车、苦练骑射、致力农耕、广积粮草,严守四面边疆,过着忧愁恐惧的日子,不敢轻举妄动,就怕赵王责备秦国的过错。

这个套路张仪倒很少采用,大概赵武灵王的变革的确使赵国和以前大不一样。以前的赵国也不是很有存在感的国家,到赵武灵王推行胡服骑射后,赵国逐渐强大起来。

二

张仪到各个国家,采取的方式不一样,这次拼命给赵王戴"高帽子",必有所图。张仪接着说,秦国虽然现在地处偏僻,只有敝甲钝兵,但还是希望渡过黄河、越过漳水、占领番吾,与赵军会战于邯郸城下。秦国的军队已经缮甲厉兵,准备跟赵军大干一场。所以呢,希望跟赵王定好一个作战的日期,秦王就是特地派他来告诉赵王这件事情的。

张仪这叫下战书。而且他用了一个名头是秦国要效仿周武王伐纣,秦王要他早早地把这件事告知赵王。张仪先鼓吹赵国兵力强盛,说赵国使秦国不敢踏出函谷关已有十五年之久,这是为了顺着话头指责赵国的强权政治,并引出合纵联盟让秦国怀恨在心,特来下战书,要与赵国决一死战。接着张仪话锋一转,将话题引回到合纵连横之上:赵国要么跟秦国连横,要么跟随公孙衍、陈轸他们合纵。张仪还给赵王分析:"今楚与秦为昆弟之国,而韩、魏称为东蕃之臣,齐献鱼盐之地,此断赵之右臂也。夫断右臂而求与人斗,失其党而孤居,求欲无危,岂可得哉?""昆弟"是友好、友爱的意思。张仪说,现在楚国跟秦国已经是好朋友了,韩和魏也已经臣服于秦国了,齐国现在已经把鱼盐之地都献给秦国,这就相当于断了赵国的右臂,一个被割断了右臂的人去与人搏斗,失去了同盟而孤立无援,想要没有危险,这怎么可能呢?

张仪的确厉害,历数合纵阵营分崩离析的现状:合纵的这些国家,一个和秦国已经成了好朋友,一个已经向秦国献上富庶的鱼盐之地,两个已经成了秦国的"东蕃之臣",赵国和秦国交战,想要自己没有危险,岂可得哉!说着说着,张仪习惯性地露出了獠牙。

三

张仪游说的特点是先高压,再追打。这次他虽然先捧了赵王,但马上就追打合纵者,然后再追打赵王:都是你们的错,弄得我们秦国函谷关都出不来,所以我们天天准备,准备好了就来跟你们打。最后再狠狠威胁。这就是张仪的套路。那么,他是怎么威胁的呢?他说如果赵国不归附秦国的话,秦国就带领齐、韩、魏三国一起攻打赵国,瓜分赵国的国土。

张仪的这段话,是想让赵国感觉自己就像秦国砧板上的鱼肉,毫无选择的余地。这时,张仪又给赵王指明出路:赶快跟秦国连横!赵王是什么态度呢?张仪这次游说的结果怎样呢?赵王说:"先王之时,奉阳君相,专权擅势,蔽晦先王,独断官事。寡人宫居,属于师傅,不能与国谋。先王弃群臣,寡人年少,奉祠祭之日浅,私心固窃疑焉。以为一从不事秦,非国之长利也。乃且愿变心易虑,剖地谢前过以事秦。方将约车趋行,而适闻使者之明诏。"于是乃以车三百乘入朝渑池,割河间以事秦。赵王说先王在世之时,奉阳君一人独断朝纲。他那时在深宫读书,不能参与国政。当先王丢下群臣仙逝的时候,他年龄还小,现在亲政的时日不多,但内心却非常疑虑,与各诸侯国订立合纵之盟抗拒秦国,根本不是治国安邦的长久之计。因此正想重新考虑,改变战略国策,向秦割地,为以前参加合纵的错误向秦国谢罪,希望与秦国友好相处。赵王说他正准备车马要到秦国去时,适逢张仪到来,使他能够领受教诲。于是赵王率领三百战车到渑池去朝见秦王,并把河间之地献给秦国。

四

赵国也屈服了,六国的合纵分崩离析。单以赵国的力量无法抵抗秦国的虎狼之师,赵国采取韬晦之策也情有可原,但这种做法破坏了合纵联盟,因此六国的互相不信任、不团结也是张仪屡屡得手的重要原因。

张仪的游说可谓绵里藏针、以势压人,非常有针对性。首先他恭维赵国势力强大,然后话锋一转,指责赵王以前的合纵大大损伤了秦国的利益,秦国不仅怀恨已久,而且不惜与赵国一战。接着他不谈战事,指出合纵联盟解体已成定势,而连横已成各国的共识。最后张仪再现锋芒,以强大的实力胁迫赵王就范。张仪的游说算是最后通牒,是当时的霸权主义者惯用的外交辞令。

张仪游说时虽以武力作为后盾,但他的言辞谋划得当、转折自然、软硬兼施,确实体现了出色的游说能力。

第八节　张仪说燕王：狠戾无亲

一

狠戾无亲,出自《战国策·燕策一·张仪为秦破从连横谓燕王》。

张仪为了游说燕昭王,在摩笄山这件事上大做文章,深挖赵国的"黑历史":"大王之所亲,莫如赵,昔赵王以其姊为代王妻,欲并代,约与代王遇于句注之塞。乃令工人作为金斗,长其尾,令之可以击人。与代王饮,而阴告厨人曰:'即酒酣乐,进热歠,即因反斗击之。'于是酒酣乐进取热歠。厨人进斟羹,因反斗而击之,代王脑涂地。其姊闻之,摩笄以自刺也。故至今有摩笄之山,天下莫不闻。"这真是一个悲惨的故事。上文提到的"代"即代国,在现在河北蔚县和山西大同一带,对赵国非常重要。代国原来是个小诸侯国,它并不属于赵国。早在赵襄子之前赵国就老想把这个地方据为己有,赵襄子时期赵国更是千方百计想要把代国据为己有。

代国不仅地理位置极为重要,还有一个著名的特产就是代国的马。后来赵国搞胡服骑射,用中原的马是不行的,用的是代国的马,代国马比中原马更适合做骑兵的战马。那怎么能把代国据为己有呢?赵襄子时期的代王是赵襄子的姐夫。赵襄子在雁门关宴请代王,并布置下杀手,用特制的长柄勺击杀代王。在喝酒喝得正高兴的时候,赵襄子花言巧语,让威武雄壮的代王和他能征善战的随从放松了警惕。随后赵襄子暗示厨师,让他上汤,由大力士假扮的厨师用特制的长柄勺猛击代王的后脑勺,一击毙命。席上还有赵王的一些卫士化装成舞者,从手拿的羽毛扇中抽出兵器,刺杀了代王的随从。

发生这种惨案,赵襄子的姐姐悲痛万分,便把簪子磨尖了自杀殉情,后人便把她殉情之地叫摩笄山。这座山在河北的涞源县境内,也叫鸡鸣山。这件事清楚了,也就知道了张仪的用心所在。赵王连自己的姐夫都杀,跟这样不讲诚信的国家结盟,会危机四伏。这就很有意思了,张仪本身也不太讲诚信,现在却拿赵王暗害姐夫来游说燕昭王。燕昭王是燕国难得的明君,张仪最后能说服他吗?

二

张仪紧接着举了现实中的例子,进一步证明赵国的狠戾无亲:"且以赵王为可亲邪?赵兴兵而攻燕,再围燕都而劫大王,大王割十城乃却以谢。"

赵国不仅兴兵攻打燕国,而且经常乘人之危,在燕国面临危险的时候,不仅不来救援,还趁火打劫。总之,攻你也好,帮你也好,你都得给我酬劳。燕国的十座城池不是让赵国拿走了吗?所以张仪说:"难道你觉得赵王是可以亲近的吗?更何况赵国如今献出了河间而归顺了秦国,如果燕国不归顺秦国,那就等着被打吧。"

话说到这个份上,该给出路了,张仪说:"大王要归顺秦国的话,我们秦国就罩着你,不归顺的话就只有死路一条,继续被赵国欺负吧!"燕王也知道燕国比较弱小,在七国中的存在感一直不高,于是赶紧表态说:"寡人蛮夷辟处,虽大男子,裁如婴儿,言不足以求正,谋不足以决事。今大客幸而教之,请奉社稷西面而事秦,献常山之尾五城。"常山之尾五城就是常山西南五城。对燕昭王这样的智者而言,他知道秦国得罪不得,所以只能献上燕国常山西南的五座城池给秦国,归附秦国。

要不说《六国论》写得深刻呢!今日割五城,明日割十城,各国都割,秦国的疆域岂不是越来越广,实力越来越强大?真打仗的时候六国又不团结,一国有难别国又不相救,所以说,六国联合看似强大,但是不团结,各打各的小算盘,动辄分崩离析,合纵阵营只能走向失败。

三

张仪游说六国完毕,秦惠文王更元十四年,也就是公元前311年,张仪返回秦国。张仪之前已经被封为武信君了,这次再回去,估计更加荣耀,要封侯了。岂不料还没走到咸阳的时候,秦惠文王嬴驷去世了,谁继位呢?秦武王嬴荡。秦武王是个武夫,他做太子的时候就不喜欢张仪,很多大臣趁张仪没回来就对武王说张仪的坏话。张仪一听这个消息很害怕自己重蹈商君覆辙,回到秦国忧心忡忡。

好在张仪有谋略,也有胆识。六国中恨张仪的人众多,比如齐湣王就说张仪到哪个国家,我就攻打哪个国家。于是张仪想了个金蝉脱壳的办法,对秦王说:"我不给咱秦国惹祸,我去魏国吧,让齐王攻打魏国,祸水东移。"此时的秦王恨不得张仪早早离开秦国,立马同意,君臣算是各得其所。

张仪到了魏国,又任魏国的丞相,可总是郁郁寡欢,立了这么大功,回到秦国一点封赏没有,转身就被踢了出来。在秦武王二年(公元前309年)也就是离开秦国的第二年便死在了魏国,一个纵横天下的纵横家就此谢幕。

张仪这个人出身贫寒,凭自己的努力,升到了秦相、魏相的高位,这的确是一种不多见的逆袭。

不过,战国时绝大多数的纵横家都有一个问题,就是诚信问题。张仪翻云覆雨,不讲诚信,给自己埋下了地雷。这也能够提醒我们,不管多有本事,还是要以诚信为本,因为,人无信不立。

第三章　苏秦话术鉴赏

第一节　苏秦以连横说秦：羽翼未丰

一

羽翼未丰,出自《战国策·秦策一·苏秦以连横说秦》:"秦王曰:'寡人闻之,毛羽不丰满者不可以高飞。'"

这里的秦王是秦惠文王,游说秦惠文王的纵横家是苏秦。

说到纵横家,张仪、苏秦经常被并列提及。巧的是,苏秦初出茅庐首先来游说的,也是秦国。面对苏秦的游说,秦惠文王不为所动,委婉谢绝了苏秦的提议,说秦国目前势力还不够强大,就像羽毛还没有长全的小鸟,所以现在还不能一展统一六国的鸿鹄之志。也许,秦惠文王的话里还有另外一层意思,是说苏秦也有点儿嫩,还有点儿志大才疏,还有点儿纸上谈兵,也处在羽翼未丰之时。

那么,苏秦是怎样游说秦王的?为什么没成功呢?

二

战国时出现了很多纵横家,除了张仪之外,还有一位就是洛阳人苏秦。据说苏秦跟张仪一样,也是鬼谷子的弟子,跟老师学习辩术谋略。学习结束后,苏秦变卖财产,置办行装,周游列国,希望有朝一日能凭借自己的三寸不烂之舌使自己的治国谋略得到君王们的接纳。秦是大国,所以苏秦便去游说秦惠文王嬴驷。虽然后来苏秦是以合纵之谋挂六国相印,可是他初出茅庐之时,却是倡导的连横策略,让秦国联合他国来征服其他国家。

他是怎么样游说秦惠文王的呢?首先他说秦国所处的地理位置优越:"大王之国,西有巴、蜀、汉中之利,北有胡貉、代马之用,南有巫山、黔中之限,东有肴、函之固。"苏秦善捧,他先夸秦国,说秦国西面有强大的巴蜀作为后援基地,还有富饶的汉中;北面有胡貉和代地骏马;南面还有巫山、黔中作为屏障;东面有坚固的崤山、函谷关防线。

苏秦说的第二点,是秦国资源的丰富:"田肥美,民殷富,战车万乘,奋击百万,沃野千里,蓄积饶多,地势形便,此所谓天府,天下之雄国也。"秦国物产丰饶,耕地肥美,百姓富足。战车有万辆,武士有百万,在千里沃野上物产丰饶,存粮丰厚,地理位置优越,这就是所谓的天府之国呀,天下显赫的大国啊!

苏秦说的第三点,是夸赞秦王的贤能:"以大王之贤,士民之众,车骑之用,兵法之教,可以并诸侯,吞天下,称帝而治。"苏秦说凭着秦王的贤明,士民的众多,战车的充足,还有兵法的教习,秦王可以兼并诸侯,独吞天下,称帝而治理天下。苏秦说这些话的目的非常明确,所谓货卖帝王家,他希望秦惠文王能够重用自己,以助秦国统一天下。

秦惠文王是怎么回答的呢?他说:"寡人闻之,毛羽不丰满者不可以高飞,文章不成者不可以诛罚,道德不厚者不可以使民,政教不顺者不可以烦大臣。今先生俨然不远千里而庭教之,愿以异日。"

秦文惠王说:"我听说羽毛不丰满者不能高飞上天,法令不完备者不能惩治犯人,道德不深厚者不能领导百姓,政教不顺民心者不能烦劳大臣。现在先生郑重其事不远千里地来开导我,改天吧,我再来听先生的教诲。"

最后一句话的弦外之音就是端茶送客,拒绝了苏秦的建议。人家秦王倒是很理性,称帝就会得罪各诸侯王,尤其是周天子,会弄得四面楚歌,所以秦王婉拒了苏秦的提议。苏秦有点沮丧,说的话就有些冲了:

夫徒处而致利,安坐而广地,虽古五帝、三王、五伯,明主贤君,常欲坐而致之,其势不能,故以战续之。宽则两军相攻,迫则杖戟相撞,然后可建大功。是故兵胜于外,义强于内;威立于上,民服于下。

苏秦的意思是,秦王要是老老实实在这儿坐着,却想获利,想得到土地,这是古代的五帝、三王、五伯那些明主贤君都不可能做到的,他们也都得用战争的方式。如果时间从容,就郑重其事两军列阵相攻;打得急了,那就得刀对刀、枪对枪、戟对戟,面对面厮杀,这样才可建大功,军队才能取胜,国内民众的士气也就会高涨。

本来秦国好战,被称为虎狼之师,但是秦国人也知道现在时机还未成熟,不敢冒进。

三

我们来分析苏秦话术中的问题。

首先话讲得有点急,一看秦王不接受自己的建议,婉拒了,想要送客了,于是急匆匆开始举例说商汤灭夏桀、周武王灭商纣,都是通过战争而雄霸天下的成功案例。其实,这时候再说这些已经没什么用处了,而且讲得又不大到位。

其次,苏秦认为得胜于外国,国内民众必然士气高涨,君王的威权就会增强,人民会自然地服从统治,但这并不是一个普遍规律。比如齐湣王,很好战,也取得一个又一个的胜利,最后却差点灭国,把自己的命都送掉了。可见苏秦此时还并不老练。虽然他的文辞很华美,气势很高涨,比如下面这段话:

今欲并天下,凌万乘,诎敌国,制海内,子元元,臣诸侯,非兵不可。今之嗣主,忽于至道,皆惛于教,乱于治,迷于言,惑于语,沈于辩,溺于辞。

这段话大意是,现在想要并吞天下,夺取王位,征服敌国,辖制海内,治理百姓,号令诸侯,实在是非用武力不行。可是如今秦惠文王继承王位成为当政的君主,却忽略了用兵的重要性,也不懂得教化人民,不修明政治,常被一些诡辩之士的言论所迷惑。

苏秦这是教训人家秦王被一些诡辩之士的言论所蒙蔽,沉溺在游说之士的言语辩词中,误信各种不适当的外交政策。苏秦忘了,交浅不能言深。初见秦王就说这些,一般会被拒绝。虽然后来苏秦又一连上了十多次奏章,但都是杳无音信。苏秦在秦国耗费完了所有的资财,好不容易置办的好衣服也破了,无奈之下只能灰溜溜地离开秦国回家了。

此时苏秦的游说术还不老练,秦惠文王也真是一个懂得自知自省的人,所谓知人者智、自知者明,秦惠文王能量力而行,懂得厚积而薄发。所以秦惠文王这个老江湖一眼就看出苏秦的问题,保持了对自己、对本国的清醒认知。虽然杀商鞅这件事常遭后人诟病,但总体来讲,秦惠文王确实算是一位知人且自知的优秀领导者。

第二节　苏秦始将连横:引锥刺股

一

引锥刺股,也就是"头悬梁,锥刺股"中的刺股,这依然是苏秦的故事,出自《战国策·秦策一·苏秦始将连横》:"<u>读书欲睡,引锥自刺其股,血流至足</u>。"读书疲倦打瞌睡的时候,就用锥子刺自己的大腿,让鲜血一直流到脚上以保持清醒,形容学习十分勤奋刻苦。

在"羽翼未丰"那一篇,苏秦对秦王说秦国地利兵强,领导有本事,希望秦王能重用自己,他来帮助秦王统一天下。可秦王以羽翼未丰、不能高飞为由拒绝了苏秦,说现在秦国的实力还不够强大,所以暂时还不能够施展鸿鹄之志。而此时的苏秦已经"黑貂之裘弊,黄金百斤尽,资用乏绝,去秦而归。嬴縢履跷,负书担橐,形容枯槁,面目犁黑,状有归色"。

苏秦的黑貂皮袄已经破了,银钱也用完了,资用匮乏,不得已只能离开秦国。他缠着绑腿布,穿着草鞋,背着一些书,挑着行囊,形容枯槁,神情憔悴,脸色又黄又黑,狼狈地回到自己的老家洛阳。

按说,从这么远的地方归来,费了这么大心力,家人应该给他安慰才是,家是温暖的港湾嘛!可是家人见到潦倒的苏秦却"妻不下纴,嫂不为炊,父母不与言"。妻子不下织布机,理都不理他,嫂子不给他做饭,父母也不跟他说话,真是好惨。苏秦仰天长叹说:"妻不以我为夫,嫂不以我为叔,父母不以我为子,是皆秦之罪也。"妻子不把我当丈夫,回来理都不理我,嫂子也不把我当小叔子,饭都不给我做,父母也不把我当儿子,这都是我苏秦的错误呀。于是苏秦"乃夜发书,陈箧数十,得太公阴符之谋,伏而诵之,简练以为揣摩。读书欲睡,引锥自刺其股,血流至足"。于是他在夜间打开书攻读,从几十个书箱里找出姜太公的《阴符》,伏案发奋钻研,选择重点加以熟读,反复揣摩演练书里的计谋韬略,读到疲倦打瞌睡的时候就用锥子刺自己的大腿,鲜血一直流到他的脚上,他仍看书不停。

《阴符》是姜太公所著,也叫《周书》,后世称为《阴符经》。姜太公即姜子牙,姜姓,吕氏,名尚,是周朝的开国元勋、兵学奠基人。他被历代皇帝和文史典籍尊为兵家鼻祖、武圣、百家宗师。他可谓大器晚成,七十多岁辅佐文王,后又辅佐武王,还辅佐周公促成了成康之治。《阴符》里有不少计谋,很多人都去学习,但学得最成功的大概就是苏秦了。其实一本《阴符》几天就能看完,苏秦反反复复看了整整一年。

"<u>安有说人主不能出其金玉锦绣,取卿相之尊者乎?</u>"期年,揣摩成,曰:"<u>此真可以说当世之君矣。</u>"苏秦说:"哪有像我这样去游说人主却没能换得锦衣玉食,得到卿相尊位的呢?"经过一年的认真研究揣摩,苏秦将《阴符》倒背如流且反复推演,然后自言自语道:"凭此能够游说当世的君主了。"

一本书一学就是一年!苏秦的读书方法也值得我们认真学习,与其读十本书,不如拿出读十本书的时间认真地读一本书,特别是经典。认真读好经典,是事半功倍的学习方法。

二

引锥刺股后的苏秦再战江湖,果真获得了金玉锦绣、卿相之尊,衣锦还乡了。当他衣锦还乡时,家人的态度发生了翻天覆地的变化。父母听说他回来了,清扫房子,修整道路,张罗酒宴,到离城三十里外去迎接他;妻子"侧目而视,倾耳而听",都不敢正视苏秦了,集中注意力侧着耳朵听他说话;不给他做饭的嫂子呢,"蛇行匍伏,四拜自跪而谢",像蛇一样爬行到苏秦面前,拜了四次之后,跪着向他道歉。苏秦曰:"<u>嫂何前倨而后卑也?</u>"嫂子为何以前那么傲慢,而现在又这样卑下呢?嫂曰:"<u>以季子之位尊而多金。</u>"他嫂子说,因为苏秦现在身份尊贵,钱财富裕啊!苏秦排行老三,所以嫂子称他季子。这种价值观在战乱频仍的战国也很普遍。

这段话里还衍生了一个成语"前倨后恭",他家人的所作所为引发苏秦的一番感慨:"嗟乎!贫穷则父母不子,富贵则亲戚畏惧。人生世上,势位富贵,盖可忽乎哉!"一个人如果穷困落魄了,连父母都不把他当儿子,一旦富贵显赫之后,亲戚朋友都感觉到畏惧。人生在世,权势、地位和富贵,怎么能忽视不顾呢?

苏秦的话虽然有点过于直白,但穷在闹市无人问,富在深山有远亲,也确实有一些道理。

第三节　苏秦从燕之赵始合从:不可同日而语

一

"不可同日而语",出自《战国策·赵策二·苏秦从燕之赵始合从》:"夫破人之与破于人也,臣人之与臣于人也,岂可同日而言之哉!"灭掉别的国家,或者被别的国家灭掉,让别的国家臣服或者臣服于别的国家,这两者绝不能相提并论。"不可同日而语",指不能放在同一时间谈论,形容不可相提并论,不能把截然相反的或者性质不一样的事物,放在一起来谈论。也指人或事物因时间的推移,情况有了很大变化。比如说我们今天的生活和战国时期的生活不可同日而语。再比如说从美貌的角度来讲,钟无艳和夏迎春不可同日而语,但从智慧的角度来讲,夏迎春和钟无艳也不可同日而语。

二

苏秦在游说秦惠文王失败后,回家引锥刺股发愤读书,终于学有所成。于是再次踏上了游说之途,想凭三寸不烂之舌换得金玉锦绣。

苏秦先去了燕国,为合纵之事游说燕文侯,即燕后文公。苏秦讲话和张仪不一样,张仪喜欢高压,苏秦喜欢夸赞。来到燕国,苏秦先夸了一番燕国,是天府之国,人民安居乐业,没有战争。燕国何以有这种和平的境况呢?是因为"以赵之蔽于南也",意思是前边有赵国充当屏障。苏秦游说的目的是劝说燕文侯与赵国结盟,由此苏秦从地理位置上分析了燕国与赵国的相依之势。接着他批评燕国的战略错误:"夫不忧百里之患,而重千里之外,计无过于此者。"

赵国算是燕国的"百里之患"。如果不好好处理这"百里之患",却把重点放在千里之外,那就太蠢了。担忧千里之外的秦国却不担心百里之内的赵国,太失策了。然后,苏秦建议燕文侯与赵国合纵。

燕文侯深以为然,"赍苏秦车马金帛以至赵",送了很多华丽的车马还有金银布帛,让他到赵国进行合纵,与赵国联合对付秦国。

于是苏秦"乃摩燕乌集阙,见说赵王于华屋之下,抵掌而谈"。

乌集是一个地名,阙是宫阙。在燕国的宫殿里,两人抵掌而谈。也有解释说抵掌是同榻而卧,脚掌对着脚掌,历史上很多关系特别好的君臣也曾如此。那苏秦是怎么做到的呢?

三

苏秦至赵,见到赵肃侯,赵肃侯是赵武灵王的父亲,虽然胡服骑射是赵武灵王搞的,可是赵肃侯给赵武灵王打下了很好的基础。赵肃侯同意了苏秦的观点,同意合纵。具体是怎么谈的呢?

天下之卿相人臣,乃至布衣之士,莫不高贤大王之行义,皆愿奉教陈忠于前之日久矣。虽然,奉阳君妒,大王不得任事,是以外宾客游谈之士,无敢尽忠于前者。今奉阳君捐馆舍,大王乃今然后得与士民相亲,臣故敢献其愚,效愚忠。为大王计,莫若安民无事,请无庸有为也。安民之本,在于择交,择交而得则民安,择交不得则民终身不得安。请言外患:齐、秦为两敌,而民不得安;倚秦攻齐,而民不得安;倚齐攻秦,而民不得安。故夫谋人之主,伐人之国,常苦出辞断绝人之交,愿大王慎无出于口也。

苏秦对赵王说:"普天之下,各诸侯国的卿相大臣和普通的老百姓,没有一个不尊崇大王施行仁义的行为,都愿接受您的教诲,向大王进献忠心。然而,奉阳君嫉妒贤能,使得大王不能专理国事,以致宾客疏远,游说之士都不敢前来敬献忠言。现在奉阳君死了,大王才能够和各方面的人士接近,我才敢来敬献一点愚忠以报效大王。从大王的利益出发,没有比让人民安居乐业、平安无事更好的了。安民的根本措施在于选择好诸侯国并与其建立良好邦交。有好的邦交人民就安定,没有好的邦交人民就终生不得安定。我再说说外敌入侵的祸患:秦、齐两国是您的敌国,会让人民不得安定;依靠秦国进攻齐国,会让人民不能安定;依靠齐国进攻秦国,会让人民不能安定。因为图谋他国的国君,会进攻他国,并常常会口出恶言,与他国断交,所以我请大王切勿说这样的话。"

由此,苏秦引出了与他国合纵的主题,说起来苏秦这个饼画得还是蛮好的,如果赵王听他的,则燕、齐、楚、韩、魏都会给赵王献地献城。

大王与秦,则秦必弱韩、魏;与齐,则齐必弱楚、魏。魏弱则割河外,韩弱则效宜阳。宜阳效则上党绝,河外割则道不通。楚弱则无援。此三策者,不可不熟计也。夫秦下轵道则南阳动,劫韩包周则赵自销铄,据卫取淇则齐必入朝。秦欲已得行于山东,则必举甲而向赵。秦甲涉河逾漳,据番吾,则兵必战于邯郸之下矣。此臣之所以为大王患也。

当今之时,山东之建国,莫如赵强。赵地方二千里,带甲数十万,车千乘,骑万匹,粟支十年;西有常山,南有河、漳,东有清河,北有燕国。燕固弱国,不足畏也。且秦之所畏害于天下者,莫如赵。然而秦不敢举兵甲而伐赵者,何也?畏韩、魏之议其后也。然则韩、魏,赵之南蔽也。秦之攻韩、魏也,则不然。无有名山大川之限,稍稍蚕食之,傅之国都而止矣。韩、魏不能支秦,必入臣。韩、魏臣于秦,秦无韩、魏之隔,祸中于赵矣。此臣之所以为大王患也。

苏秦对赵王说:"大王与秦国结盟,秦国必然去侵略韩、魏,大王与齐国结盟,齐国必然去侵略楚、魏。魏国衰弱后就必然割河外之地,韩国衰弱了,它就会献出宜阳。献出了宜阳,则通往上郡的路就被切断;

河外割让了,道路就不能通行到上郡。楚国衰弱,赵国就孤立无援。以上三种预测,是不能不慎重考虑的。秦国攻下轵道,南阳就会动摇;再劫持韩国包围周王室,赵国自然就会被削弱;秦国再占领卫都濮阳夺取淇水之地,齐国必然会到秦国称臣。假如秦国能在山东(指崤山以东)得到这些,必然就会进攻赵国。秦军渡过黄河,穿过漳水,占据番吾,那么秦兵必将兵临邯郸城下。这就是我为大王担忧的地方啊!

"现在,山东各国,没有哪个国家像赵国这么强大。赵国土地方圆两千里,精兵几十万,战车几千辆,战马上万匹,军粮可供十年之用;西边有常山,南边有黄河、漳水,东边有清河,北边有燕国。燕国本是一个弱国,不足畏惧。在诸侯国中,秦国最害怕的是赵国。然而,秦国不敢发兵讨伐赵国的原因是什么呢? 是因为秦国担心韩、魏两国在后边算计它。这样看来,韩、魏两国就是赵国南边的屏障。秦国攻打韩、魏却是轻而易举,可长驱直入。韩、魏没有名山大川的阻隔,秦国只要对它们一点点地吞食,就可以一直到把国都吞食完再停止。韩、魏不能抗拒秦国,必然会向秦称臣。韩、魏臣服于秦后,秦国就没有韩、魏的阻碍了,战祸就将降临到赵国头上。这也是我为大王忧虑的地方。"

话说到这种程度,火候也差不多了,于是苏秦明确亮出自己合纵的主张:

臣窃以天下地图案之。诸侯之地五倍于秦,料诸侯之卒,十倍于秦。六国并力为一,西面而攻秦,秦必破矣。今见破于秦,西面而事之,见臣于秦。夫破人之与破于人也,臣人之与臣于人也,岂可同日而言之哉！夫横人者，皆欲割诸侯之地以与秦成。与秦成，则高台榭，美宫室，听竽瑟之音，察五味之和，前有轩辕，后有长庭，美人巧笑，卒有秦患，而不与其忧。是故横人日夜务以秦权恐猲诸侯，以求割地，愿大王之熟计之也。

苏秦对赵王说："我私下拿天下地图察看，诸侯的土地相当于秦国的五倍，诸侯的兵力相当于秦国的十倍。假如六国能够团结一致，合力面朝西方攻打秦国，秦国必定灭亡。现在各国将要被秦国消灭，却面朝西方共同侍奉秦国，向秦国称臣。灭掉别国或被别国灭掉，让别国臣服或臣服于别国，两者绝不能相提并论。那些主张连横的人，他们都想割让诸侯的土地来与秦国谈和。一旦能与秦国讲和，他们就可以高筑台榭，用美女填充宫室，倾听丝竹雅乐，品尝美味佳肴，前有车辆，后有豪华的宫殿，倾听美女娇笑，日夜享乐，然而一旦秦国突然发兵攻打诸侯，他们却不能与诸侯共同承担忧患。因此主张连横的人日夜依仗秦国来恐吓诸侯，以求得诸侯向秦国割地。请大王深思熟虑。"

分析一下，这里有个悖论，苏秦每游说一个国家就说其他的国家会给你献地献城，到最后不就成为一个死循环了吗？如果各国的王都信他这一套，最后合纵内部肯定会出问题。开始游说的时候，苏秦都是以利诱之，好像不费吹灰之力就能得到别国的土地和财宝。然后再吓唬说，如果选择跟秦国建立连横，就得罪了其他五个国家，后果很严重，赵国就会孤立无援，只能臣服于强秦，而合纵则能让百姓安定。

四

苏秦一开始是游说秦惠文王连横的，秦惠文王不听，他才退而求其次,看来他心里也知道,连横恐怕更有把握。客观来讲,苏秦的合纵一开始就存在着巨大问题:内部无法做到精诚团结,大家各怀鬼胎、各行其是。只是六国的领导者出于各种原因,没能看出合纵的巨大漏洞。这次苏秦游说的赵国也一样:赵王"乃封苏秦为武安君,饰车百乘,黄金千镒,白璧百双,锦绣千纯,以约诸侯"。

至此,可以看到连横合纵慢慢浮现。苏秦、张仪两位连横合纵的重量级人物,形象也慢慢清晰,他们在战国的舞台上纵横捭阖,演出越来越精彩。

第四节　苏秦为楚合从说韩王:鸡口牛后

一

鸡口牛后,出自《战国策·韩策一·苏秦为楚合从说韩王》:"臣闻鄙语曰:'宁为鸡口,无为牛后。'今大王西面交臂而臣事秦,何以异于牛后乎?"我(苏秦)听人说过一句俗语:"'宁肯当鸡嘴,也不要做牛屁股。'现在大王如果拱手屈服于秦,像臣子一样服从于秦国,这跟做牛屁股又有什么区别呢?"

鸡口牛后从字面上来看,是说宁愿做小而洁净的鸡嘴,而不愿做大而臭烘烘的牛屁股。比喻宁愿在小的地方自主,也不愿意在大的地方听人支配。文中指纵横家苏秦劝韩王,宁可做一个自由独立的小国,也不要做大国秦国的附庸。

张仪也曾游说过韩王,他是贬韩国,说韩国地形险恶,面积又小,军队不行,粮食也不够吃,所以秦国军队与韩国的军队相比,那是"堕千钧之重,集于鸟卵之上"。奉劝韩国"事秦则安矣,不事秦则危矣",吓得韩王将宜阳都进献给了秦国。

苏秦则不同,一上来就先夸,说韩国首先是地势好:"韩北有巩、洛、成皋之固,西有宜阳、常阪之塞,东有宛、穰、洧水,南有陉山,地方千里。"苏秦讲了很多地名,需要解释一下:巩地,是现在河南的巩义;洛邑,就是现在的河南洛阳;成皋,是一个关塞,就是赫赫有名的虎牢关;宜阳,也属于现在的洛阳;常阪,在现在陕西商山一带,也是险要的关塞;宛地,在现在河南邓州一带;洧水,也是险固之地;陉山,在现在的河北井陉,也就是项羽背水一战的地方。

想想张仪是怎么说的?韩国占地不满九百里;再看苏秦怎么说?地方千里。这就是说话的艺术了。苏秦不仅夸韩国地形险要,曾被张仪贬得很低的韩国军队,苏秦也接着夸。他说韩国的兵器天下闻名,甚至夸张为"天下之强弓劲弩,皆自韩出"。咱们在前面说过,战国时期最强大的军队,有齐国的技击之士、魏国的武卒、赵国的骑兵、秦国的锐士,其实没韩国什么事。既然军队不行,就夸兵器,可见苏秦这个人很会选角度。而关于军队,苏秦也不漏下,他是怎么说韩国士兵的呢?"以韩卒之勇,被坚甲,跖劲弩,带利剑,一人当百,不足言也。"凭着韩国士兵的勇敢,穿上坚固的铠甲,脚蹬强劲的弩弓,配备锋利的宝剑,一个人抵挡上百人不在话下。其实韩国军队的确不行,但苏秦也能夸得像模像样。

二

苏秦先夸赞韩国武器的精良、士兵的强大,接下来则极力夸大韩国臣服秦国后可能遭受的屈辱:"<u>夫以韩之劲,与大王之贤,乃欲西面事秦,称东藩,筑帝宫,受冠带,祠春秋,交臂而服焉,夫羞社稷而为天下笑,无过此者矣。是故愿大王之熟计之也。</u>"苏秦对韩王说:"凭着韩国的强大和大王的贤明,竟然想要投向西方服侍秦国,自称是秦国东方的附属国,还要给秦国修筑行宫,接受封赏,春秋两季向秦国进贡,拱手臣服,使整个国家蒙受耻辱,以至被天下人耻笑。没有比这更严重的事情了,希望大王您认真考虑一下这个问题。"

苏秦接着继续游说:"<u>大王事秦,秦必求宜阳、成皋。今兹效之,明年又益求割地。与之,即无地以给之;不与,则弃前功而后更受其祸。且夫大王之地有尽,而秦之求无已。夫以有尽之地而逆无已之求,此所谓市怨而买祸者也,不战而地已削矣。</u>"这段话可以看作是苏洵《六国论》的先声。苏秦对韩王说:"大王如果屈服于秦国,秦国一定会索取宜阳、成皋。今年韩国把土地献给秦国,明年它又会得寸进尺,要求更多的土地。给它吧,没有那么多;不给吧,就是前功尽弃了,以后会遭受秦国无穷无尽的侵害。况且大王的土地有限,而秦国的贪欲却没有止境,拿着有限的土地去迎合无止境的贪欲,就像自己去购买怨恨和灾祸,用不着交战就会丧失领土。"

这话已经够狠的了,可苏秦还怕不够扎心,紧接着又加了一把火:"臣闻鄙语曰:'宁为鸡口,无为牛后。'今大王西面交臂而臣事秦,何以异于牛后乎?夫以大王之贤,挟强韩之兵,而有牛后之名,臣窃为大王羞之。"苏秦说:"我听人说过一句俗语:'宁肯当鸡嘴,也不要做牛屁股。'现在大王如果拱手屈服于秦,像臣子一样服从于秦国,这跟做牛屁股又有什么区别呢?大王啊大王,以您的贤能,又拥有这么强大的军队,却要背上牛屁股的名声,我苏秦为您感到惭愧啊!"

一番狂轰滥炸下来,韩王果真被气到了:

韩王忿然作色,攘臂按剑,仰天太息曰:"寡人虽死,必不能事秦。今主君以楚王之教诏之,敬奉社稷以从。"

韩王气得脸色大变,挥起胳膊,按住手中的宝剑,仰天叹息:"我就算是死了,也一定不屈服于秦国。现在多亏先生把楚王的教训告诉我,那么请允许我让全国上下听从吩咐。"

如果我们把苏秦说服韩王的过程简化为三句话,那是什么呢?其一,苏秦说宁为鸡口,无为牛后。韩王现在屈服于秦国,不就像去做牛屁股吗?其二,韩王被激怒了。其三,韩王听从苏秦。这和《三国演义》里诸葛亮激周瑜何其相似。

三

总结一下,苏秦的煽动力还是挺强的。他以鸡口牛后为喻来说韩王所受的屈辱,让韩王勃然大怒,宁死也不臣服于秦,要跟秦国对抗到底。其实六国合纵如果能够合理安排,每个国家不是只考虑自己的利益,这个团队应该是很有凝聚力的。问题的关键是,苏秦游说六国合纵时,大都是以利益诱导之,一旦允诺的利益没有得到,各国就消极对待合纵,并且还经常互相攻击甚至兵戎相见,所以合纵团队要想统一很难。苏秦能够说服六国合纵,佩六国相印的确有本事,但是怎样领导好六国的合纵,那就是一个难而又难的问题了,弄不好就会分崩离析,逐个被秦国击破。

第五节　苏秦为赵合从说齐宣王:挥汗成雨

一

挥汗成雨,出自《战国策·齐策一·苏秦为赵合从说齐宣王》:"临淄之途,车毂击,人肩摩,连衽成帷,举袂成幕,挥汗成雨。"

苏秦对齐王说,齐国的国都临淄太繁华了,街道上车水马龙,车轴相接;人是摩肩接踵,把衣襟连起来就可以做成帷帐,把衣袖举起来可以做成幔幕,把汗挥起来就可以成雨了。

上文出现三个成语:连衽成帷,举袂成幕,挥汗成雨。都是形容人多,比如挥汗成雨,并非形容累得挥汗如雨,而是指人非常多,用手抹一把汗,汗洒下去就跟下雨一样。

二

苏秦这次游说的是齐王。按苏秦的套路,第一招肯定是捧,给齐王也来一顶"高帽"。苏秦先夸齐国,说齐国地势好:"南有太山,东有琅邪,西有清河,北有渤海,此所谓四塞之国也。"苏秦说齐国南边有太山(今泰山),东面有琅邪山(今琅琊山),西面有清河,北面还有渤海,这简直是固若金汤的四塞之国。

苏秦接下来又夸齐国军事实力强:"齐地方二千里,带甲数十万,粟如丘山,齐车之良,五家之兵,疾如锥矢,战如雷电,解如风雨。即有军役,未尝倍太山,绝清河,涉渤海也。"齐国方圆两千里,将士有几十万,军粮堆积如山,战车精良,再加上有五国军队的支援,所以齐国人作战集结会像飞箭一样快速,战斗像雷电般猛烈,解散时像风停雨止一般迅捷。即使发生战争,其他国家的军队也从来没有越过太山,渡过清河,跨过渤海。

接下来苏秦又夸赞齐国不仅军事实力强,而且人也多,仅以国都临淄为例:"临淄之中七万户,臣窃度之,下户三男子,三七二十一万,不待发于远县,而临淄之卒,固以二十一万矣。"苏秦给齐王算了一笔账,说齐国首都临淄有七万户人家,平均每户有三名壮士,则有三七二十一万。若有战事,根本不必征调远方的兵力,光是临淄一城就可以组成二十一万大军。

齐国不仅人多,百姓生活也很好,街巷也热闹繁华:"临淄甚富而实,其民无不吹竽、鼓瑟、击筑、弹琴、斗鸡、走犬、六博、蹹踘者;临淄之途,车毂击,人肩摩,连衽成帷,举袂成幕,挥汗成雨,家敦而富,志高而扬。"

这些纵横家口才还真是好,苏秦已经开始暗度陈仓了。他表面上是夸齐国人多,实际上是在告诉齐王,你看看你们齐国人天天都在干什么?斗鸡、走犬、弹琴……,暗讽齐人好像有点不务正业,志向不够高远,没能像秦国一样全民皆兵。

大争之世,忘战必危,天天娱乐玩耍可不像是士气高昂。

苏秦顺势而下,说了下面一番话:"夫以大王之贤与齐之强,天下不能当。今乃西面事秦,窃为大王羞之。"齐国太强了,齐王太贤明了,如今竟然去做秦国的附庸,实在是为齐王感觉到羞愧。

苏秦的确会说话!毕竟人是更喜欢听好话的,若一开始就狂训,后面的话他就不想听了。苏秦先捧,说凭大王的贤明和齐国的富强,天下诸侯都不敢跟齐国对抗。然后话锋一转,说自己万万没想到,如今齐国竟然要去做秦国的附庸。

"且夫韩、魏之所以畏秦者,以与秦接界也。兵出而相当,不至十日,而战胜存亡之机决矣。韩、魏战而胜秦,则兵半折,四境不守;战而不胜,以亡随其后。是故韩、魏之所以重与秦战而轻为之臣也。"这话说得很妙!苏秦拿韩国、魏国与齐国的不同来说事。他说韩、魏之所以害怕秦国,是因为跟秦国搭界的缘故。如果秦国出兵攻打韩、魏,不到十天,就可以决定胜败存亡。假如韩、魏能够战胜秦军,那自己也得损失过半,可谓伤敌一千自损八百,四面的边境也就无法防守了;假如韩、魏战败，那接踵而来的就是灭亡。所以韩国、魏国不敢轻易与秦国开战，只好忍气吞声地当附庸国。而齐国呢？苏秦认为齐国则不一样："<u>今秦攻齐则不然，倍韩、魏之地，至闱阳晋之道，径亢父之险，车不得方轨，马不得并行，百人守险，千人不能过也。秦虽欲深入，则狼顾，恐韩、魏之议其后也。是故恫疑虚猲，高跃而不敢进，则秦不能害齐，亦已明矣。</u>"现在秦国假如攻打齐国，情形跟攻打韩、魏可不一样了。秦军必须要经过卫地阳晋（今山西晋阳）的要道和亢父（今山东济宁）的险阻，那里车马都不能并行，只要有一百个人守住天险，那一千人也无法通过，所谓一夫当关，万夫莫开是也。秦国虽然想发兵深入，但必须顾及后方的危险，唯恐韩、魏从后面偷袭。所以秦国只是虚张声势，威胁向齐出兵，实际上犹豫不定，不敢进攻，可见秦国不敢攻齐已经很明显了。

差不多了。苏秦最后的招数也来了，在攻击主张连横者的同时，以理导之，以利诱之："<u>夫不深料秦之不奈我何也，而欲西面事秦，是群臣之计过也。今无臣事秦之名，而有强国之实，臣固愿大王之少留计。</u>"苏秦说齐王不仔细估量秦国不敢对齐国怎么样这个事实，想要往西给秦国当附庸国，这就是那些主张连横的人谋划上的错误。现在齐国并无臣服于秦国的名分，而是具有强国的实力，他愿意为齐王谋划。

结果齐王说："<u>寡人不敏，今主君以赵王之教诏之，敬奉社稷以从。</u>"

齐王也被说服了，成为合纵的支持者。这口才确实是够好的，对齐王的这套说法,可以用"捧杀"两个字来概括。不仅是"捧杀"齐宣王,苏秦之后还"捧杀"了齐湣王,捧齐湣王说齐国已强大到了极点,怂恿齐湣王灭宋,弄得齐国四面树敌,最后不仅被"五国伐齐"弄得大败,齐湣王还被剥皮抽筋,成为中国历史上死得最惨的王之一。

三

苏秦游说各个国家,最后由燕国到齐国成为间谍,生命也结束在了齐国,遭受了车裂之刑。

研究苏秦需要一分为二,把他放入当时的背景之中。战国时策士纵横家大都是这样,在策士之中,苏秦虽然也属于变幻无常的人,但是他后期始终为燕国谋利益,在策士之中也算是有忠心的一个。

《三国演义》中诸葛亮在舌战群儒的时候,有人就曾经质问诸葛亮是不是效法张仪、苏秦,诸葛亮回答说,张仪他两次为秦相,建连横之伟业,而苏秦曾佩六国相印,都属于大英雄,是那些避刀畏剑坐谈立议之徒所不能比的!在战国时代,张仪苏秦是纵横家的杰出代表,也是历史的天空中闪烁的星辰,自有一股英雄之气驰骋纵横。

第四章　苏代、苏厉话术鉴赏

第一节　苏代为燕说齐：伯乐一顾

一

伯乐一顾，意思就是伯乐看了一眼，出自《战国策·燕策二·苏代为燕说齐》："伯乐乃还而视之，去而顾之，一旦而马价十倍。"伯乐于是绕着马看，离开的时候又回头看，结果一早上马的身价就暴涨了十倍。

在文中，伯乐一顾是比喻因受人赏识而身价倍增。

伯乐看来蛮重要的。《马说》里边有一句名言："千里马常有，而伯乐不常有。"如果没有伯乐，即使是好马，也只能够落到不识货的人之手，最后累死老死于马槽碾子之间。

关于伯乐，传说天上管理马匹的神仙叫伯乐，于是在人间人们也把精于鉴别马匹优劣的人称为伯乐，所以伯乐是代称，历史上比较著名的伯乐就有好几个。有一个伯乐叫王良，有"王良执辔"的故事，是说王良一登上马车,提起缰绳,四匹马立即精神抖擞,迈步整齐均匀,不急不躁,体态轻盈,奔跑迅疾,周旋自如。

二

苏代这次是为燕国游说齐国,未见齐王,先对淳于髡说:"人有卖骏马者,比三旦立于市,人莫知之。往见伯乐曰:'臣有骏马,欲卖之,比三旦立于市,人莫与言,愿子还而视之。去而顾之,臣请献一朝之贾。'伯乐乃还而视之,去而顾之,一旦而马价十倍。"

苏代是战国时期的"三苏"(苏秦、苏厉、苏代)之一。

苏秦逆袭,游说六国配六国相印,两个弟弟也有样学样,准备像哥哥一样凭游说博取功名。我国历史上有两个"三苏",一个指苏秦、苏厉、苏代,一个指苏洵、苏轼、苏辙。所以提到"三苏",得看是哪个时代的,战国时期有,宋朝也有。再说下苏代见的这个人,是个老纵横家,战国时期的才子淳于髡。淳于是个姓,髡是把头发都剃光了,这是一种刑罚,是说这个人受过髡刑。但齐威王这个人很重视人才,淳于髡有真本事,受过髡刑照样被重用。淳于髡在稷下学宫的时候就已经成名了。新锐苏代去见老纵横家淳于髡,要怎么说服他为自己背背书、扬扬名,来提拔一下自己呢?他就讲了这么一个故事。说有一个卖骏马的人接连三天都守在市场里,也没人知道他那些马是骏马。于是卖马的人就去见伯乐了,对伯乐说:"我有骏马,真的是好马,想要卖掉它们,可是接连三天站在集市上没人理我,我想请先生您就绕着我的马看一看,离开的时候您再回头看一眼,这样做完了,我愿意把一天的收入奉献给您作为报酬。"伯乐一看人家的马确实也是好马,做这件事也不违背良心,于是就绕着马看,离开的时候又回头看,结果一天里马的身价就暴涨了十倍。

看!卖骏马的人在集市上吆喝了三天都没人理,伯乐绕着马转了几圈,又回头看了一眼,马的价格立刻就涨了十倍。这大概就是中国最古老的明星代言了吧?

苏代一上来就讲这个故事,他的用意是什么呢?

今臣以骏马见于王,莫为臣先后者,足下有意为臣伯乐乎?臣请献白璧一双,黄金千镒,以为马食。

意思很明确:淳于髡先生,我苏代就是骏马,我要拜见齐王,可是没人为我引荐。先生有意做我的伯乐吗?如果可以,您真的帮了我这个忙,我就送您白璧一双、黄金千镒,以此作为您的辛苦费。

苏代以骏马比喻自己,希望淳于髡能作为伯乐,把自己引荐给齐王。结果,淳于髡果然引荐苏代拜见了齐王,而且齐王很喜欢苏代。为什么?其实在"三苏"中苏代还属于较为真诚的那一个,没有那么多翻云覆雨的事儿。于是他留在齐国,专心为齐国服务,成为赫赫有名的谋士。

三

战国时的策士,敢于大胆自荐,这和儒生确有很大的不同。

苏代是幸运的,得到了淳于髡的伯乐一顾,李白也曾自荐过,却没有苏代那么幸运了。李白也想为官,写了一封自荐书《与韩荆州书》,

主动要求韩朝宗来举荐自己:

白闻天下谈士相聚而言曰:"生不用封万户侯,但愿一识韩荆州。"何令人之景慕,一至于此耶!岂不以有周公之风,躬吐握之事,使海内豪俊,奔走而归之,一登龙门,则声价十倍!所以龙蟠凤逸之士,皆欲收名定价于君侯。愿君侯不以富贵而骄之、寒贱而忽之,则三千之中有毛遂,使白得颖脱而出,即其人焉。

李白说:"听说天下一些谈论世事的人,聚集在一起时就会说:'人生不必封万户侯,只愿结识一下韩荆州。'您为什么如此使人景仰呢!难道不是因为您有周公的风度,躬身践行吐哺、握发接待贤者的美德,才使得海内豪杰俊才,都奔集到您的门下,被您接待,如登龙门,立刻名声身价大增,十倍于前吗?所以那些才能超群的读书人,都希望在君侯处获得美名,得到评价。君侯不因为自己的富贵而轻视他们,也不因为他们的寒贱而怠慢他们,那么在众多的宾客中定有毛遂那样的奇才,假使我李白能有脱颖而出的机会,我就是那样的人啊。"

而且李白还对韩朝宗说:"您那么有名,何惜阶前盈尺那么一点的地方让我站立?"也就是让韩朝宗举荐他。

虽然韩朝宗最后并没有举荐李白,这有各种原因,但《与韩荆州书》写得非常之好,特别是化用《战国策》的部分。这也能看出《战国策》对后世的影响。

第二节 赵且伐燕：鹬蚌相争，渔翁得利

一

鹬蚌相争，渔翁得利出自《战国策·燕策二·赵且伐燕》。

鹬和蚌，你咬着我夹着你谁也不肯相让，结果来个打鱼的渔翁把它俩一起抓住了，也就是渔翁得利了。这个成语常被用来比喻在各种纷乱复杂的矛盾斗争中，如果对立的双方僵持不下，结果就会两败俱伤，使第三者坐收渔利。在文中是指如果赵国和燕国征战不休，就是鹬蚌相争，而秦国则会得渔翁之利。

《战国策》里的策士经常喜欢用讲故事的方式，特别是寓言故事来说理。这个故事的背景就是赵国想要攻打燕国。表面上燕赵两国关系很好，但实际上经常你算计我我算计你，尤其是赵国，每次有损失就要从燕国往回捞，被别人占了一个城，就要从燕国捞一个城。所以赵国这次又要去打燕国。策士苏代受燕王的委托到赵国去劝阻赵王。苏代见到赵王，先给他讲了一个故事："今者臣来，过易水，蚌方出曝，而鹬啄其肉，蚌合而钳其喙。鹬曰：'今日不雨，明日不雨，即有死蚌。'蚌亦谓鹬曰：'今日不出，明日不出，即有死鹬。'两者不肯相舍，渔者得而并禽之。"

鹬是什么？鹬是一种水鸟。蚌呢？蚌是一种贝类动物。

有一天一只河蚌张开双壳躺在河边晒太阳，这时忽然飞来一只鹬，鹬看到新鲜的河蚌就立刻伸长嘴去啄河蚌的肉，然后河蚌立刻就合拢它的壳，把鹬的嘴夹住了。鹬对河蚌说："今天不下雨，明天不下雨，那么你就会被晒死的，等你死了我再吃你的肉。"而河蚌就不服气了，它就回嘴说："你的嘴今天拔不出来，明天也拔不出来，你也活不成。"然后，它们僵持着谁也不肯放过对方，此时一个打鱼的人过来了，然后就毫不费力地把它们一网打尽了。

二

苏代讲"鹬蚌相争，渔翁得利"的寓言，和赵国打燕国又有什么关系呢？接着看："今赵且伐燕，燕、赵久相支，以弊大众，臣恐强秦之为渔父也。故愿王之熟计之也。"现在赵国将要攻打燕国了，燕赵如果来个持久战，相持不下，老百姓就会疲惫不堪。那强大的秦国就要成为那不劳而获的渔翁了，所以苏代希望赵王应该认真考虑出兵之事。赵王听后恍然大悟，就停止了出兵攻打燕国。

"鹬蚌相争，渔翁得利"给我们什么启示呢？

从正面说，是说同志之间、朋友之间就应该团结互助，而不应该钩心斗角，否则必然会让敌人钻了空子，给敌人可乘之机，彼此都遭受灾难。这也要求我们做事一定不能只想着对自己有利的一面，而是应该相互谦让，学会忍让。

以电视剧《琅琊榜》为例，相当长一段时间是谁跟谁在斗呢？太子和誉王。两人一直争来斗去。誉王一开始力量还不足,于是出来一个神秘的苏哲,也就是《琅琊榜》的主角林殊。他假意帮着誉王和太子争,结果一会你损失一员大将,一会他损失一个重要人物,彼此手中得意的王牌被一张张拔掉,于是资质平庸的太子被踢出局了,发配远方,誉王实力也大不如前,而靖王却韬光养晦,坐收渔翁之利成为新的王储。

《三国演义》中也有很多类似的事例,尤其是吴蜀相争这一块。比如说荆州之战,公元 219 年吴国吕蒙白衣渡江,最终夺取了荆州全境,而关羽则被俘被杀了。为了祸水东引,东吴就将关羽的首级送给了曹操,但是曹操处理得当,以诸侯之礼将其安葬于洛阳。刘备大怒,挥兵东征东吴,气势十分强劲。孙权找他议和,刘备一概不理。曹操则是选择了司空王朗的计策,就是坐山观虎斗。看东吴跟蜀国斗争,消耗对方,自己从中获利。刘备发那么多的兵去讨伐东吴,被一个年轻的书生陆逊火烧八百里连营,最后只能白帝城托孤。本来,诸葛亮的《隆中对》中的策划是要魏吴鹬蚌相争,蜀国得利,可惜最后是以曹操渔翁得利而告失败。

最后说一说苏代讲话的艺术。他首先讲一个寓言故事,然后把道理再陈述一下,让对方从中汲取智慧。在《战国策》里,苏代最擅长这种说服方式。他学他哥哥苏秦,但不仅仅是模仿,也有自己的特色和在各种场合的各种发挥。

《战国策》里的一个故事、一句话就可以演绎出这么多的内容。这说明什么？说明《战国策》是浓缩的精品。

它凝聚的是我们中华传统文化的智慧。我们聊战国，说话术，谈智慧，重点是要从其中得到智慧的启迪。

第三节　苏厉谓周君：百步穿杨与百发百中

一

百步穿杨出自《战国策·西周策·苏厉谓周君》："楚有养由基者，善射；去柳叶者百步而射之，百发百中。"

百步穿杨的"杨"不是指杨树，而是指杨柳树叶，也有说是专指柳叶。

百步穿杨和百发百中基本同义，涉及的主要人物是养由基。养由基的养姓来源于养国的国姓，这个小诸侯国在现在安徽临泉县的杨桥镇，这里原来曾有养由基的墓，还有他的后代。养由基射箭太厉害了，百发百中，也就是在一百步以外射杨柳树的叶子也能射中，后形容箭法或枪法十分高明，技艺精湛。

二

策士苏厉讲这一段故事又要讲什么道理呢？

故事的背景是这样的：有一年秦国战神白起带着秦国的军队去攻打魏国，谋士苏厉获悉之后就赶紧去见周天子，提醒周天子说："败韩、魏,杀犀武,攻赵,取蔺、离石、祁者,皆白起。是攻用兵,又有天命也。今攻梁,梁必破,破则周危,君不若止之。"

白起被时人称作战神,也被称作"人屠",四十多万赵兵说活埋就活埋了,可见其狠戾,是各个诸侯国都提之胆寒的狠角色。

白起要攻打魏国国都大梁了,也就是现在的开封。当时周天子拥有的弹丸之地就在洛阳一带,白起一攻大梁周天子也就危险了。所以苏厉就对周天子说,白起击败过韩魏联军,伊阙之战中杀掉了魏国名将犀武。他还攻取过赵国的蔺、离石、祁,这些都是重镇。所以苏厉说他太巧于用兵了,又有上天之助,现在他要进攻魏都大梁,大梁必被攻克,攻克了大梁,周天子就岌岌可危了。苏厉建议周天子想办法让白起不要去进攻魏都。苏厉的意思已经很明确,但光指出危险不够,还应该提点建设性意见,怎么去制止呢?

苏厉对周天子说可以派人去给白起讲一个故事,这个故事就是养由基百步穿杨、百发百中的故事。

战国时的这些策士都是故事大王啊!楚国的养由基是射箭的能手,在百步之外也能射中杨柳叶,箭无虚发。所以旁边看的人都说他射箭的技术很好,但在一片赞美声中出现了一个不合群的声音:"有一人过曰,善射,可教射也矣。"有个人从旁边走过去说射得很好,他可以教养由基射箭了。养由基一听,好大的口气,于是他问:"人皆曰善,子乃曰可教射,子何不代我射之也?"养由基很不服气,对他说:"人人可都夸我厉害,你却说可以教我射箭,你既然这么牛,那为什么不过来代替我射呢?""客曰,我不能教子支左屈右。夫射柳叶者,百发百中,而不已善息,少焉气力倦,弓拨矢钩,一发不中,前功尽矣。"又出现一个成语"前功尽弃",这才是讲这个故事的关键。那人就说:"我并不能教你左手拉弓、右手拉弦的射箭方法。你射柳叶能百发百中,却不趁着射得好的时候休息休息,再射一会儿力气衰竭了,疲倦的时候弓身不正,箭杆弯曲,如果一箭射出去不中,那不就前功尽弃了吗?"你不说你百发百中吗?那就一箭都不能失啊。

三

苏厉让使者讲这个故事,就跟苏代讲鹬蚌相争一样,那讲这个故事的目的又是什么呢?

今公破韩、魏,杀犀武,而北攻赵,取蔺、离石、祁者,公也。公之功甚多。今公又以秦兵出塞,过两周,践韩而以攻梁,一攻而不得,前功尽灭,公不若称病不出也。

苏厉想告诉白起,现在他击败了韩魏,杀了犀武,向北攻赵,夺取了蔺、离石还有祁,功劳已经很多了,现在又率秦兵出塞,经过东西两周,进犯韩国,攻打魏都大梁。如果攻而不胜,岂不前功尽弃了?苏厉建议白起不如称病,不要去攻打魏都大梁了。需要说明的是,这里的东西两周是指周朝后期周王畿分裂而成的两个很小的公国,并不是传统意义上的东周和西周。

所以,百步穿杨、百发百中的故事不仅仅是在夸赞射箭的人技术好本领高,更重要的部分在于后面,要适可而止。否则的话百发百中,千发呢?终有不中之时啊,所以要适可而止,以免前功尽弃。这个故事也阐述了《道德经》第四十四章的哲理:"知足不辱,知止不殆,可以长久。"意思是说知道适可而止,这样才不会受到屈辱,要知道及时停止,这样才不会有危险,如此才能够长久地保持下去。再如《道德经》第九章也有"持而盈之,不如其已"的说法。意思也是适可而止。总之百步穿杨很牛,但适可而止更有智慧。

关于养由基我们再多说点。和养由基相关联的成语还有一个万箭穿心。

楚国晚期的时候,吴国经常在楚国边境挑起战争。有一次吴军来犯之时,已经不再年轻的养由基,主动请缨要奔赴战场杀敌。楚王担心其年事已高,劝阻说冲锋陷阵这种事就交给年轻人吧。养由基则愤慨地说,将军战死战场是幸事,坚决要求上阵杀敌,虽死不恨。吴军知道养由基善射,就布下陷阱来引诱他,并派出了铁叶车,这种车就好比我们现在的装甲车,上面载满了精锐的吴国射手,交战时养由基猝不及防,吴军万矢齐发,这位天下无双的神箭手死于乱箭之下。真是瓦罐不离井上破,大将难免阵上亡,生于箭死于箭,成也箭败也箭。

广而言之,历史上除了养由基之外,还有几个著名的力大无比的射手,比如春秋时代有一个熊渠子,力大无比,箭可以射入石头之中。还有汉代的李广、北周的李远,他们几乎都能百发百中。而策士苏厉让使者所讲的道理更深刻,百发百中固然重要,适可而止更具智慧。《战国策》里确实充满了人生的智慧,持而盈之,不如其已,所以要知足不辱,知止不殆,可以长久。

第五章　鲁仲连、唐雎、虞卿话术鉴赏

第一节　鲁仲连话术鉴赏：排忧解难

一

排忧解难，出自《战国策·赵策三·秦围赵之邯郸》："所贵于天下之士者，为人排患、释难、解纷乱而无所取也。"

天下之士所看重的是替人排除忧患、解除危难、排解纷乱而不收取任何报酬。

《秦围赵之邯郸》还有一个名字《鲁仲连义不帝秦》，意思就是鲁仲连大义凛然，绝不臣服于秦。鲁仲连，是学者，是义士，也是著名的辩士，在稷下学宫也声望颇高。关于他在历史上的声名，我们以李白的《别鲁颂》来说明：

谁道泰山高，下却鲁连节。

谁云秦军众，摧却鲁连节。

独立天地间，清风洒兰雪。

> 夫子还倜傥，攻文继前烈。
>
> 错落石上松，无为秋霜折。
>
> 赠言镂宝刀，千岁庶不灭。

李白的《别鲁颂》是一篇送别诗。鲁颂，是人名，李白与鲁颂告别之时，通过鲁仲连来颂扬鲁颂。

"独立天地间，清风洒兰雪"，好美的句子。全诗的意思是说谁说泰山高，高不过鲁仲连的气节。谁说秦军众多不可抵挡，他们都被摧毁在鲁仲连的舌下。侠客鲁仲连独立天地之间，两袖清风，廉洁如兰花和白雪。夫子鲁颂风流倜傥，勤攻文学，继承了鲁仲连的遗风。你的品格就如错落盘结于石上的古松，不为秋霜折毁。我将赠言镂刻于宝刀之上，让我们的友谊千秋万代不灭。

能让诗仙李白都如此推崇，鲁仲连的确是不一般呢。

二

秦国围困赵国的都城邯郸，魏安釐王派大将晋鄙率军队援救赵国，但是魏王与晋鄙都畏惧秦军，所以魏军驻扎在魏赵接壤的荡阴，摆出救赵的姿态又不敢贸然采取行动。与此同时，魏王又派魏将辛垣衍，秘密地潜入邯郸，想通过赵相平原君赵胜来说服赵王，一起尊秦为帝，想以屈辱换和平，以解邯郸燃眉之急。

平原君赵胜在内忧外患、灾祸频发的情况下乱了方寸，犹豫不决，正在这紧急的关头，在赵国游学的鲁仲连出现了。他通过平原君见到辛垣衍，展开了一场关于帝秦还是抗秦的论战。这场论战在《战国策》

里很有名,我们细细地分析一下。鲁仲连一上来就直截了当、一针见血地指出秦乃虎狼之邦的本质:"彼秦者,弃礼义而上首功之国也。权使其士,虏使其民。彼则肆然而为帝,过而遂正于天下,则连有赴东海而死矣。吾不忍为之民也!"鲁仲连说秦国是一个抛弃了仁义礼制而崇尚杀敌斩首之功的国家。它以权术驾驭臣下,像奴隶一样役使它的百姓。如果让秦国肆无忌惮地称了帝,然后再进一步以它的政策号令天下,那么他鲁仲连只有跳东海自杀了,他不能容忍做秦国的顺民。

紧接着鲁仲连又举了一个例子来说明秦称帝的危害。周烈王活着的时候,齐国的齐威王年年朝拜,不管当时周朝多么贫且微,也不管其他诸侯去不去朝拜,齐威王都去。那齐威王是不是算忠诚之至,尽了臣子之礼?可是周烈王去世时,仅仅因为齐国的使臣去晚了点儿,周王室的人就扬言要斩齐使田婴,齐威王生气地咒骂。举完例子鲁仲连指出:"故生则朝周,死则叱之,诚不忍其求也。彼天子固然,其无足怪。"齐威王在周天子活着的时候去朝见,在他死后又咒骂,那是因为实在忍受不了天子的苛求。那些做天子的本来就是这个样子,也没有什么值得奇怪的。

鲁仲连举齐威王的例子,言外之意就是说君和臣的关系是极不平等的,君对臣的要求是苛刻严厉的,你们若要尊秦为帝,以后说不定比齐威王还要落不到好。

辛垣衍并不死心,他居然声称秦和魏本来就是主仆关系。鲁仲连又举了商纣王用酷刑迫害几个诸侯的例子。比如说鬼侯,比如说鄂侯,比如说文王,他们是纣王的三个诸侯,对纣王极其忠诚,毕恭毕敬的。鬼侯把女儿献给纣王,但纣王因为嫌他女儿丑就把鬼侯剁成了肉酱。鄂侯替鬼侯说情,讲了几句公道话,结果被商纣王晒成了肉干。文王听到鬼侯、鄂侯的遭遇后仅仅是叹了口气,纣王就把他关在牢里一百天,想找机会杀他。

举出这些例子鲁仲连觉得还不够,又举了齐湣王到鲁国、邹国胡作非为的事儿。齐湣王称帝后楚都被攻陷,他逃亡在外,但是跑到哪里都要摆架子,让鲁国和邹国以天子之礼相待,鲁国和邹国都未曾服从。这是想让辛垣衍向鲁国和邹国的臣子学习!

鲁仲连对辛垣衍说:"**秦无已而帝,则且变易诸侯之大臣。彼将夺其所谓不肖,而予其所谓贤;夺其所憎,而与其所爱。彼又将使其子女谗妾为诸侯妃姬,处梁之宫,梁王安得晏然而已乎?而将军又何以得故宠乎?**"秦王一旦称帝,秦国会马上更换各诸侯国的大臣们。他们将撤换他们认为没有才能的臣子,把职务授予那些他们认为有才能的人;撤换他们所憎恨的人,然后把职务授予那些他们喜欢的人。他们还会把自己的女儿和那些嫉贤妒能的女人们配给诸侯作为妃嫔,日夜进谗言,这样的女人进入魏王的王宫里,魏王还能安安然然地过日子吗?辛垣衍还能够得到原来那样的宠信吗?

鲁仲连这一番话指出了秦王称帝后魏王受辖制的处境和辛垣衍不能得到宠信的假设,直接拿后果来说事。由于鲁仲连在连续重复诉说尊秦为帝的危害的基础上,直击辛垣衍不能得宠的要害,所以辛垣衍听得坐立不安,最后改变主张,不敢复言帝秦。

三

鲁仲连终于成功地策反了辛垣衍,之后秦将为之震惊,后撤五十里。再后来的故事我们就知道了,魏国的信陵君窃符救赵,派人杀了晋鄙,用虎符调动军队解了邯郸之围。

故事到这里还没有结束,平原君赵胜,想封赏鲁仲连,鲁仲连坚辞不受,最后还留下来一段话:"所贵于天下之士者,为人排患、释难、解纷乱而无所取也。即有所取者,是商贾之人也,仲连不忍为也。"天下之士所看重的是替人排除忧患、解除危难、排解纷乱而不收取任何报酬。如果收取报酬,那就和买卖人没有什么区别了,鲁仲连不愿意做这样的事情。于是高士鲁仲连辞别平原君离开赵国,终生不再露面,这叫什么?事了拂衣去,深藏功与名。

讲高士鲁仲连,重点是要说明什么叫位卑未敢忘忧国,以天下为己任。为人排患、释难、解纷乱而无所取也是鲁仲连的心声。鲁仲连还有一句名言,也尤其能体现他不贪图荣华富贵、不为名利所驱使的高贵情操和人格:"吾与富贵而诎于人,宁甘贫贱而轻世肆志焉!"意思是与其因得到富贵而屈身侍奉人,听命于人,还不如贫贱而轻视世俗,放浪形骸。鲁仲连原则性很强,绝不朝秦暮楚,这个人品德高尚,又不追名逐利,所以才能为而不恃,功成身退。

其实像鲁仲连这种抗击强秦的人物还有很多,比如我们后边还要讲到的李牧、唐雎等,这些人的存在说明即使是在大争之世,也依然有很多人可以保有高贵的人格。

第二节 唐雎话术鉴赏：怒怼"伏尸百万"

伏尸百万出自《战国策·魏策四·秦王使人谓安陵君》："天子之怒,伏尸百万,流血千里。"秦王嬴政说："天子一发怒,则倒下的尸体有百万具,鲜血能流千里。"

一

公元前225年,秦国灭韩、灭赵、灭魏后想以易地之名占领安陵国。安陵国是附属于魏国的一个小国,安陵君原来是魏襄王的弟弟,在宗主国魏国灭亡之后,安陵国一度还保持着独立的地位,于是秦王就打起了安陵国的主意。

秦王使人谓安陵君曰："寡人欲以五百里之地易安陵,安陵君其许寡人?"安陵君曰："大王加惠,以大易小,甚善。虽然,受地于先生,愿终守之,弗敢易。"秦王不说。

秦王派人对安陵君说："我想用方圆五百里的土地来交换安陵国,安陵君你一定要答应我哟。"安陵君说："大王您给予我恩惠,用那么大片的土地交换我这么少的土地,我很感激。可是,这是祖产,是我从先王那里接受的封地,我愿意始终守卫它,实在不敢交换。"秦王不高兴了。

安陵国只是一个方圆五十里左右的小国,秦王用五百里地跟安陵君交换,他为何不愿意换呢？俗话说:"百鸟在林,不如一鸟在手。"秦国经常用"钓鱼"的方式来骗取利益,说是以大换小,结果小的拿来,大的却不给,这是秦国的惯用伎俩。张仪欺楚,六里和六百里的故事,还有秦昭襄王的拿十五城换赵国和氏璧的故事,同样的把戏玩多了,大家都不信了。

秦王嬴政故伎重演,被婉拒后自然恼怒。在危机之下,安陵君派唐雎出使秦国,与虎狼之秦斡旋。

二

在《战国策》里唐雎是个非常传奇的人物,他活跃在战国的外交战场上多年,九十多岁高龄还在为自己的母国作贡献。

唐雎见到秦王后,秦王就向唐雎倒苦水:"你看这安陵君是不是不像话,我用方圆五百里的土地交换安陵,安陵君竟然都不愿意,这是为什么呢？而今秦国已经灭了韩国、灭了赵国、灭了魏国,安陵君能凭借方圆五十里的土地幸存下来,是因为我把安陵君当作忠厚的长者,所以才没有侵扰安陵国。现在我用十倍于安陵的土地让安陵君扩大领土,他却违背我的意愿,这不是看不起我吗？"

秦王的话术是先发制人,刚柔并济。我们来看看唐雎的回答:"否,非若是也。安陵君受地于先王而守之,虽千里不敢易也,岂直五百里哉！"唐雎说:"不不不,不是您说的那样。安陵君从先王那里接受封地并且保卫它,即使是方圆千里的土地,他也不会换,他也不敢换,何况秦国这五百里呢?"秦王一听勃然大怒,直接发飙:"公亦尝闻天子之怒乎? 天子之怒,伏尸百万,流血千里。"面对暴怒的秦王,唐雎针锋相对反问道:"大王尝闻布衣之怒乎?"秦王很轻蔑地说:"布衣之怒,亦免冠徒跣,以头抢地尔。"秦王说平民发怒,也不过就是摘掉帽子,光着脚把头往地上撞罢了。唐雎驳斥道:"此庸夫之怒也,非士之怒也。夫专诸之刺王僚也,彗星袭月;聂政之刺韩傀也,白虹贯日;要离之刺庆忌也,苍鹰击于殿上。此三子者,皆布衣之士也,怀怒未发,休祲降于天,与臣而将四矣。若士必怒,伏尸二人,流血五步,天下缟素,今日是也。"唐雎提到的专诸、聂政、要离等都是历史上的刺客。唐雎说:"大王说的拿脑袋撞墙、撞地、撞柱子的都是平庸无能的人发怒,不是有才能、有胆识的人发怒。从前专诸刺杀王僚的时候,彗星的尾巴扫过月亮;聂政刺杀韩傀的时候,一道白光冲上太阳;要离刺杀庆忌的时候,苍鹰扑到宫殿上。这三个人都是平民出身的有胆识的人,心里的愤怒还没有发作出来,上天就已经降示了征兆。现在专诸、聂政、要离加上我,就是四个人了。我一发怒,就有两具尸体倒下,我不需要您血流千里,只要血流五步,天下的百姓就会为您穿上孝服。不挑时日了,择日不如撞日,就今天吧。"

说完,唐雎起身就要与秦王同归于尽,见唐雎真要拼命,秦王惊出一头虚汗,连忙说:"先生坐,何至于此! 寡人谕矣。夫韩、魏灭亡,而安陵以五十里之地存者,徒以有先生也。"秦王还是很欣赏忠义之士的,估计也知道老先生只是做个姿态,于是赶忙说:"先生快请坐,怎么到这种地步了?我明白了,韩国、魏国灭亡,而安陵只有五十里国土却生存下来,就是因为有先生啊!"

秦王的意思很明确,是说看在唐雎的面子上,安陵国他不要了。这个故事塑造出的唐雎是个忠于使命,不畏强权,一身侠肝义胆的人,不仅有胆还有识。

三

唐雎是个有勇有谋的名士,不仅话术出众,而且很讲信义,和苏秦、张仪这类纵横家有所不同。《战国策》中有很多与他相关的故事,再来举个例子,在《战国策·魏策四》中记载了唐雎曾劝服信陵君魏无忌的故事。事情是这样的,信陵君窃符救了赵国,到赵国时赵王远至郊外来迎接。此时信陵君表现得有些得意和居功自傲,唐雎见到这种情况就来劝他:"人之憎我也,不可不知也;吾憎人也,不可得而知也。人之有德于我也,不可忘也;吾有德于人也,不可不忘也。"别人怨恨我,不可以不知道;怨恨、讨厌别人的时候,不要让别人知道。别人对我有恩德,不要忘记;我对人家有恩德,却不可以不忘记。这就是《道德经》所说的"为而不恃",意思是不管我们对别人有多大的恩德,也不要把这当作一种倚仗、凭借,甚至勒索的手段。我们对别人的恩德,就把它忘了吧;别人对我们的恩德,我们要铭记在心。这是道家强调的大智慧。

《秦人使人谓安陵君》后人给加的题目是《唐雎不辱使命》,这是很高的评价。既然讲不辱使命,那就再说一个历史上汉使苏武不辱使命的例子。匈奴拘禁了汉使苏武,千方百计想让苏武臣服于匈奴,但是苏武始终坚贞不屈:"屈节辱命,虽生,何面目以归汉!"如果有辱使命,就是活着,哪有面目再回到大汉!苏武宁死也不肯丧失气节,一个人,一群羊,一个旄节,一望无际的草原,苏武就这样度过了十九年的岁月,"始以强壮出,及还,须发尽白"。

东汉班固写《汉书》时赞扬苏武"使于四方,不辱君命,苏武有之矣"。

唐雎、苏武不辱使命,无论在何种艰难危险中,都依然保持忠贞的爱国情怀,是值得赞美和学习的。

第三节　虞卿话术鉴赏:不遗余力

一

不遗余力出自《战国策·赵策三·秦攻赵于长平》:"秦之攻我也,不遗余力矣,必以倦而归也。"秦国攻打赵国可以说是不保留余力,是因为疲惫不堪才退兵的。这里"遗"的意思是保留,不遗余力是指把所有的力量都毫无保留地用尽,现在多指做事要倾尽全力,尽力而为。但它的本意,是说力量全部用尽了,也就是"强弩之末"的意思。

秦赵的长平之战,秦将白起坑杀赵军约四十万,令赵国元气大伤,但邯郸还在赵国手中。此时，秦王派人向赵国索要六座城池作为撤兵讲和的条件，秦能撤兵赵王自然高兴，但割让六座城池也不是一件小事，犹豫不决之下，自然要征求大臣们的意见。此时朝堂上关于割地还是不割地，出现了两种不同的声音。我们可以把其看成是辩论的双方。辩题就是赵国是否要割让六座城池与秦国讲和。

一方的观点是同意割让城池，主辩手是楼缓。楼缓是赵国的大臣，是少数支持赵武灵王推行胡服骑射的人之一，他还主张要同秦国、楚国联合，是赵武灵王的得力干将。当初，为了促进赵和秦之间的友好关系，赵武灵王派楼缓去秦国做一个光明正大的间谍，还曾做了秦相。后来赵武灵王去世，奉阳君李兑不让楼缓回来，还派人去秦国把他的官职免了。于是楼缓背弃了赵国，开始为秦昭襄王做事，所以这次他主张赵国割地求和。

另一方的观点是拒绝割让城池，代表人物是虞卿。卿是官职名，虞卿本名叫虞信，他善于战略谋划，在长平之战前就主张联合楚、魏迫秦求和。邯郸解围后，他力斥楼缓的媚秦政策，坚决反对投降当奴隶，坚持主张以赵为主，联合齐、魏抵抗秦国。虞卿是一个忠贞爱国、有情有义的策士，他这次的立场是赵国不能割地：

"秦之攻赵也，倦而归乎？王以其力尚能进，爱王而不攻乎？"王曰："秦之攻我也，不遗余力矣，必以倦而归也。"

虞卿一开始就问赵王："您说秦国攻打赵国是因疲惫不堪而退兵的呢，还是仍然有进攻能力，却生发了恻隐之心，因为爱护大王才不进攻的呢？"赵王说当然是前者，秦国攻打赵国可以说从来就不保留余力的，一定是因为疲倦不堪才退兵的。虞卿紧接着说："秦以其力攻其所不能取，倦而归。王又以其力之所不能攻以资之，是助秦自攻也。来年秦复攻王，王无以救矣。"虞卿这话讲得非常有道理。秦国既然是因为力量不足攻不下邯郸才选择撤退，那如果赵国用他们兵力攻打不下的地方去资助他们，这不就相当于帮助敌人攻打自己，自取灭亡吗？等到来年，秦国的士兵休整好了，再来进攻时，赵国恐怕就没有办法自救了。

楼缓也不示弱，开始为自己辩解："虞卿能尽知秦力之所至乎？诚知秦力之不至，此弹丸之地，犹不予也，令秦来年复攻王，得无割其内而媾乎？"楼缓说："虞大人了解秦国兵力的情况吗？如果的确知道秦国兵力的情况，就会知道秦国撤兵也是暂时的，现在连六城的弹丸之地都不肯给，要是明年秦国再来攻打赵国，大王恐怕就要割让赵国内地的城邑，而不只是外边那六座了。"楼缓的话简言之，就是说现在秦军疲惫，我们可以利用六座城池议和，等到明年人家兵强马壮的时候，那就不是割让六座城池所能解决的了。

赵王也不傻，问题一针见血："诚听子割矣，子能必来年秦之不复攻我乎？"赵王的意思是，要是听了楼缓的话割让了城邑，楼缓能够保证明年秦国一定不再来攻打赵国吗？楼缓忙说他不敢保证，不是他力所能及的事。他还让赵王想想以前秦国和韩、赵、魏三国都很友好，为什么现在偏偏攻打赵国，那一定是赵国侍奉秦国的礼仪不到位，不如韩、魏对秦国恭敬，所以秦国才来攻打赵国。

楼缓的话留下了一个大的漏洞,被虞卿抓住了,他马上就予以驳斥:"<u>楼缓言,不媾,来年秦复攻,王得无更割其内而媾。今媾,楼缓又不能必秦之不复攻也,虽割何益?来年复攻,又割其力之所不能取而媾也,此自尽之术也。不如无媾。</u>""自尽之术"就是自取灭亡。虞卿的意思是,楼缓的话不靠谱,他说如果不与秦国讲和,明年秦国又来攻打赵国,恐怕赵王要割让赵国的腹地去讲和。如果现在割地讲和,楼缓又不能保证秦国明年一定不来进攻,那割让土地又有什么好处呢?割了他来打,不割他也来打。如果明年秦国再进攻赵国,赵国又白白地送上秦国夺取不了的土地去讲和,这不是自取灭亡吗?结论是,割地讲和是自取灭亡,不可取。

虞卿接着说:"<u>秦虽善攻,不能取六城;赵虽不能守,而不至失六城。秦倦而归,兵必罢。我以六城收天下以攻罢秦,是我失之于天下,而取偿于秦也,吾国尚利,孰与坐而割地,自弱以强秦?</u>"虞卿的话术是层层递进的。秦国再怎么善于进攻,也没能夺取六座城邑,赵国在防守上再不济也没有丢失这六座城邑。秦国由于疲倦而退兵,秦兵一定疲惫不堪,如果赵国用这六座城邑去收买天下诸侯,去攻打疲惫的秦国,这样赵国虽然有所失,但却从秦国那里得到了补偿,这样算起来对赵国还是有利的,这和白白割让土地、自己削弱自己,反而使秦国强大起来,哪个更好,不是很清楚吗?

阐述完自己的观点,虞卿又开始对楼缓的观点予以驳斥:"<u>今楼缓曰:'秦善韩、魏而攻赵者,必王之事秦不如韩、魏也。'是使王岁以六城</u>

事秦也，即坐而地尽矣。来年秦复求割地，王将予之乎？不与，则是弃前功而挑秦祸也；与之，则无地而给之。"

虞卿话术了得，话又进了一层。说像楼缓主张的那样，把城池割让给秦国，到最后都没有什么可给的了。楼缓说秦国善待韩国、魏国，却攻打赵国，是赵王侍奉秦国时不如韩国、魏国。这是让赵王每年都用六座城去侍奉秦国，一年一年这样送，如果明年秦国再要求割让土地，赵王还准备给吗？如果不给，那就是舍弃了以前付出的代价，并且挑起战火；如果一直给，土地不就都给完了吗？

虞卿的层层递进，不仅从事实上，而且从价值观层面上来深入论证。这两国的价值观也不一样，秦国是一个什么样的国家呢？"且秦虎狼之国也，无礼义之心。其求无已，而王之地有尽。以有尽之地给无已之求，其势必无赵矣。"秦国是虎狼一样的国家，没有一点礼仪之心。这种国家的贪欲是没有止境的，可是赵王的土地却有送尽的一天啊！用有限的土地去供养无止境的贪求，必然是送完了一切，赵国也就灭亡了。

二

从辩论的角度来讲，虞卿的论述可谓铿锵有力、掷地有声。楼缓见状只能回避虞卿的质疑，从另一个角度切入，说如果秦国、赵国结了冤仇，那么天下诸侯会依仗秦国趁机瓜分赵国，所以赵王不如赶快割地求和，和秦国友好相处，其他诸侯国也就安分了，赵国的危机也就解除了。不跟秦国友好相处，其他诸侯跟着秦国就把赵国瓜分了。

虞卿一听顿觉危险，这楼缓可是一心一意在为秦国打算，所以他又开始了一番更激烈的辩论:"夫赵兵困于秦,又割地求和,是愈疑天下,而何慰秦心哉?是不亦大示天下弱乎?"这个话术叫迎风直上。赵兵为秦国所困,又去向秦国割地求和,这更会使天下诸侯对赵国产生怀疑,这就是投降。再说,这几座城又怎么能够安抚秦王?这不是公然向天下诸侯显示赵国的弱小吗?

那该怎么办呢?虞卿的解决方式是什么呢?

且臣曰勿予者,非固勿予而已也。秦索六城于王,王以五城赂齐。齐,秦之深仇也,得王五城,并力而西击秦也,齐之听王,不待辞之毕也。是王失于齐而取偿于秦,一举结三国之亲,而与秦易道也。

虞卿这个解决方式太厉害了!他建议赵王把这六座城池盘活,秦王向赵王索要六座城池,赵王拿出五座来献给齐国。齐国、秦国是有深仇大恨的,齐国得到赵王的五座城池就会与赵国合力,向西进攻秦国,又一次合纵,从而使赵国与魏齐三国结成亲密同盟。因为魏国跟齐国也是联盟,现在三国建立联盟,这叫一举三得。建立了这个亲密同盟,就与秦国交换了处境。原来是对秦国有利,现在是对赵国有利。

赵王听了虞卿和楼缓的辩论,最终判虞卿胜出,并派遣虞卿向东去见齐王,与齐王谋划攻打秦国。虞卿还没有从齐国回来,秦国的使者已经来与赵国讲和了。一听赵、齐、魏三国要联合,秦国也害怕得来讲和了。结果呢?夹在中间的楼缓里外不是人,就从赵国逃走了,虞卿可谓大获全胜。

虞卿话术厉害,人也正直。关于虞卿我们再说两件事:一是虞卿这人蛮有智慧的,他曾经游说过春申君,把春申君给说服了;二是因为他的一个好朋友魏齐的事,他把自己的功名利禄都放弃了,回乡著书立说,写了《虞氏春秋》。

比较一下楼缓和虞卿,说起来楼缓也曾经是个著名的策士,但是因为品行不好而不受待见。所以说,虽然战国的策士经常朝秦暮楚,但是也有些策士保持着铮铮铁骨。比如唐雎和虞卿,人无信不立,这也是历史给我们的重要启迪。

第六章 蔡泽、姚贾话术鉴赏

第一节 蔡泽：月满则亏

一

"月满则亏"出自《战国策·秦策三·蔡泽见逐于赵》："语曰:日中则移,月满则亏。"

意思是,古语说:太阳在正午就开始向西下沉了,月亮圆到满盈时就开始亏缺了。

月有阴晴圆缺,有朔月、上弦月、满月和下弦月。"月满则亏"是说月亮圆到满盈时就开始亏缺,比喻事物发展到极点则开始衰退。"日中则移"是说太阳到了正午时就开始向西下沉了,比喻事物发展到了一定程度就会向相反的方向转化,所谓物极必反。

二

范雎向秦王举荐的王稽、郑安平都背叛了秦国,范雎也受到牵连,处于两难之地,这时著名的策士蔡泽就来劝说他。蔡泽是战国时期燕国人,善辩多智,范雎举荐他担任秦昭襄王的丞相。几个月后蔡泽辞掉相位在秦国做小吏,经历了秦昭襄王、秦孝文王、秦庄襄王、秦王嬴政四代秦王,在乱世之中保全了自身。

在哲学上,蔡泽倾向于道家,发挥了道家物极必反、月满则亏的思想。在郑安平、王稽事件后,蔡泽去见范雎,极力劝他功成身退,免遭祸殃。

富贵显荣,成理万物,万物各得其所;生命寿长,终其年而不夭伤;天下继其统,守其业,传之无穷,名实纯粹,泽流千世,称之而毋绝,与天地终。岂非道之符,而圣人所谓吉祥善事与?

既富且贵,善治万事,使每个人都能享尽天年,每个人都不致夭折。天下人民都能继承他们的传统,维护他们的业绩,传给后代,无穷无尽,名实兼而有之,恩泽流传万年,永远受人赞美,可以和天地同始共终。这难道不是道,而且与圣人所说的吉祥善事相符合吗?

范雎对此很认同,蔡泽就抓住机会举例说明。比如说越国的文种、秦国的商鞅、楚国的吴起,他们最后的结局值得羡慕吗?当然范雎是个老江湖了,一听蔡泽这话就知道他在挖坑,于是称赞起文种、商鞅、吴起:"若此三子者,义之至,忠之节也。故君子杀身以成名,义之所在。身虽死,无憾悔,何为不可哉?"意思是说,这三位忠臣义薄云天,是忠贞的典范。君子总是牺牲生命来成全名节,这是大义之所在。虽然牺牲生命也无怨无悔,有何不可呢?

蔡泽面对范雎的反问，又以比干、伍子胥为例，说他们虽都是忠臣，但却因为没有明君，国家仍然不免骚乱，所以不仅要臣子忠贤，还要君主明圣。范雎对此表示赞同，蔡泽抓住这个机会，趁热打铁，说范雎的君主在亲近忠臣方面比不过秦孝公、楚悼王和越王。范雎侍奉君主，在平定内乱、消除祸患、扩张疆土、振兴国家等方面虽有功绩，但是并没有超过商鞅、吴起、文种三位名臣，现在问题严重了："而君之禄位贵盛，私家之富过于三子，而身不退，窃为君危之。"意思是范雎的地位和俸禄，还有家里的财富都已经超过三个忠臣，却还不隐退，实在令人担忧啊！

语曰：日中则移，月满则亏。物盛则衰，天之常数也；进退、盈缩、变化，圣人之常道也。

古语说得好，太阳在正午就开始向西下沉了，月亮圆到满盈的时候就开始亏缺。万物都是盛极而衰，这乃自然规律，不论是进还是退，不论是伸还是缩，都随着时间变化，这乃是圣人所认定的常理。

三

道理讲完了，观点摆明了，接下来蔡泽举例来说明：

昔者，齐桓公九合诸侯，一匡天下，至葵丘之会，有骄矜之色，畔者九国。吴王夫差无敌于天下，轻诸侯，凌齐、晋，遂以杀身亡国。夏育、太史启叱呼骇三军，然而身死庸夫。

蔡泽以齐桓公为例，说以前齐桓公小白九次会聚诸侯，矫正天下弊风，在管仲的辅佐之下，使齐国焕然一新。到了葵丘之会，齐桓公作为五霸之首,就显出了骄纵之色,一骄纵就有九个国家背叛他。吴王夫差自以为天下无敌,因此就轻视诸侯,欺凌齐国、晋国,后来招致国破人亡。夏育、太史启等人,一声大喝能使三军震撼,然却死于普通人之手。由此得出结论:"此皆乘至盛不及道理也"——这就是仗恃威权而不深思事物道理的缘故啊。接着他列举了贤臣的例子:

> 夫商君为孝公平权衡、正度量、调轻重,决裂阡陌,教民耕战,是以兵动而地广,兵休而国富,故秦无敌于天下,立威诸侯。功已成,遂以车裂。

商鞅为秦孝公制定度量衡、改革货币、废除井田、重划土地,教育民众努力耕作,还训练出秦的锐士。如此秦国才能大军一出发就拓展疆土,军队凯旋则国家富强。所以秦兵无敌于天下,在诸侯之间建立了威权,可是成功之后商鞅竟遭五马分尸之刑。

蔡泽又说到了白起、吴起、文种,说他们"成功而不去,祸至于此。此所谓信而不能诎,往而不能反者也。范蠡知之,超然避世,长为陶朱公"。

这几位贤臣本事很大,但是白起被秦王赐死,吴起被乱箭射死,文种最后也被勾践所杀,他们都是因为功成而不退,才招来杀身之祸,这就是所谓能伸而不能屈,能进而不能退者。只有范蠡泛舟西湖,懂得明哲保身的道理,以超然的姿态功成身退,远离人间的是是非非,永远做一个悠然自乐的陶朱公。

蔡泽力劝范雎功成身退,说他身为秦相功劳达到顶点,如果还不退隐,便可能落到商鞅、白起、吴起和越大夫文种那般下场。蔡泽可谓晓之以理,动之以情。范雎听从了蔡泽的劝告,辞去秦国相位并推荐蔡泽做了秦相。而蔡泽也没有留恋权力。他在秦国做了几个月的丞相,因为有人中伤他,他自己也害怕被杀,就推脱有病送回了相印,最后也算是善始善终。

关于范雎和蔡泽的这段故事,来看一下《史记》中的记载:"书曰:成功之下,不可久处。四子之祸,君何居焉?君何不以此时归相印,让贤者而授之,退而岩居川观,必有伯夷之廉,长为应侯。"

《史记》用了很多《战国策》中的资料,还专门有《范雎蔡泽列传》。上段原文的意思是:《尚书》中说,功成名就后,不可长久地留恋功名利禄,这四位先生的灾祸你何必再去经受呢?范先生为什么不在此时送回相印,把它让给贤能的人,自己隐居到山林观赏流水,一定会有伯夷正直、廉洁的美名,长享应侯之尊。

"岩居川观"也是一个成语,从字面上看,意思是居于岩穴而观赏川流,现在用来形容隐居生活悠闲自适,超然世外。可以对着一片云、一壶酒、一张琴,尽享山川河流之美。正如《道德经》所云:"功遂身退天之道。"

第二节　姚贾：咫尺之功

一

"咫尺之功"出自《战国策·秦策五·四国为一将以攻秦》："故可以存社稷者,虽有外诽者不听;虽有高世之名,无咫尺之功者不赏。"能够安邦定国的明君不听信外面的毁谤,也不封赏空有清高之名、没有尺寸之功的人。

"咫尺之功"是指微小的功劳。在很长一段时间内,咫和尺的长度都不是固定的,其中咫是指女性手掌张开到最大时,拇指尖到中指尖的距离;而尺则是指男性手掌张开到最大时,拇指尖到中指尖的距离。

"咫尺之功"出自《战国策》中一场著名的论战,其中有一个人物大家非常熟,就是韩非。还有一个参与者不大为人所知,但话术水平也非常之高,就是姚贾。姚贾是战国时期魏国人,在秦国也是个外来户。他出身微贱,父亲是看管城门的监门卒,所以姚贾被称为"世监门子",在当时社会地位很低。他在魏国想仅凭口才出人头地,难如登天,所以跑到秦国来做客卿。

姚贾的口才是真的好,他曾经以一人之力舌战四国。当时秦国的统一战争已经到了最后关头,赵国、楚国、燕国、齐国一看情势不妙,准备联合起来对付秦国,做最后的抗争。秦王得知后召集大臣和门客六十多人,共同商议对策:"四国为一,将以图秦,寡人屈于内,而百姓靡于外,为之奈何?"

秦王说当下四国联合攻秦,而秦国正当财力衰竭、战事失利之时,这应该如何应对呢?大臣们都不吭声,陷入了沉默。

此时丞相李斯也不吭声,他之前跟姚贾有过沟通,李斯不吭声其实就是为姚贾提供机会,于是姚贾自告奋勇地说:"贾愿出使四国,必绝其谋,而安其兵。"姚贾说他愿意出使四国,愿意破坏四国的谋略阴谋,阻止战争的发生。

秦王一看,这是个有胆识的人,也很勇敢,于是就给他几百辆车、大量钱财,并且还让他穿戴了自己的衣冠,配上自己的宝剑,对他的出使寄予厚望。此次出使绝对不是什么轻松的活计,毕竟当时在秦国压倒性的进攻下,各国除了联合抵抗以外,也没有别的办法,所以这几个国家想要联合的意志是比较坚定的。想要打消他们合纵的主意,就像姚贾想在魏国出人头地一样难。但姚贾还是凭借出色的口才舌战四国,出色地完成了任务:"姚贾辞行,绝其谋,止其兵,与之为交以报秦。秦王大悦,贾封千户,以为上卿。"上卿位阶很高,完璧归赵的蔺相如被封过上卿,虞信也被封过上卿。

二

姚贾辞别了秦王遍访四国,他的这次斡旋不仅达到了制止四国攻秦的目的,还与四国建立了友好的外交关系,化干戈为玉帛了。秦王十分高兴。先与四国当朋友,把咸鱼枕在老猫的枕头底下,等强大了再收拾他们。要不然四国现在联合起来,说不定秦国的努力就前功尽弃了。因为作出了巨大的贡献,秦王嬴政封给姚贾一千户的城邑,并任命他为上卿。但是有人不服气,这个人就是韩非。

韩非攻击姚贾,其实是代表韩国。韩非作为韩国派到秦国的使臣,向来看不惯姚贾,觉得他没什么本事,心术不正,于是就想在秦王面前揭姚贾的老底儿。他先是弹劾姚贾,说他散尽了秦国的钱财去勾结诸侯:"贾以珍珠重宝,南使荆、吴,北使燕、代之间三年,四国之交未必合也,而珍珠重宝尽于内。是贾以王之权、国之宝,外自交于诸侯,愿王察之。"

韩非的这些证据看来不太靠谱,毕竟姚贾事情都已经做成了。韩非认为姚贾结交这些诸侯是为了自己,不是为了国家。姚贾拿着珍珠重宝向南出使荆、吴,向北出使燕、代等地长达三年,而这些国家未必真心实意和秦国结盟,秦国也不是真心和它们结盟,反正早晚要打,但秦国国库中的财宝却已散尽。韩非的话外音是说,姚贾借秦王的权势,用秦国的珠宝私自结交诸侯,希望秦王明察。其实韩非这些话没什么力度,即便姚贾把四国联盟的事搞黄了,说他私交诸侯也只是无稽之谈,并无实质性证据。

紧接着,韩非又以姚贾的出身微贱和经历作为论据,劝说秦王不要再任用姚贾,甚至教唆秦王把他杀掉:"且梁监门子,尝盗于梁,臣于赵而逐。取世监门子、梁之大盗、赵之逐臣,与同知社稷之计,非所以厉群臣也。"韩非认为姚贾不过是魏都大梁一个守门人的儿子,出身微贱,在魏国还曾做过盗贼,虽然在赵国做过官,后来却被驱逐了。让这样一个看门人的儿子、魏国的盗贼、赵国的逐臣来参与国家大事,这不是勉励群臣的好办法。

三

听了韩非的话,秦王就召来姚贾询问是否真如韩非所言用秦国的钱财去结交诸侯。这个问题答不好恐怕就要出问题,可是大家放心,姚贾是一位舌战四国的外交官,肯定口才了得。他对秦王说:"曾参孝其亲,天下愿以为子;子胥忠于君,天下愿以为臣;贞女工巧,天下愿以为妃。今贾忠王而王不知也。贾不归四国,尚焉之?使贾不忠于君,四国之王尚焉用贾之身?桀听谗而诛其良将,纣闻谗而杀其忠臣,至身死国亡。今王听谗,则无忠臣矣。"

姚贾首先把这些说法定位为谗言,然后又列举了历史上的很多忠臣:昔日曾参孝顺父母,天下人都希望有这样的儿子;伍子胥尽忠报主,天下诸侯都想以他为臣;贞女擅长女红,天下男人都愿意以之为妻。而我姚贾效忠于大王,大王却不知道,臣不把财宝送给那四个国家,它们能归附于秦国吗?大王再想,假如臣不忠于大王,四国之君凭什么信任臣呢?想当年,夏桀听信了谗言,杀了良将,纣王听信谗言,杀了忠臣,以至于最后身死国亡。大王啊大王,如今您要再听信谗言,就不会有忠臣为国出力了。

姚贾可谓对答如流,对韩非的攻击一一驳斥。以财宝贿赂四国之君,那是为秦国的利益考虑,如果是自己结交这些诸侯,那又何必再回到秦国。夏桀、商纣的典故,暗示韩非所说的都是谗言。

第一个问题回答完了,那关于世监门子、梁之大盗、赵之逐臣这些攻击又作何辩解呢?姚贾上来就是用典,连举了四例:"<u>太公望,齐之逐夫,朝歌之废屠,子良之逐臣,棘津之雠不庸,文王用之而王。管仲,其鄙人之贾人也,南阳之弊幽,鲁之免囚,桓公用之而伯。百里奚,虞之乞人,传卖以五羊之皮,穆公相之而朝西戎。文公用中山盗,而胜于城濮。</u>"殷周时姜太公就是一个被妻子赶出家门的齐人,在朝歌的时候是连肉都卖不出去的无用屠户,是被子良驱逐的家臣,他在棘津时出卖劳力都无人雇用,但是文王慧眼独具,让他辅佐自己,最终成就王业。管仲不过是齐国边邑的商贩,在南阳时穷困潦倒,在鲁国时曾被囚禁,齐桓公任用他而成就霸业。百里奚当初不过是虞国的一个乞丐,身价只值五张羊皮,可是秦穆公任用他为相后竟能无敌于西戎。还有晋文公倚仗中山国的盗贼却能在城濮之战中获胜。

姚贾举这些例子试图说明,不能从门缝里把人看扁。他举了姜太公、管仲、百里奚甚至盗贼的例子,那这些人有什么共同点,和姚贾又有什么关系呢?

此四士者,皆有垢丑,大诽天下,明主用之,知其可与立功。使若卞随、务光、申屠狄,人主岂得其用哉!

姚贾对秦王说,这些人出身无不卑贱,也曾身负恶名,甚至为人所不齿。而明主委以重任,是因为知道他们能为国家建立不朽的功勋。

假如人人都像卞随、务光、申屠狄这几个古代隐士,跑到山里隐居,那谁又为国效命呢?

姚贾在对韩非的观点进行反驳时,有理、有据、有节,尤其是列举了三个隐士的例子,这三个隐士都觉得做官是一种耻辱。其实,做学问、做官、做生意并没什么高低贵贱之区别,把事情做成了、做好了,为民造福,这才是正道。

姚贾最后总结道:"故明主不取其污,不听其非,察其为己用。故可以存社稷者,虽有外诽者不听;虽有高世之名,无咫尺之功者不赏。是以群臣莫敢以虚愿望于上。"英明的君主不会计较臣子的过失,不会听信别人的逸言,只考察他们能否为己所用。所以能够安邦定国的明君,不听信外面的毁谤,不封赏空有清高之名、没有尺寸之功的人。这样一来,臣子就不敢用虚名来接近国君了。总之,英明的君主会有自己的见解,不会因为别人的片面之言而作出错误的选择,秦王如果听信韩非的片面之词,就不是英明的君主了。

秦王被姚贾说服了,于是让姚贾继续出使列国,而责罚了韩非。

《战国策》中说因为这件事韩非丢了性命,这跟《史记》中的说法不同,我们暂不作论断,只说在这件事情上秦王信了姚贾而责罚了韩非。

四

按《战国策》所记载,韩非攻击姚贾的出身,这点很不好。《三国演义》中诸葛亮舌战群儒之时,东吴名士陆绩曾攻击刘备"眼见只是织席贩屦之夫耳,何足与曹操抗衡哉!"说刘备只是一个编草席的、卖草鞋的,哪里能跟曹操抗衡。而诸葛亮的驳斥很有《战国策》之风。他说:"陆先生你坐好了,我来和你聊一聊。你想想当年高祖只是一个小小的亭长,而终有天下。我主刘备曾编草席、卖草鞋,这样的出身有什么可羞耻的呢?陆先生你这是小儿之见,不足以与高士共语。"这段话也很好。不能攻击对手出身微贱,可能正因为微贱的出身,才会经历更多的磨难,未来才会有更大的成就。这个道理,直到今天依然成立!于我们而言,不应以出身贫寒为耻,而应以对他人进行人身攻击为真正的耻辱!姚贾不仅话术厉害,所言道理更为深刻。

第二编

《战国策》与诸侯王

策士纵横家是活跃在战国舞台上的一群人,他们留下了很多轰轰烈烈的故事和很多成语典故。但其实他们并不是战国舞台上的主角,而是相当于现代公司里的CEO(首席执行官),真正的老板是各诸侯国的君王,游说之士、纵横家的谋略和雄辩也都与各国的君王密切相关。各国各代的君王或有雄韬伟略、知人之明,或有博大胸怀,能容人容事,抑或荒唐行事,最终亡国。但无疑都在战国历史上留下了自己的痕迹,让今人以史为鉴。

第七章 《秦策》与秦王

第一节 大秦帝国

说到《战国策》中的王,我们会想到很多人,首先想到的应该是秦王,因为最后"六王毕,四海一",是秦国一统天下的。提到秦王就不得不提李白的那首《古风·秦王扫六合》。

秦王扫六合,虎视何雄哉!挥剑决浮云,诸侯尽西来。

明断自天启,大略驾群才。收兵铸金人,函谷正东开。

铭功会稽岭,骋望琅琊台。刑徒七十万,起土骊山隈。
尚采不死药,茫然使心哀。连弩射海鱼,长鲸正崔嵬。
额鼻象五岳,扬波喷云雷。鬐鬣蔽青天,何由睹蓬莱?
徐巿载秦女,楼船几时回?但见三泉下,金棺葬寒灰。

这首诗从篇首到骋望琅琊台,主要是颂扬秦始皇嬴政的雄才大略和他的统一功绩。诗里面说秦王嬴政以虎视龙卷的威势,扫荡、统一了战乱的六国,天子之剑一挥舞,漫天浮云消逝,然后说各国的王公贵族都被尽数迁徙到咸阳。所谓大命天赐,宏图大略驾驭群雄,然后把天下的兵器铸为十二金人,函谷关的大门向东面大开。会稽岭上镌刻着秦王嬴政的丰功伟绩,嬴政站在琅琊台上瞭望大海,思考何处是蓬莱仙岛。秦始皇现在就开始想着要长生不老了。七十万刑徒在骊山下修建着陵墓,劳民伤财。嬴政盼望神仙赐予自己长生不老之药,但没有有效的方法,常常黯然神伤。嬴政派了很多大船入海,用连发的弓箭射杀山一样大的鲸鱼,只是为了清除所谓的妖怪。那鲸鱼真大呀,额头就有山丘那么大,呼吸时扬起的波浪势如云、声如雷,鲸鱼背上的鬐鬣一张开青天都看不见了,有它们在海里的时候怎么可能得到蓬莱仙岛的仙药呢?徐巿用楼船载着三千童男童女去寻仙药,至今都没有回来。看看吧,骊山脚下的泥土深处,金棺盛装的只有秦始皇冰冷的骨灰。

这个结局还是很悲凉的,不过开头的一段还是气势非常雄伟的。秦王扫六合,虎视何雄哉!挥剑决浮云,诸侯尽西来。这里的秦王是指谁呢?秦始皇嬴政。

秦王嬴政于公元前 221 年统一了中国，战国时代结束。但是我们讲《战国策》得把以前的秦王也给大家说一下。我们从秦始皇开始往上追溯，来了解一下历代的秦王。

秦王嬴政的父亲是秦庄襄王，原名异人，做了太子后改名为子楚。再往上，秦庄襄王的父亲是秦孝文王嬴柱，也就是安国君。再往上是秦昭襄王嬴稷，就是大家比较熟悉的电视剧《芈月传》中的芈八子的儿子，然后再往上的秦王是嬴稷的哥哥秦武王嬴荡，就是举鼎而死的那一位。再往上是嬴稷和嬴荡的父亲秦惠文王嬴驷。再往上就是秦惠文王的父亲秦孝公嬴渠梁，就是任用商鞅变法，使得秦国走向强大的那一位，嬴渠梁的父亲就是秦献公嬴师隰，也叫嬴连。到秦献公时期，就是战国的开端了。

刚才提到了秦庄襄王，这个谥号是很不错的。秦始皇给他的父亲的定位还是比较高的。秦庄襄王的墓地就在西安的韩森寨。

我们的讲述从秦献公开始，然后过渡到《战国策·秦策》的第一篇。

有两件事情秦献公的处理方式是非常有智慧的，能够体现出他作为一个王的雄才大略。一件就是秦献公废除了人殉制度。

春秋战国时期是奴隶制土崩瓦解的时期，在旧贵族的眼里，奴隶是没有任何人权的。秦献公时期，许多诸侯早已摒弃人殉制度，但秦国却坚定不移地保持着人殉的恶俗，并且奴隶主还以殉葬的奴隶多且身体强壮作为炫耀的资本。足见此时的秦国有多么落后！冷兵器时代打仗主要靠什么？人！身强力壮的人在战场上是很有优势的,比如后来名震天下的魏武卒,就是士兵中的"特种兵"。而秦国的人殉制度,却让最能打仗、最有可能打胜仗的这部分人殉葬,这就导致秦国的青壮年会越来越少。人殉制度在秦国推行了数百年,甚至更久,这在很大程度上削弱了秦国军队的战斗力。

《诗经》里面有一首诗《黄鸟》,说的就是秦穆公去世的时候,一百七十七人殉葬的事。

黄鸟

交交黄鸟,止于棘。谁从穆公？子车奄息。
维此奄息,百夫之特。临其穴,惴惴其栗。
彼苍者天,歼我良人！如可赎兮,人百其身！

交交黄鸟,止于桑。谁从穆公？子车仲行。
维此仲行,百夫之防。临其穴,惴惴其栗。
彼苍者天,歼我良人！如可赎兮,人百其身！

交交黄鸟,止于楚。谁从穆公？子车针虎。
维此针虎,百夫之御。临其穴,惴惴其栗。
彼苍者天,歼我良人！如可赎兮,人百其身！

诗中的"子车奄息"指的是谁呢？他与两个弟弟——子车仲行、子车针虎被合称为"子车氏三良",都是能征善战的勇士。

秦穆公去世的时候,子车氏三良,这三位非常难得的人才都殉葬了。秦国人非常悲痛,说如果能够用百人来换他们,那也是毫不犹豫的。所以说人殉制度的废除,对秦国的逐渐强大起到了重大的推动作用。当然,更重要的是对人的生命的保护。用活人殉葬,这是历史中极为残忍的一幕。后来出现了随葬俑,不管是秦始皇的兵马俑,还是其他随葬俑,都是用陶、土做的俑来替代活人陪葬,这是历史的一大进步,也是秦献公的一大贡献。

第二件事,就是秦献公选了嬴渠梁继位,也就是秦孝公。秦献公的两个儿子,一个是嬴虔,公子虔,一个就是嬴渠梁。两人都非常杰出,公子虔和秦献公还非常像,但是秦献公经过广泛地听取意见,周密思考,反复考察,最后选中了嬴渠梁。并且为了不让公子虔造反,费了很多心思,而后来的事实证明秦献公这个选择是非常英明的。因为秦孝公任用商鞅变法,使得秦国日益强大,所以说秦献公时期是秦由弱变强的转折点。

之后各代秦君坚持不懈地努力,终于让秦始皇嬴政站在了历史的关键点上。也就是我们开头说的扫六合,统一天下,建立了我国第一个统一的封建王朝。

"秦策"这部分主要讲"秦策"中的王。"秦策"总共有五策,五策的开端就是《卫鞅亡魏入秦》,也就是从卫鞅离开卫国,进入秦国见到秦孝公开始,然后一直到《四国为一将以攻秦》,总共有六十余则故事,主要记载了从商鞅入秦开始一直到秦始皇统一六国期间所发生的与秦国相关的重大历史事件,而这些重大的历史事件往往又和纵横家的谋略和雄辩密切地联系在一起,当然更与各国的王联系在一起。

第二节　道不拾遗与商鞅变法

说到秦孝公,就必然要提到卫鞅,也就是商鞅,他在秦国主持变法,使秦国日益强大。

《战国策》中说秦国开始变法之后,很快就达到了道不拾遗、民不妄取、兵革大强、诸侯畏惧的效果。

商鞅为什么要亡魏入秦呢？一方面是因为他在魏没有受到重用,但最主要的是秦孝公继位之后,向天下发布求贤令,说谁要是能够有策略让大秦强大的话就可以分给他国土,封他做大官。商鞅看到这个招聘广告之后就入秦了,然后和秦孝公见面深谈了几次之后,二人达成了一个非常一致的强秦策略,就是要变法。商鞅是有抱负有雄才大略的人,可是在魏国不受重视,所以看到求贤令就准备到秦国来施展自己的抱负。

当时公叔痤还跟魏惠王说要么用商鞅要么把他杀了,魏惠王也没当回事。商鞅来到秦国后,君臣二人互相欣赏,秦孝公要变革,要使秦国强大起来,商鞅也有这样的抱负。

但是仅仅有抱负是不行的,得有具体的措施。

万事开头难,当时秦国是积贫积弱,百姓和官府之间的矛盾还是比较尖锐的,不太信任官府,所以要变法的话肯定先要让民众信服。《史记·商君列传》中有这样的记载:

孝公既用卫鞅,鞅欲变法,恐天下议己。令既具,未布。恐民之不信,乃立三丈之木于国都市南门,募民有能徙置北门者予十金。民怪之,莫敢徙。复曰"能徙者予五十金"。有一人徙之,辄予五十金,以明不欺。卒下令。

商鞅把所有的法令都写好了,但是并未公布,为什么呢?是怕民众不相信自己,那怎样能让民众相信自己呢?商鞅就做了一件事,他在国都南门立了一根长达三丈的木头,然后发布告示,说谁能够把这根木头搬到北门去,就给十金。民众觉得很奇怪,觉得官府可能是在戏耍我们,没有人搬。然后商鞅又说了,说能徙者予五十金,增加了这么多,然后有一个人就跑去搬了,搬完之后商鞅立马给了他五十金,以表明"不欺",这样就取得了民众的信任,然后下令颁布自己的变法措施。

这招倒是挺好的,三丈的木头高是高,应该也不会很粗,太粗也搬不动,所以大家才觉得奇怪,因为觉得太容易了,说不定谁都可以搬动,所以才没人去做。但去做的人确实得到了五十金,这就是徙木立信的故事。

关于商鞅徙木立信这件事,历史上有很多人给予了评价。商鞅是一个改革家,也得到了后来很多改革家的赞赏,比如王安石,他写过一首《咏商鞅诗》:

自古驱民在信诚,

一言为重百金轻。

今人未可非商鞅,

商鞅能令政必行。

可以说给了商鞅非常高的评价。要知道,王安石这个人具有很强的逆向思维能力,对历史上的很多人他都采取一种批判的态度,比如他就讽刺过孟子,骂过孟尝君等人,但是对商鞅却评价很高,认为他言而有信。

《道德经》里有一句话重复出现,"信不足焉,有不信焉",是说事情再好,没有信任也无法形成大家都支持的这样一种趋势。把一件事情做成,需要"道生之,德蓄之,物形之,势成之",要先形成这种势。大家能信任你,然后你公布的政策就会有更多人关注,如果一两件事做成了,大家感觉到了这些政策于国于民非常有好处,那你才可能得到众人的支持。

商鞅变法最后实现了道不拾遗、民不妄取,但也留下了一些隐患。商鞅的很多政策都损害了旧贵族的利益,并让他们感到恐惧,这就引发了一系列问题。

其实关于道不拾遗的现象,在中国历史上多次出现,比如说春秋时期,郑国子产治国的时候,也曾经出现过道不拾遗的情景。像商鞅治下的道不拾遗是怎样形成的呢?是大家真心想这样做的,还是凭借法律的严酷呢?毫无疑问,此时的道不拾遗更多的是源于畏惧,因为严刑重罚。无意间捡到东西就可能导致严厉惩罚,据说当时满大街都是残疾人,就是因为刑罚过于严苛。所以说商鞅的法令是凭借它的严厉而使秦国逐渐强大,但这必然引发不满。这说明什么呢?说明单凭严厉的法律是不能实现长期稳定发展的。

在秦国地位高的人很多,他们犯了法之后,也受到了严惩。比如在商鞅变法的时候,太子就犯法了。然后就处理了太子的老师,就是公子虔,竟然把他的鼻子给割掉了。公子虔是秦穆公的哥哥,就是秦献公差点把王位都传给他的那位。他本来也是受牵连的,太子犯法,又不是他犯法,不能处罚太子竟然处罚太子的老师,并且被割掉鼻子,这对于一个人,特别是一个老贵族来讲,真是一种莫大的羞辱。还有公孙贾,也因太子受到牵连,被处以墨刑,脸上被刻了字。可见这商鞅确实下手够狠,这就造成了和旧贵族的对立。这也说明秦孝公为了自己国家的强大,用人不疑,坚决地支持商鞅。也正是因为这样雷厉风行的雷霆手段,秦国在商鞅的法令之下逐渐强大,即便后来商鞅遭受车裂之刑,但商鞅之法一直是秦法主干。

秦孝公去世之际,做了一个很吓人的安排,他居然想要传位给商鞅,商鞅自然是坚辞不受。当然,历史上想把王位传给臣子的帝王绝大多数都是在试探。商鞅应该也知道这个,所以坚辞不受。但商鞅到最后仍然是未能自保。不过从历史发展来看,商鞅变法的影响是非常大的。政治上,改革了秦国的户籍制度、军功制度、土地制度等并制定了严酷的法律;经济上,主张重农抑商、奖励耕战;军事上,统率秦军收复了河西之地,于秦国而言可谓厥功至伟。再者,商鞅的思想在商鞅死后经过发展逐渐形成一门学派,名为商学派。商学派经过建立、开拓、发展、定型等阶段,逐渐成为主宰秦国乃至秦朝的思想。而这些,既是商鞅的功绩,更是秦孝公的功绩,因为商鞅变法能够成功的关键在于秦孝公的大力支持。在秦孝公看来,只要能让自己的国家强大,权柄可放、亲情可弃、名声可丢,其变法强国的决心之大可见一斑。

历史上对商鞅性格的评价,给人印象最深刻的是"天资刻薄",说他变法的主要特点是"以强服之"。从个人而言,飘风不终朝,骤雨不终日,政亡人息,木强则折。但商鞅的变法、秦孝公的励精图治,对秦国最终统一六国,结束长达几百年的诸侯割据混战,有重大作用,对中国历史的发展有伟大贡献。在此视角下看他们的性格,也许就是"大善似无情"吧!

第三节 嬴驷对商鞅:五马分尸

商鞅的变法措施不仅令旧贵族畏惧,也令他们产生了强烈的抵抗情绪,这就给我们留下了一个悬念,商鞅最后的结局又会怎样呢?用这种强硬的方式变法,能否长久呢?

《道德经》二十三章有云:"飘风不终朝,骤雨不终日,孰为此者?

天地。天地尚不能久,而况于人乎?"飘风就是大的风,比如说台风,骤雨就是大暴雨。狂风暴雨不会持续太长时间,谁鼓捣出来的狂风暴雨呢?天地。天地暴烈都不能够持久,更何况人呢?其实《道德经》这段话的意蕴就是要宽柔相济,既要有雷霆手段,又要有菩萨心肠。可是我们看看商鞅的法令,某些方面就走了刻薄寡恩的极端。所以啊,我们就担心像这样一个有雄才大略的人,也为秦国作出了贡献的人,一旦他的靠山走了,也就是秦孝公走了,会怎么样呢?秦孝公去世之后,秦惠文王上任了,然后商鞅应该是感觉到了什么,就告归。有人就在惠文王跟前说:"大臣太重者国危,左右太亲者身危。今天秦的妇人和婴儿,都只说商君之法,而没有人说大王之法,所以商君是反客为主,大王成为臣也,且商君和大王有仇怨,愿大王能够早日图谋。"

这段话其实就是在说商鞅功高盖主。看范雎游说秦昭襄王的时候也是这样说,说没看见秦王,都只能看见穰侯。一句话就能挑动王者心中的那股无名之火,为什么?因为几乎所有做王的人都害怕为臣者功高盖主会危害自身。有人在惠文王面前一点炮,可谓新仇旧恨一起涌上心头。好啊,我那两个老师一个鼻子被你割掉了,一个脸上被你刺了字!这个仇恨一直压在心底,一旦被触发,那就会变成冲天的大火。那么最后商鞅的结局是怎样的呢?"商君归还,惠王车裂之,而秦人不怜。"

伟大的商鞅被人诬告谋反,被迫起兵,后战败身亡,尸身被处以车裂之刑,却没有得到秦人的同情!车裂就是五马分尸,也有人说是五牛分尸,但秦国却没有人同情他。

这里边涉及几个问题。一个就是车裂,后世废除了这种很恐怖的酷刑。车裂非常血腥,就是把人的头和四肢分别绑在五辆车上,再给车套上马匹或者牛,往不同的方向去赶,在强拉之下把人的身体硬撕成六块。商鞅虽然并不是直接死于车裂,但用此方式对待他的尸体也是极为血腥的。商鞅也想要逃回他原来的国家,回到魏国,为什么没回去呢?按说他的封地商离魏国还挺近的,他为什么没有跑出去呢?

商鞅确实是跑了,但是没有跑掉。这段在《史记·商君列传》里面有记载,说商鞅跑了,在逃亡的路上想要住旅店,但是店家不知道来的人是谁,当时秦国规定必须要有像身份证这样的东西才能住店,店家就说"商君之法,舍人无验者,坐之"。意思是商鞅颁布的法令,来住店的人如果没有可以验证身份的东西店家让住下是会被连坐的。然后商鞅就在那哀叹,就说"嗟乎!为法之敝一至此哉!"这是他制定的法律,最后把自己给框进去了,后世概括为一个成语"作法自毙"。

那么,秦惠文王为什么非杀商鞅不可呢?

首先,心地柔软的人没办法做战国时期的诸侯王。因为商鞅的影响力或者是他手中掌握的权力,已经危害到秦惠文王的统治。

其次,也有以前留下的仇恨。虽然可以自己拼命地往下压,但是有时候无意识之间仇恨就会影响决策。

不过,秦惠文王杀了商鞅却没有废除商鞅之法,他继续推行强秦之策,他北伐义渠、西平巴蜀、东出函谷、南下商於……,秦国的地盘不断扩大。其中一个重要的事件就是西平巴蜀。李白的《蜀道难》有云，"蜀道难，难于上青天""尔来四万八千岁，不与秦塞通人烟"。秦王要平巴蜀的话，自然不是件易事，那么，他是怎样做到的呢？且看下回分解。

第四节　秦惠文王灭巴蜀三国：石牛粪金

关于石牛粪金的故事，很多典籍中都有记载。《本蜀论》里有一段话："秦惠文王欲伐蜀而不知道，就作五石牛，以金置尾下，言能屎金，蜀王负力，令五丁引之，成（蜀）道。秦使张仪、司马错寻路灭蜀，曰石牛道。"

首先《本蜀论》的"蜀"是指蜀国。其次这里出现了"五丁"，李白的《蜀道难》里面也有"五丁"。"五丁"是指五个力气非常大的大力士，就是他们替蜀王把道路打通，把五头石牛给拉过去了。另有说法说"五丁"可能是五路人马或者五个工程队，因为开蜀道，不是一件容易的事情。那秦王为什么要制作五头石牛呢？他想诱惑蜀王，让蜀王开路。这石牛能干嘛？能"屎金"，就是石牛拉的粪便是金子。这就引起了贪欲，秦王对蜀王说把这五头石牛送给蜀王，但是得他们自己来取，于是蜀王就开辟了蜀道。

其实,这件事涉及三个国:巴国、蜀国和苴国。这三国的君王有亲属关系,但这三国又不是很团结,老是互相打来打去,于是就有人开始动心思向秦国求救。发生内乱了,于是就想引入外界的力量。这件事当时在秦国的朝廷引发了争论,是要支持还是不要支持,是支持蜀国还是支持巴国和苴国,在朝堂上进行了一场影响国运的辩论。秦惠文王召开战前分析会,朝堂上分成正反两方,争论的问题还不单是伐不伐蜀、伐不伐巴和苴的问题,因为此时韩国和秦国也有冲突。韩国离秦国很近,那到底是先伐韩,还是先伐巴蜀呢? 朝臣分成两派。这两派的代表人物,伐韩派的代表是张仪,伐蜀派的代表是司马错。

一怒而诸侯惧的张仪,前面已经介绍了很多,关于司马错,这里多介绍几句。现在有人评价司马错,认为他应该是秦国的第一名将,为什么? 因为这个人有远见卓识,尤其是在抗韩伐蜀这件事情上。

张仪认为,韩国比较近,伐韩的话还有帮手:魏国可以在北边助攻,楚国可以在南边助攻,所以灭韩不成问题。再者,打完韩之后,可以顺便把周天子的九鼎弄回秦国,这样的话可以挟天子以令诸侯,成就千古帝业。提到挟天子以令诸侯,很多人想到的是曹操,其实早在战国之时,张仪就提到了这个谋略。那么,张仪挟天子以令诸侯和曹操的挟天子以令诸侯,有什么区别呢?

首先,张仪对形势估计有误。周天子当时已经没有什么影响力,但象征意义还在,挟天子以令诸侯不但得不到好处,反而会给列国提供很多口实,会让天下诸侯趁机群起而攻秦。其次,张仪对巴蜀的重要性认识不足。他认为巴蜀那么穷又那么远,一个蛮荒之地,打它干什么? 看来张仪的认识真的不成熟,觉得把九鼎抢来,就会成为正宗。他没有想到这个东西就像屠龙刀一样,抢来之后很可能会让大家都追杀你,反而成了大家攻击的目标。

再看看司马错将军的观点。司马错认为攻韩国劫九鼎是恶名,这样将招致天下的非议,逼急了,韩国和周天子联手各路诸侯一起来进攻秦国,那就危险了。

那为什么要去伐巴蜀呢? 司马错认为巴蜀山川秀丽,资源富饶,这是多好的大后方啊,可以富国养兵。秦国本来就穷,得有根据地,得有大后方。更重要的是,秦国的目标是称霸天下,称霸天下不能急功近利,需要缓缓图之。

巴蜀可以从水道通楚国,所以得蜀即可得楚。况且天下人都像张仪一样,以为蜀国偏僻蛮荒,灭了蜀,不会像攻韩伐周那样,引发诸侯的竭力干预。

后来的事实证明,司马错的确是有雄才大略,他的谋略更胜一筹。当时,秦惠文王也采纳了司马错的建议。

从这件事确实能看出来,秦惠文王是非常有领导智慧的,底下争得那么激烈,但他不会因为张仪之前为秦国作出很多贡献,作出过很多正确的决策,就直接听张仪的。在两派的争论中,他站在高处,从全局、以更长远的目光去抉择,决定伐巴蜀而没有伐韩。

并且,秦惠文王还派张仪和司马错一起去伐巴蜀。张仪当场就表态说:"我与将军只是心同谋不同,我们内心的出发点是一样的,都是为了秦国的强大,只是我们的具体计谋不同。"秦王作出决定后,张仪非常坚定地配合和支持了司马错。

秦惠文王任用张仪连横,这是他一生中很重要的决定,也是很伟大的决定。但是他又不是什么事都只听张仪的,像这件事司马错几乎句句话都很在理,所以秦惠文王就采纳了司马错的观点,并且能合理调节二人的关系,所以说秦惠文王有雄才大略。

另外值得一说的是,张仪也是很有胸怀的,他不会因为秦王不同意他的观点就不满,发牢骚甚至捣乱,而是从大局出发,转变观念,全力配合。

那么这三国是怎么被秦灭掉的呢?

简单地说,就是先通过石牛道灭了蜀国,回来顺势把巴国和苴国也灭掉了,这真是假道伐虢啊!从此以后巴蜀成为秦人的大后方。若干年后,司马错就是从石牛道沿着涪水南下,绕到了楚国的大后方,这就把所有的关卡都绕过去了,楚国在重围之下只好割让了很多城池,把包括汉中以北的地方都送给了秦国。白起在攻楚的时候也是从汉水沿长江一路势如破竹。总之,司马错的伐蜀策略的伟大意义是后来才慢慢体现出来的。

回到成语典故,试想,石牛粪金这么简单的骗术,蜀国能不知道吗?巴国能不知道吗?他们都在装糊涂,注意力只放在秦国能帮助自己灭掉敌国上,殊不知覆巢之下安有完卵,结果是蜀灭了,巴灭了,苴也灭了,秦国拥有了一片富庶的大后方。

第五节　秦惠文王与陈轸：画蛇添足

"画蛇添足"这个典故得从一场楚魏大战说起。在楚怀王六年(公元前 323 年),楚国的大将军昭阳攻打魏国,大败魏军,击杀魏将,一口气就拿下了魏国的八座城池。这场大胜仗使楚国上下欢欣鼓舞,可魏国就惨了,胆战心惊的,而且让其他几国也深感震惊。

昭阳是楚国的名将,他当时担任大司马,掌管军队,率领着楚军与魏国作战,也就是楚魏的襄陵之战。

有个成语"楚虽三户,亡秦必楚"。来解释一下。笔者先提醒大家一下,这个成语经常被解释错误。

楚虽三户,亡秦必楚,很多人认为楚虽三户是说楚国只剩下三户人家,非常不对,这里的三户是指三个氏族。楚王族为芈姓,本支为熊氏,另分为三户:昭阳一族的昭氏,屈原一族的屈氏以及景差一族的景氏。楚虽三户,亡秦必楚,真正的含义是只要楚国这三个氏族的人活着,那亡秦必楚。通行的解释还有,楚国即使只剩下三个氏族,也能灭掉秦国,从逻辑上也不太通。

三个大家族中的昭阳极具军事才能,昭阳打了个大胜仗,攻下魏国八座城池。他在班师回国的路上,又打起了齐国的主意。当时齐国的国君是齐威王,听说楚军来犯,很是担忧。陈轸当时受秦国委派出使齐国,因为他名气非常大,是纵横家里边的老前辈,很著名的一个人物,所以齐国派他去劝昭阳。

陈轸见到昭阳一番客套之后,便对昭阳将军说:"将军此次讨伐魏国得胜,必定会加官晋爵。不知回国之后,楚王会如何封赏呢?"昭阳将军得意地说:"哈哈哈,不瞒先生。我现在的官职为柱国,爵位为上执。"

柱国和上执在楚国属于地位很高的官职和爵位。陈轸又问了:"那还有比将军的官爵更尊贵的吗?"

昭阳将军说:"那就只有令尹了。"令尹就相当于丞相。

陈轸接着问道:"那如果将军此次战胜了魏国,又赢了我们齐国,两份功劳,楚王是不是该加封将军为令尹呢?"

昭阳将军一下被问蒙了,因为这时楚国已有令尹,所以不可能再封一个。看到昭阳将军的反应,陈轸就给他讲了画蛇添足的故事:

楚有祠者,赐其舍人卮酒,舍人相谓曰:"数人饮之不足,一人饮之有余。请画地为蛇,先成者饮酒。"一人蛇先成,引酒且饮之,乃左手持卮,右手画蛇,曰:"吾能为之足。"未成,一人之蛇成,夺其卮曰:"蛇固无足,子安能为之足?"遂饮其酒。为蛇足者,终亡其酒。

楚国有个主管祭祀的官员,把一壶酒赏给来帮忙祭祀的门客。门客们商量说:"几个人喝这壶酒不够,一个人喝这壶酒却绰绰有余。请大家在地上画蛇,先画好的人来喝这壶酒。"一个人先把蛇画好了,他拿起酒壶准备饮酒,然后左手拿着酒壶,右手画蛇,说:"我能够给蛇添上脚!"没等他画完,另一个人的蛇画好了,夺过他的酒说:"蛇本来没有脚,你怎么能给它添上脚呢?"于是就把壶中的酒喝了下去。那个给蛇画脚的人最终失去了那壶酒。

陈轸也是个故事大王。他为什么要讲这个故事呢?

陈轸紧接着说:"今君相楚而攻魏,破军杀将得八城,又移兵,欲攻齐,齐畏公甚,公以是为名居足矣,官之上非可重也。战无不胜而不知止者,身且死,爵且后归,犹为蛇足也。"昭阳辅佐楚王攻打魏国,现在破军杀将夺下八城,已经很厉害了,继续再打,其实没必要了,这些功绩已经足够昭阳去扬名立万了,而且再往上也没什么官职了。如果战无不胜却不懂得适可而止,只会招致杀身之祸。到时候说不定昭阳该得的官爵都得不到了,就像画蛇添足一样。

读者可能会有个疑问,从国家的角度来考虑,昭阳是不是应该继续进攻,宜将剩勇追穷寇呢?这也说不定,胜败乃兵家常事,也许他真的就打败了,那也会给楚国带来损失。我们从中可以得到两点启发。第一个,知足不辱。出自《道德经》第四十四章:"知足不辱,知止不殆,可以长久。"就是凡事要留有余地,才可以免于很多羞辱,知道在适当的时机停止,才能够免于遭受更大的失败,事业才可以长长久久。看起来陈轸的话昭阳是听进去了,撤兵回国了。其实无论从国家还是从个人的利益出发,得了八城,已经可以了,穷寇勿追,如果追急了,说不定对方破釜沉舟,反而给自己造成巨大损失。第二点就是我们现在经常用的画蛇添足这个典故。再举个例子,来说明一下画蛇添足所表达的内容。《三国演义》里面有个非常有趣的人物叫姜维,有一次他在跟魏国作战的时候获胜了,获胜后他说他还想继续打。他手下有一个将军叫张翼,就跟他说,不要再打了,再打就是画蛇添足了。姜维不听,继续打,最后就被人家伏击,打败了。这个成语在《三国演义》中出现在一百一十回。希望大家都能很快地画好蛇,得到那壶不容易得到的酒,并且千万不要画蛇添足。

第六节　秦惠文王与陈轸再相逢:卞庄子刺虎

上节说到画蛇添足,这节要说的是卞庄子刺虎。

《战国策》大家不一定完全把它当作正史来看,它的文学色彩很浓,有些东西讲得非常有意思。

陈轸早年在秦国为官,秦惠文王拜张仪为相后,老牌纵横家陈轸就离开秦国,到楚国为官,可谓一山难容二虎。后来齐楚开战,陈轸受命出使秦国,昔日的君臣再次相见了,正是:人生何处不相逢。关于二人的重逢《战国策·秦策二》有详细的记载。背景就是齐楚绝交了,齐国要发兵攻打楚国,陈轸就对楚怀王说,应该把土地送给东边的齐国求得谅解,然后再跟西边的秦国建立邦交。楚王就派陈轸出使秦国。

陈轸离秦到楚,现在又回来了。见面之后,秦惠文王还是表达了对陈轸离去的一种惋惜:"子,秦人也,寡人与子故也。寡人不佞,不能亲国事也,故子弃寡人,事楚王。"秦王和陈轸一见面就先拉家常,套近乎,秦王说:"贤卿你本来是我们秦国人,而且还是寡人的老臣,可惜由于寡人无才,处理国事又欠周详,以至于你离开寡人去为楚王服务了。"

这就好比老板对一个跳槽到别的公司的员工说:"是我当时没好好照顾你,我处理问题也不周到,你去了别的公司,现在又回来了,能不能再帮我出点主意啊?"当时的秦国确实面临着如何应对齐楚相伐的难题。所以秦王寒暄完之后立刻就问,现在齐楚相伐,你说我该怎么做呢?你能不能再在给楚国效力的闲暇时间给我出点主意,再帮帮我:"以其余为寡人乎?"你干你的正事,用闲暇时间再帮帮我。秦王的话打动了陈轸,他也先回应了秦王的情感沟通,对秦王说"王独不闻吴人之游楚者乎"?

"吴人之游楚"是说楚国有一位大臣是吴国人,楚王甚爱之,他病了,楚王就派人去问,问他是真的病了还是因为思乡。然后在这个人左右服侍的人就回答说不知道他有没有思念自己的故乡,如果真的思念的话,那就应该会唱吴歌吧。这也是一种很含蓄的表达。然后陈轸接下来就说"今轸将为王吴吟",现在我就给您唱吴歌。

还有一种翻译很有意思,就是把吴歌解释为用乡音呻吟。就是说人思乡心切,生病的时候连呻吟都是用的乡音。陈轸的意思是他还是

把秦国当故乡,他是怎么给秦王唱的家乡歌呢?他给昭阳将军唱的是画蛇添足,给秦王唱的则是卞庄子刺虎:

王不闻夫管与之说乎?有两虎争人而斗者,管庄子将刺之,管与制止曰:"虎者,戾虫;人者,甘饵也。今两虎诤人而斗,小者必死,大者必伤。子待伤虎而刺之,则是一举而兼两虎也。无刺一虎之劳,而有刺两虎之名。"

故事讲完之后又接着说:"齐、楚今战,战必败。败,王起兵救之,有救齐之利,而无伐楚之害。计听知复逆者,唯王可也。"

这个故事有意思,简单来说就是有两只老虎因为争吃人肉打起来了,管庄子就准备去猎杀这两只老虎,管与赶忙赶过来制止,他说老虎是非常凶狠的猛兽,人肉是它最香甜的食物,现在两只老虎为了争吃人肉而打斗,那小的肯定会斗败而死,大的也会受伤,管庄子应该等它们打完了之后去猎杀那只大老虎就可以了。这样的话既不用付出杀死两只老虎的辛苦,又可以兼得猎杀两只老虎的美名。故事讲完之后就针对现在的状况和局势说,现在齐楚两国就是那两只正在打仗的老虎,双方肯定会有伤亡,到时候秦国再去救,既能获得救齐的好处,又没有伐楚的危害。但是说完之后他也很客气,自己毕竟是楚臣嘛,究竟要怎么做,还请秦王自己定夺吧。

卞庄子刺虎中的卞庄,也叫管庄,是鲁国人,现在山东鲁国故地一带还有管庄、卞庄这样的地名。

管与是人名,其实这是后人抄录之时的笔误,最开始应该是管竖子。

秦王听了陈轸的话,非常同意陈轸的观点。在两国相争之时,我不用费那么多的劲,等胜负已定的时候再出手,没有费力却能得到实惠,何乐而不为呢?陈轸一番话点醒了秦王,这就是故事的力量。

笔者非常喜欢这句话:讲好中国故事。我们讲《战国策》,通过成语故事和成语典故,把历史和人物连接起来,这样引起大家的兴趣,大家学习的热情也就更高一点。

总之,陈轸又见到了秦王,两人重叙君臣之谊,然后陈轸给秦惠文王出了主意,这个主意秦惠文王非常赞同:不用与两只老虎搏斗然后得到其利。当然这只是举例子,真的看到老虎争人却见死不救,还等着把人吃了之后再得利,这太不人道了。我们要理解的是精神实质。

在《战国策》里面,还有相类似的成语。比如苏代在游说赵惠文王的时候讲的"鹬蚌相争,渔翁得利"的故事,至于在生活中的运用,那就数不胜数了。

不过这个故事又涉及策士流动后的情感问题,比如说陈轸,他到底是爱秦国还是爱楚国?他作为楚臣跑到秦国去,本来是要为楚谋利的,结果又给秦王出这种主意,这个立场该怎么判断呢?虽然有一种说法说他使的是连环计,还是为楚国效力,但实际真真假假难以判断。

首先要了解那个时代的背景。战国的舞台不仅局限于自己的国家,当时所谓的诸侯国并不大,不像我们现在是一个统一的国家。一个统一的国家在跟外国交往的时候一定要注意,一个人不爱国,也就丧失了自己最根本的东西。陈轸给秦王出主意,也可能源于古代人的君臣之间的感情,站在当时的舞台上是可以理解的,毕竟七国实际都属于中华民族。

这节我们从上节的蛇说到了虎,希望大家能够记住画蛇不添足,也希望大家要记住,避免让别人有机会对自己使用卞庄子刺虎之计,不要让别人利用自己和他人的矛盾而渔利。所谓螳螂捕蝉、黄雀在后,所谓鹬蚌相争、渔翁得利,所谓卞庄子刺虎,这都是中华文化中非常重要的成语典故,希望大家能从中得到智慧的启迪。

第七节 秦武王:末路之难

《诗经·大雅·荡》里边有这样一句名言:"靡不有初,鲜克有终。"意思是说没有什么事没有好的开头,但是好的结果却不多见,这是告诫人们要善始善终。类似的成语在《战国策》里也多次出现。

《战国策·秦策五》就有"'行百里半于九十'。此言末路之难也"。这句话是什么意思呢?是说我们走到快接近终点的时候,其实只能当作走了一半,比喻做事越接近成功越困难。

这句话出自《战国策·秦策五》:"《诗》云:'行百里半九十。'此言末路之难。"为什么谋士会对秦武王说这样的话呢?是因为秦武王当时取得了不小的成就,"破宜阳,残三川;雍天下之国,徙两周之疆,而世主不敢交阳侯之塞;取黄棘,而韩、楚之兵不敢进"。

破宜阳,取三川,这是秦武王时期最著名的军事成就。有人说"末路之难"的谏言是谋士对嬴政说的。《战国策》中并没有具体说是针对哪位秦王,但笔者据史实推断应该是秦武王,因为领着秦兵攻打韩国的宜阳和三川的就是秦武王时期的左丞相甘茂,也就是人们比较熟悉的甘罗的祖父。宜阳在洛阳附近,它可以说是韩国的门户。三川指河、伊、洛三川,河就是黄河,然后还有伊水、洛水,如此一来,秦国的疆界就大大地向外扩展了。

两周就是东周、西周,但不是我们最熟悉的东周、西周两个朝代,它指的是两个国家,就是东周末期的两个小诸侯国(公国)东周和西周。其实此时周朝已经衰落得不行了,还分成两派,斗来斗去。

黄棘在现在的河南新野一带,这里还发生过秦楚的黄棘之会。

秦武王是秦惠文王的儿子。出生时秦惠文王给他起名叫荡,包含着荡平天下的期望。武王即位的时候年纪比较小,只有十九岁,上任之后没多久,也就四年左右,就因举鼎而死了,所以留下了一个非常粗莽的名声。其实这是不严谨的。大家看《芈月传》的时候往往对嬴荡有不好的印象,但武王的谥号是武,在历史上能谥号为武的都有谁呢?周武王、魏武侯、汉武帝,等等,都是了不起的帝王。秦武王虽然在位时间很短,但是他取得了比较大的军事上的成就,不过他的弱点确实如其谥号:好武。所以跟大力士比力气,举鼎时大鼎脱手把自己的胫骨砸断,最后死掉了,还挺可惜的。

劝说武王的谋士认为武王取得了这么大的成就,还是很不错的。但是又觉得武王面有骄色。谋士要说的重点在后面的内容上,也就是告诉秦武王越是接近成功,越应该小心谨慎。

这位谋士紧接着对武王说,如果武王能继续谨慎地往前走的话,那么就会取得"三王不足四,五伯不足六"的成就。如果不能够谦虚谨慎、戒骄戒躁,就会有后患。"<u>臣恐诸侯之君,河、济之士,以王为吴、智之事也。</u>"意思是担心天下的有识之士或者其他国家的诸侯会觉得武王要步夫差和智伯瑶的后尘。

这个谋士应该算是一个好谋士、好老师。其实人应该有诤友和好老师,哪怕是站在了很高的位置,在自己骄狂的时候,得意的时候,忘形的时候,有人敲打一下,那会有很大作用。我们常说魏征对唐太宗经常硬谏,但在历史上,很多谋士不会直接把自己的观点亮出来,而是会举一些例子,从侧面比较含蓄地去提醒。读《韩非子》的时候也会非常明确地感觉到这一点。这个谋士对秦武王说了历史上的三个人,他提醒武王千万不可忽视。这三个人一开始都不得了。一个是夫差,春秋时期的夫差,他差点把越国给灭了,可是越王勾践卧薪尝胆,最后把吴国给灭了;一个是梁惠王(魏惠王),魏国以前多么强大,到他这一代,前期也很不错,但后期却衰落到何种程度;还有一个就是我们前面讲过的智伯瑶,智氏在晋国算是独大,结果最后被韩赵魏三家联合消灭了。谋士举的这几个例子都非常恰当,因为在当时这些事情刚过去不久,还是能让秦武王感到震撼的。

从当时天下的形势来看,末路之难的提醒对秦武王有什么重要意义呢?当时秦魏联合抗楚,然后楚韩联合抗秦,这就形成两个对立的阵营,那齐的态度就非常关键了。此时谁能够争取到齐的支持,谁就可能会占上风。

谋士所说的"末路"指的就是齐的态度。齐的态度非常关键,但是秦武王当时对齐的态度是不太合适的:"王之轻齐易楚,而卑畜韩也。"就是对齐、楚非常轻视,对韩国也是瞧不上,像对待奴仆一样极其不礼貌,没有认真去对待这种应该争取的战略合作伙伴。所以武王"有骄色"是因为没有看清当时天下的形势,这是一种战略的失误,所以这个"末路"也就更加难走。

关于末路之难,总结得最好的还是《道德经》的第六十四章:"民之从事,常于几成而败之。"意思是人们做事情经常在快要把事情做成的时候,放松警惕,结果把事情做砸了。所以要"慎终如始,则无败事",意思是到最后还要像刚开始的时候一样小心谨慎。

第八节　秦昭襄王与范雎:杜口裹足

话说秦武王嬴荡在位四年左右就因为举鼎斗力而死。他死的时候并没有指定继承人,后来他的弟弟嬴稷在权臣魏冉的支持下,成为秦国的又一代王,这就是我们大家熟悉的秦昭襄王。

辅佐秦昭襄王的大臣里有一个非常有名的人物,就是后来对秦国统一天下作出了巨大贡献的范雎。

说到范雎对秦国的巨大贡献,对秦国所产生的巨大影响,我们先从一个成语说起,这就是"杜口裹足"。这个"杜"本是指一种树木,引申为拿木头把窟窿堵上,"杜口"引申为闭上嘴不说话,"裹足"即裹着足不前进。

杜口裹足出自《战国策·秦策三·范雎至秦》:"<u>臣今之所恐者,独恐臣死之后,天下见臣尽忠而身蹶也,是以杜口裹足,莫肯即秦耳。</u>"范雎对秦王说:"我倒不是怕死,我怕的是我死之后大家都不敢再开口说话了,也没有有识之士再来秦国了。"

范雎为什么给秦昭襄王说这番话?讲话的时候还这么吞吞吐吐,犹犹豫豫,绕来绕去?主要是因为秦昭襄王在位的时候,他的母亲宣太后对朝政的影响非常大,另外还有"四贵",就是秦昭襄王的两个舅舅、两个兄弟对整个国家的影响也非常大,所以范雎觉得他说的话秦昭襄王不见得能够贯彻下去,说不定还会给自己招来杀身之祸。

宣太后就是芈八子,历史上可没说她叫芈月,大家不要老是跟电视剧走,要看正史。"四贵"有两个是芈八子的弟弟,两个是她的儿子。她的两个弟弟一个是穰侯魏冉,另外一个是华阳君芈戎。两个儿子即高陵君和泾阳君。嬴稷虽然即位了,但是宣太后垂帘听政,国事依然不由王来决定。

范雎来到秦国的时候,见秦王的时候故意装作迷路,旁边的人就训他,责问他怎么回事,到了大王这里还这么迷迷糊糊的。范雎继续装糊涂,说哪里有大王?他只知道有穰侯,只知道有太后。

范雎的话说到了秦昭襄王的心痛之处。秦昭襄王继位之后,权力都不在他手上,他一直在忍,现在终于来了一个人点破了这一层,点破了那得给秦昭襄王出点主意。那么范雎给昭襄王说了什么呢?

范雎主要是从国家的战略层面提出建议,说秦国应该采取远交而近攻的策略,但是目前穰侯魏冉采取的策略恰恰相反,是远攻然后近交,越过了韩国和魏国去进攻齐国,范雎认为这样是不对的。

其实魏冉这个人功绩还是不小的,但是有点贪,私心多。他越过这两个国家攻击齐国是为了自己的封地,是出于一己之利忘记了国家的重大利益,这一点范雎看到了,并且指出了这一点,然后又接连指出这几个人对秦国未来发展的巨大危害。

事实上,与其说昭襄王听了范雎的话,不如说解决这些问题一直是他心中所想,随着昭襄王的羽翼逐渐丰满,他开始采取极有攻击性的策略了。

首先是废宣太后,让她不能再干涉朝政,其次是把"四贵"都赶到别的地方去。权力掌握在自己手上了,昭襄王就开始推行范雎给他提的远交近攻的方略。

为什么要远交近攻呢?因为离得近的地方攻一寸是自己的一寸,离得远的地方,即便攻取,也没有办法去控制它。

远交近攻首先针对的是"心腹之患",也就是离自己最近的国家韩国。之前张仪为相之时,实行的是远攻近交,在当时有它的合理性。而此时,已经出现各种变化,所以范雎大胆地提出废太后、驱逐四贵和远交近攻的策略。

曾煊赫一时的宣太后搬到另外一个地方居住,一年以后郁郁而终,四贵也大势已去。

与杜口裹足和后来李斯说的裹足不入秦类似的说法还有"金人三缄",就是三缄其口不说话,也就是要慎言。《孔子家语·观周》里说,孔子观周,进入太祖后稷之庙时,看到庙堂前面的台阶旁边有金人,金人背后刻着"古之慎言人也"的铭文。

其实,范雎也是深知这一点的,所谓交浅不可以言深。细读《战国策》就会发现,范雎对秦昭襄王说这些话时已经来秦国很长时间了,是找到机会后再上书,让秦昭襄王约见他,然后才提出自己死不足惜,但是怕天下之士杜口裹足,然后再逐渐提出自己的策略,一步一步来,循序渐进。所以我们不仅要学习这些策士的语言,还要学习他们选择时机的能力。

从李斯的《谏逐客书》到范雎的杜口裹足,都在告诉我们,人才太重要了,不让他们发挥作用,不让他们讲话,那很多人才就会"杜口裹足而不入秦",不仅不入秦也可能不入燕。后面我们还要讲到燕昭王千金买马骨的事,道理都是一样的。

第九节　秦庄襄王与吕不韦：奇货可居

这节要说到的两个人在中国历史上，特别是在秦朝统一中国的历史上发挥了巨大的作用，一个是大名鼎鼎的秦王嬴政的父亲秦庄襄王，另外一个是吕不韦，相传他是姜太公吕尚的后代。

《战国策》里并没有明确地提出"奇货可居"，只是简单地说："<u>濮阳人吕不韦贾于邯郸，见秦质子秦国的质子异人。</u>"濮阳人吕不韦在邯郸做生意的时候，走在大街上就看到了秦国的质子异人。

异人就是秦始皇的父亲，他后来改名叫子楚。异人当年在赵国做人质，赵国和秦国的关系一直不太好，所以异人在赵国做人质也没有什么好的待遇，连车马都没有，衣食供给也很差。吕不韦是经商之人，往来于各国之间，他在赵国国都邯郸看见了衣衫褴褛的秦国质子异人，于是就想从商人的角度，把异人当作"奇货"来进行投资。

《史记·吕不韦列传》中对"奇货可居"有确切表述："吕不韦贾邯郸，见而怜之，曰此奇货可居。"

关于这个故事，《战国策》中讲得很生动：

濮阳人吕不韦贾于邯郸，见秦质子异人，归而谓父曰："耕田之利几倍？"曰："十倍。""珠玉之赢几倍？"曰："百倍。""立国家之主赢几倍?"曰:"无数。"曰:"今力田疾作,不得暖衣余食;今建国立君,泽可以遗世。愿往事之。"

有了这个想法后,吕不韦先回家跟自己的父亲讨论。他问了父亲几个问题,先问种地能获得几倍的利润,父亲说十倍;再问做珠宝生意的利润,父亲说百倍吧;三问扶植一个国君能得到的利益,父亲说那可就无法估量了。

通过三问,吕不韦看清楚了投资一个王子,让王子以后能够成为秦国国君的巨大利益。当然,这个路途还是比较艰难的。首先,想要投资肯定要投资对象能够同意。所以吕不韦先去见了异人游说道:"子傒有承国之业,又有母在中。今子无母于中,外托于不可知之国,一旦倍约,自为粪土。今子听吾计事,求归,可以有秦国。吾为子使秦,必来请子。"

所谓"无母于中",是说异人没有母亲在宫中作为后盾,并且又外托于"不可知之"的赵国,秦赵两国关系也不好,万一有一天打起来了,根本就没有人管异人。吕不韦对异人说,如果异人能够听从他的谋划的话,将来完全有可能成为秦国的君主,异人答应了。

吕不韦这段话大有深意。异人的母亲是夏姬,她不被太子安国君所宠爱,虽然异人是太子的儿子,可是太子有二十多个儿子,异人也属于不受宠之列。所以吕不韦才对他说,即使有母亲在宫中,不受宠的话也没有什么用。这恐怕也是异人的切肤之痛,吕不韦直击要害,说动了异人。那么吕不韦又是怎样一步一步逐渐让不受重视的异人在秦国能够为人所重视的呢？这个过程比较漫长。

第一步，吕不韦先对衣衫褴褛的异人进行一个形象包装，给了他五百金，让他去买点好衣服，然后出去结交一些朋友，特别是结交天下名士。

第二步，送给他一位妻子，就是秦始皇的母亲。

第三步，把异人这边打点好之后，吕不韦就去了秦国，见到了华阳夫人的弟弟。他对华阳夫人的弟弟说秦王年事已高，将来要继承王位的人是子傒。华阳夫人没有自己的孩子，所以子傒继位之后，不仅仅华阳夫人的位置会比较难保，更重要的是连带着她的整个家族都会走向衰落。华阳夫人的弟弟立刻进宫对自己的姐姐说了这些事情，然后说服她的姐姐扶植异人继位。

吕不韦说服华阳夫人的关键在于，华阳夫人当时是比较受宠的，可是她没有后代，这也成了她的切肤之痛。你看，吕不韦厉害不厉害？直截了当，都切入关键问题。下一步就是怎样让异人成为华阳夫人的儿子，吕不韦又是怎样操作的呢？

吕不韦认为，首先应该要获得华阳夫人情感上的认同。异人回到秦国时，吕不韦让异人穿着楚国的衣服去见华阳夫人。因为华阳夫人是楚国人，异人穿着楚国的衣服华阳夫人看到之后肯定会觉得比较亲切和感动。而且异人改名为子楚，也是认了华阳夫人为母亲以后所改。

当然，关键的关键是怎么让子楚获得自己父亲的认可。毕竟立太子这种事情也不可能靠一个宠妃就能彻底定下来。虽然华阳夫人会有枕边风，但是要把子楚立为太子，还是有非常大的难度的。被吕不韦调教得越来越有智慧的子楚在宫里找到一个合适的机会对自己的父亲说了一段话:"陛下尝轫车于赵矣,赵之豪桀,得知名者不少。今大王反国,皆西面而望。大王无一公之使以存之,臣恐其皆有怨心。使边境早闭晚开。"

子楚对父亲说:"陛下您也曾经在赵国待过,所以赵国有很多豪杰之士都知道您的大名。如今您返回秦国之后,他们都很惦念您,但是您却连一个使臣都没有派去跟他们交流,所以我很担心他们会因此心生怨恨。希望您能够将边境的城门迟开早闭,防患于未然。"秦王觉得这个谏言说得非常在理,对异人也是大加赞赏。

从一开始在赵国做质子,用吕不韦给的五百金结交天下名士,又有吕不韦在朝廷内周旋,和阳泉君、华阳夫人等关键人物搞好关系,慢慢地,子楚在宫廷的位置得以改变。

说起子楚的父亲安国君也是命苦。他的父亲昭襄王在位五十六年去世,之后安国君继位,先守孝一年,然后正式当上了国君。从守孝一年之后算起他在位多长时间?三天!此时子楚已经改变了自己的处境,已经成为太子,秦孝文王一去世他就成了秦国的国君,这就是著名的秦始皇的父亲秦庄襄王。从一个不受重视的质子,逆袭成为秦王,他会有什么成就吗?又做了哪些事情呢?

先是表达感恩。秦庄襄王一上任就大赦天下,对一些有功之臣都进行表彰,优待他们的宗族和亲属,对民众也有一个很好的回馈,并且把他的母亲夏姬封为夏太后,把华阳夫人尊为华阳太后。

那么对吕不韦呢?

谋划这件事情之前,异人就承诺过,如果事情能成,就跟吕不韦共分秦国。事成之后他兑现了承诺,任吕不韦为丞相,并且号曰文信侯,将蓝田十二县作为吕不韦的食邑。

可以说,吕不韦是中国历史上最成功的商人,这个投资回报太为巨大了,成了相,封了文信侯,达到了商人成功的顶峰。

吕不韦这个人不仅有经商的才能,在其他方面的本事也很大,他和他的门客曾经写过一本书《吕氏春秋》,至今仍是值得一读的经典。

吕不韦拜相之后,还曾带兵去打仗,他的军事才能也是可以的,取得了一些比较重要的胜利。

说起来,秦庄襄王在位仅仅三年便留下孤儿寡母而去。秦王嬴政还很小,庄襄王托孤于吕不韦,这就让吕不韦权倾朝野。但是权力达到顶峰时就不免有些功高盖主,处理很多问题时也不是很谨慎,尤其是在嫪毐和赵姬秽乱后宫这件事情上。吕不韦也因受到嫪毐事件的影响饮鸩而死。

关于奇货可居的事儿,我们从赵国开始说起,再回到秦国。

嬴政的父亲虽然在位时间只有三年,但第一年他就派吕不韦灭了东周公国,就是我们前面提到过的两周之一,然后又伐韩,把秦的边界一直延伸到了大梁,就是开封这一带,另外设了三川郡,第二年、第三年的时候又伐赵,夺取了赵三十七座城池,设了太原郡,这也是非常厉害的,可以说把秦的领地扩大了很多,为秦的统一大业奠定了非常好的基础。

第八章 《韩策》与韩王

第一节 韩国风云

战国七雄,齐楚燕韩赵魏秦,最先被秦国灭掉的国家是哪一国呢?是韩国。现在我们先来了解一下韩国的风云。

韩国的最后一位王韩王安,是韩国的第十一代君主,在位时间只有九年。《史记·韩世家》载:"九年,秦虏王安,尽入其地,为颍州郡。韩遂亡。"

说到韩国的历史,首先要从三家分晋说起。

前文在"张孟谈既固赵宗:前事不忘,后事之师"中对三家分晋已经有了较详细的介绍。到了韩景侯六年,也就是公元前403年,韩景侯得到了周威烈王的承认,被正式封为诸侯,韩国就正式建立了。

以前都叫什么赵简子、魏桓子、韩康子,是封公的,现在正式封侯,韩国建立。后来经过韩烈侯,在位十三年,韩文侯,在位十年,到了灭掉郑国的韩哀侯,在位时间只有三年。

韩国经过多年的进攻,于公元前375年韩哀侯时期攻克了郑国的国都新郑,实现了韩国吞并郑国的梦想。立国四百三十年的姬姓诸侯国郑国寿终正寝了,韩哀侯也把自己的国都迁到了新郑,这也算是韩国历史上的高光时刻了。

然后再经历韩懿侯的十二年,到了韩国国势最强的时期——韩昭侯当政时期。

韩昭侯在位三十年,前期韩国的政治比较混乱,法律和政令常常前后不一,群臣经常感到无所适从。韩昭侯任用了一个非常厉害的人,就是我们熟悉的申不害,进行变法,加强中央集权,整顿军备,修明内政,韩国的国力就此大为增强,然后形成了小康之治。

《史记·韩世家》里这样记载:"国内以治,诸侯不来侵伐。"

再下来就到了韩宣惠王,也就是韩威侯。关于韩宣惠王,首先要给大家介绍的就是巫沙称王。巫沙在今天河南荥阳北部一带。荥阳是历史上非常有名的城市,《三国演义》里面经常出现。宣惠王在位二十一年,他为了抗衡秦国的威胁,在公元前325年,与魏惠王在巫沙会面,并尊彼此为王,你尊我为王,我也尊你为王。

再下来就是韩襄王,在位十六年。

然后是韩釐王。说到这个韩釐王要给大家介绍一下伊阙之战。伊阙在今河南洛阳的龙门镇一带。

公元前293年,白起歼韩魏联军二十四万人,攻占了伊阙,并且夺取了魏国数座城池及韩国安邑以东的大部分地区。没办法了,韩魏两国割地求和。战后韩国精锐损失殆尽,秦国以不可抗拒之势向中原扩展。伊阙之战是白起的成名之战,经由此战,他由左庶长被提拔为秦国的国尉,相当于现在的国防部长,爵位大良造。谁还做过大良造?公孙衍、商鞅也做过大良造。

为什么韩魏联军在伊阙之战时会败得这么惨,被歼二十四万?

《战国策·中山策·昭王既息民缮兵》中有一段武安君白起的话:"伊阙之战,韩孤顾魏,不欲先用其众。魏恃韩之锐,欲推以为锋。二军争便之力不同。"

意思很清楚,韩魏两国你想把我往前推,我想把你往前推。

韩国力单势孤,他只想利用魏国,因为魏国有魏武卒,却不想先使用自己的军队。魏国依赖韩军的训练有素,想把韩国推到前面做先锋,因为韩国有韩弩。两国都说你厉害你先来,所以两国军队都不想往前冲,力量也不均衡,缺乏配合。

白起先攻打魏军,魏军直接就溃败了,然后再攻打韩军,韩军也溃败了,全歼韩魏联军二十四万。

从此韩国便一蹶不振。

后来经过韩桓惠王,在位三十四年,就来到了我们提到的韩王安时期,韩王安在位九年。韩王安继位的时候,韩国的形势已经危如累卵,可以说是处在灭亡的边缘。

秦国对待韩国就像老猫枕着咸鱼,啥时候想拿下都可以,于是韩王安便让大名鼎鼎的韩非入秦为保韩斡旋。公元前233年,韩非被韩王派遣出使秦国,目的就是存韩。韩非与李斯政见相左,李斯想灭韩,韩非想存韩,秦王最后认为还是李斯言之有理。其实大家都想得到,范雎的策略就是远交近攻,韩国离得最近,当然最先要被消灭,要不然老挡在前面。

虽然有传言说李斯是因为妒忌韩非的才能陷害韩非,但更大程度上还是从国家的层面来考虑的。

秦王听了李斯的话,抓捕韩非,将其投入监狱,韩非在监狱被迫服毒自杀。

公元前233年,赵国的将军李牧在宜安之战中大败秦军,韩王顿时觉得赵国这么厉害,那秦军也不是不可战胜的,所以就选择倒向赵国这一边。就在韩王安以为得到赵国的支持,忘乎所以的时候,公元前230年,秦兵发兵灭韩,韩王安先是被抓,后来被处死,韩国灭亡了。

说到这儿,我们就再简单说一下韩国灭亡的原因。一个就是改革不利,秦国改革非常彻底,商鞅重法,所有人都得遵守大秦律,但是韩国的申不害重术,虽然他也是法家。申不害的很多政策都致力于让君王学会怎么控制下面,所以很多改革都是针对君主的。这就留下很多隐患,许多政策都是针对君主的,权力又都掌握在君主手上,遇到一个明君倒也罢了,可是遇到一个昏君,那就完了,问题是韩国后期的王都不太英明。

第二个就是环境恶劣。因为韩国是四战之地,面积很小,且无险关可守,经常被攻击,可谓四面受敌之地。

还有一个就是外交乏力。韩国的外交政策不成熟,首鼠两端,一会儿倒向这边一会儿倒向那边,目的不明确,所以各国都经常来攻击韩国。

种种原因导致韩国最先灭亡。

第二节 韩昭侯:福无双至,祸不单行

福无双至,祸不单行,这是关于韩昭侯的事。

屈宜咎是楚国的大夫,来到韩国看到韩昭侯要修高门,于是他就说幸运的事儿不会连续到来,但灾祸往往连着发生,所谓福无双至,祸不单行。

要了解这件事情的背景,首先要说的是与韩国的一个重要的改革家申不害有关的事儿,出自《韩策一·申子请仕其从兄官》。

申子请仕其从兄官,昭侯不许也。申子有怨色。昭侯曰:"非所学于子者也。听子之谒,而废子之道乎?又亡其行子之术,而废子之谒乎?子尝教寡人循功劳,视次第。今有所求,此我将奚听乎?"申子乃辟舍请罪,曰:"君真其人也!"

申不害本来是郑国人,韩哀侯灭掉了郑国,他就成了韩国人。在韩

昭侯的时候,他帮着韩昭侯变法,制定了一系列法令,可是有一次他提的要求却违背法令,所以韩昭侯以子之矛攻子之盾,我们来具体看一下。

申不害请求韩昭侯给自己的兄长封官,韩昭侯不同意。申不害面露怨色。韩昭侯说:"难道这不是跟您学的吗?您是想让我答应您的请求而放弃您执政的主张呢,还是实践您的主张而拒绝您的请求呢?您曾经教导我,要论功行赏,根据功劳安排官职。如今您提出这样的请求,我还要听从您之前的教导吗?"以子之矛攻子之盾。申不害请罪,对韩昭侯说:"您真是我值得效力的贤明君主!"

申不害对韩昭侯的意义非同寻常,申不害去世不久,韩昭侯就犯错了,于是楚国大夫屈宜咎才给他说了"福不重至,祸必重来",也就是所谓的"福无双至,祸不单行"。韩昭侯二十六年,也就是公元前337年,丞相申不害去世了,三年后韩昭侯开工修建高门,来展现自己的辉煌成就。这有点居功自傲啊,所以楚国的大夫就劝他。

"昭侯不出此门。"曰:"何也?"曰:"不时。吾所谓不时者,非时日也。人固有利不利,昭侯尝利矣,不作高门。往年秦拔宜阳,明年大旱民饥,不以此时恤民之急也,而顾反益奢,此所谓福不重至,祸必重来者也!"(《说苑·权谋》)

有一种说法叫谶,谶语,就是预言以后且被验证的话。屈宜咎说的话也算是一个谶吧。屈宜咎说昭侯肯定走不出修建的高门,为什么?不时。不是时间的"时"而是时机的"时",就是不是"动善时"(《道德经》第八章)。人生在世有顺利也有不顺利的时候,韩昭侯遇到好的时运时,也就是当年国势兴旺时,没有趁机修建高门,让百姓共庆盛世。现在呢?去年被秦国夺了宜阳,今年韩国又逢大旱,百姓可以说是颗粒无收、食不果腹,到处都是逃难的百姓,内忧外患。在这种形势下韩昭侯不救济困苦,反而大兴土木,劳民伤财,越困苦反而越奢侈,那不幸的事就会来了,并且幸运的事不会连续到来,而灾祸往往是接踵而至。所谓福无双至,祸不单行。

后来高门成,昭侯死。昭侯果然没能从高门下走出。

韩昭侯在韩王里算是比较杰出的,但他和齐桓公有相似之处,即前半生英明后半生连出昏招。我们可以从更高的高度来谈一谈"福无双至,祸不单行"中蕴含的智慧。

《道德经》第八章上善若水中讲到了水的第七善:"动善时"。我们在做任何事情的时候都要注意把握时机,时机不对,一件好事也会变成坏事。韩昭侯就选错了修建高门的时机,如果在韩国气势恢宏的时候修建高门,不仅不会显得劳民伤财,反而能够举国同庆,大国就得有大国的气魄,国家兴盛就得有国家兴盛的样子。国家兴盛时修高门会鼓舞人心,充分展现韩国的盛世辉煌,就像古罗马修建的凯旋门一样,记载着罗马帝国统治下的和平与繁荣。而今呢?打了败仗,国内又遭遇旱灾,此时去修建高门肯定是劳民伤财之举。

读《韩策》的时候经常会发现福和祸的问题。以福和祸的关系而论,讲得最好的应该是老子的那句话:"祸兮福之所倚,福兮祸之所伏。"(《道德经》第五十八章)祸里边潜藏着福,所以有的时候危机不仅有危,也有机。祸福两者可以相互转化。

遇到祸事的时候不要惊慌,因为有时候灾祸可以成为一种提醒,有时候正确地对待祸事,反而可以避免很多大的灾祸。所谓祸里边包含着福,是提醒我们,遇到祸事的时候要保持清醒的头脑。

比如修建高门的事儿,比如说齐桓公霸业将成的时候有骄矜之色,比如说我们前面讲的韩王安,以为李牧战胜了秦国,自己投靠了赵国就没有祸,结果招致更大的祸。塞翁失马,焉知非福,也是这样一个祸福转换的故事。

塞翁丢了一匹马,因为当时马是非常重要的财产,然后周围的人就说你看你多倒霉,遇到了一件祸事。塞翁却说不一定,结果过了几天他丢的那匹马回来了,还带回来一匹马,或者是几匹,而且带回来的马可能是更好的,大家又很羡慕地说,看你多幸运。塞翁又说不见得。又过了几天,塞翁的儿子骑马出去溜达,结果从马背上摔下来,摔断了腿,大家又说你看你多倒霉,结果塞翁又说不见得。又过了几天之后,国家遭受外敌入侵,要招青壮年去从军,上战场可谓九死一生,而塞翁的儿子因为腿断了,所以没办法上战场。

像这类的故事,包括我们讲的成语都在说明,当我们遇到福事的时候,不要太过高兴,以免得意忘形,乐极生悲。当我们遇到祸事的时候也不用太过悲伤,要以此来自省。

第九章 《赵策》与赵王

第一节 赵国风云

赵国是秦一统天下的征程中第二个被消灭的国家。现在我们先来了解一下赵国的风云。

公元前228年,战国四大名将之一的王翦攻赵,俘获了赵王迁,随后赵王迁被流放到深山当中。

但赵国的公子嘉逃亡到代地称王。当年代国也是一个诸侯国,后来被赵国所灭,称作代地。赵王迁被俘之后,公子嘉还不肯投降,在代地又组建了军队,继续和秦国对抗,在位六年,在秦王政二十五年,也就是公元前223年,王翦的儿子王贲俘获了代王嘉,嘉身死,赵国国灭。

赵国的历史,得从造父说起。秦国和赵国其实都是伯益的子孙,伯益曾和大禹一起治水。后来大禹的儿子启追杀伯益一族,伯益被杀,他的后代就从海边向内迁,一部分留在赵国地界,一部分就迁到了我国的最西部，与犬戎等族杂居，所以我们说赵王和秦王都是嬴姓。

赵国为什么叫赵国呢？造父助周穆王平乱，因为有功就被封在赵地，就是现在以大槐树驰名天下的洪洞县。自此以后造父族就成为赵氏，为赵国始族，后来子孙离周至晋，成为晋国的望族。

说完了造父，接下来我们要说的就是鼎鼎有名的赵简子，他在位五十一年。这个赵简子就是我们熟悉的"赵氏孤儿"里的孤儿，赵武的孙子，在晋昭公的时候为大夫，很擅长处理国事，他采取了一系列政策来使赵国强大，比如减轻税负以刺激农业生产等，为后来的赵氏建国奠定了非常雄厚的基础。

赵简子是个狠人，当年赵简子、魏桓子和韩康子灭了智伯瑶之后，他把智伯瑶的头骨制成容器用来装酒。公元前403年，韩赵魏三家正式分晋，不仅分晋，而且还被周威烈王封侯，这三家都被封了侯，赵简子封了烈侯，立赵国。

赵烈侯之后，我们再来说说赵国的第六代君主，一代英主赵武灵王。

赵武灵王在位有二十八年，说到他相信大家最熟悉的就是他采取的一个举措——胡服骑射，刚推行的时候赵国上上下下都不同意，因为很多人觉得这意味着向蛮夷文化低头。赵武灵王力排众议，带头穿胡服学习骑射，亲自训练士兵，全面地游牧化了赵国的骑兵，然后吸取胡人机动性强的优势，又克服了胡人纪律性差的一些弊端，使得赵国的军事力量日益强大，后来西退胡人，北灭中山国。所以说文化应该交流、融合,取长补短。

赵武灵王一世英明,但在立储时却犯了重大错误,导致沙丘之乱,自己竟然在围困中饿死在行宫。

赵武灵王废黜了原定的太子公子章,把王位传给了公子何,就是后来的赵惠文王。立储对一个国家多么重要,赵武灵王却凭着个人的喜好改立太子。那他为什么喜欢公子何呢?因为喜欢公子何的母亲吴娃,爱屋及乌。这事儿本来也平常。但改立太子后,又觉得对不起废太子公子章,很多方面给予照顾,自己还过早禅位给公子何。公子章也有一定实力,于是铤而走险在沙丘作乱,攻击公子何意图夺取王位,却一败涂地。公子章逃跑,赵武灵王竟然接纳了公子章,公子成和李兑杀死公子章后,为了卸责就继续围困主父赵武灵王,因为他们知道杀了赵章,赵武灵王出来他们两个也没好下场。就这样,随着公子章的失败,赵武灵王这位一代英主竟然被饿死在沙丘。

赵惠文王在位三十三年。我们重点了解一下赵惠文王的王后,赵孝成王的母亲,即赵威后。

赵孝成王即位时非常年轻,所以就由他的母亲赵威后代理朝政。赵威后可了不得!她非常重视民生,又非常体恤百姓,所以她执掌朝政时国力大增。

触龙说服的赵太后就是赵威后。当时赵威后刚刚执政,然后秦国就来攻打赵国,赵国就向齐国求救。齐国提出一个要求,说你要把你的小儿子也就是长安君作为人质,放在我们齐国,我们才肯出兵。赵威后肯定舍不得小儿子,就不愿意做这件事情。触龙以委婉的方式,晓之以大义,最后说服了赵威后,齐国发兵救赵。

但赵孝成王就比较昏庸了,赵孝成王时期的长平之战是赵国的重大转折。

公元前260年,目光短浅、贪图眼前利益的赵孝成王接受了韩国献出的上党郡,怎么回事呢?秦国攻韩国,韩国把上党郡献出来了,但是上党的郡守不愿降秦,后来韩国又派冯亭接任新的太守,冯亭想了一个招,把上党献给赵国,利用赵国的力量抗秦。有一个传说很有意思,说赵孝成王接受上党是因为他做了一个梦,梦见自己从天上往下飘,掉在了黄金堆中,所以有一个说法是因为这一个梦,让赵国遭受了灭顶之灾。赵国接受了上党郡,那秦国就找到了讨伐赵国的理由。因为赵国总是不善待在赵国做质子的秦国王子,所以导致秦国对赵国有世仇,一直想找机会讨伐赵国。本来赵国兵来将挡水来土掩,有名将廉颇,但是后来孝成王又中了秦国的反间计,临阵将廉颇换为赵括,赵军战败,四十多万赵军被秦军坑杀。整个赵国是子哭其父,父哭其子,妻哭其夫,可以说是满街满市哭号之声不绝。

赵国就此一蹶不振,再也不能真正地与秦国相抗衡了。之后赵国经过赵悼襄王,来到了第十代君主赵王迁执政的时代。

赵悼襄王废掉了他的嫡子嘉,立了庶子迁,赵王迁即位之后赵国屡遭秦国的攻打。公元前229年,秦国大兵压境,赵王迁却听信宠臣郭开的逸言,居然杀掉了李牧,可以说是自毁长城,导致赵军大败,国破家亡,他被掳至秦国发配到了房陵的深山当中,谥号幽缪。

按理说赵国不该如此。战国四大名将,秦国有两个,分别是王翦、白起。而赵国也有两个,廉颇、李牧。历史上被封为武安君的人并不多,秦国的武安君是白起,赵国的武安君是李牧,楚国的武安君是项燕,燕国的武安君是苏秦。能被封为武安君,那是因为有以武安国之才。可是赵王迁竟然怀疑李牧,派人让他交出兵权,并杀害了李牧,这就叫自毁长城,自绝生路啊。

失去安国名将的赵国,很快被秦国所灭。

赵国灭国的原因,我们可以简单概括一下。第一个就是政治落后,赏罚不明。赵国的改革并不彻底,当年剧辛在赵国的时候也曾经辅佐赵武灵王,可是赵武灵王更在意的是胡服骑射,政治制度的革新速度比较慢。第二个就是赏罚不明。长平之战的第二年,嬴政也就是后来的秦始皇在赵国降生,他父亲子楚也在赵国。赵国当时因为长平之战恨透了秦国人,就想把子楚抓来杀掉,子楚逃跑后,又想杀掉子楚的妻儿,也就是嬴政母子。相传子楚的夫人赵姬是赵国的一个富豪的女儿,被藏了起来,得以活命。站在赵国的角度,私藏赵姬就是违法,但后来赵姬的家人也没有受到太多惩罚。第三个就是以上文说到的沙丘之乱为代表的频繁内乱。争权夺利的事情太多了。还有一个刚才我们说的李牧的例子,体现出赵国的用人不当。廉颇、李牧这样的名将都被弃之不用。

当然,赵国第二个被灭,秦赵的结怨是一个重要因素。赵国总是不善待秦国的质子,嬴稷和他的母亲宣太后在赵国做质子的时候,受尽了欺辱。另外,嬴政是长平之战第二年出生在赵国的,他的父亲先跑回了秦国,把嬴政和母亲留下来,也是历经磨难。所以秦国逮到机会就要发兵伐赵。

基于以上种种原因,赵国虽然离秦国比较远,可却是第二个被秦国灭掉的。

第二节 齐王使使者问赵威后:舍本逐末

从造父一直到赵王迁,赵国的历史也是相当长的,跟楚国、齐国、秦国的历史非常相近。一个强大的赵国最后被灭掉了,也是一件值得深思的事情。赵国历史上有过一些非常杰出的人物,除了赵武灵王之外,我们还要介绍一位女性政治家赵威后。与她相关的成语是舍本逐末,出自《战国策·齐策四·齐王使使者问赵威后》。

与赵威后相关的成语为什么会出自《战国策·齐策》呢?因为其中记载了这样一件事情,齐国向赵国派来了使者,使者向赵威后提一些问题,赵威后回答:"苟无岁,何以有民?苟无民,何以有君?故有问舍本而问末者耶?"

齐国的使者来了之后,赵威后就问了他一些事儿,问完之后齐国的使者就感觉很不开心,不高兴,他觉得赵威后不该先问收成和老百姓,后问齐王。赵威后就说,如果没有收成,百姓凭什么繁衍生息?如果没有百姓,哪来的君王,齐王怎么能够南面称尊呢?所以先问这些有什么错呢?哪有什么舍本逐末!先问大王,那不就是舍本逐末了?

舍本逐末,舍就是舍弃,而逐就是追求,是说抛弃根本的、主要的,而去追求细枝末节的和次要的,经常用来比喻做事的时候抓不住根本的环节,而只在细枝末节上下功夫,不能明辨轻重缓急。类似的成语,还有我们熟悉的买椟还珠。一个人去买东西,一个漂亮的盒子里装着珍珠,珍珠的价值当然比盒子要大得多了,可是这个人一看那个盒子装饰得非常漂亮,就为它所诱惑,买了盒子而退还了珍珠。所以做事要抓住关键,抓住本质,要举重若轻,不能舍本逐末。

下面来了解一下这件事情的背景。这件事情与齐襄王有关。齐襄王叫田法章,齐湣王被杀的时候他跑了。后来田单复国,把他又找回来了。田单复国时齐国有复兴的迹象,所以经常跟各个国家交往。赵威后亲切地接见了齐国的使者。见面时威后不是先打开齐王的信,而是先问使者:"岁亦无恙耶?民亦无恙耶?王亦无恙耶?"

齐使表达了不满后,赵威后才说了舍本逐末的相关话语。接着赵威后又问了齐国的几个人,其中有两位隐士钟离子和叶阳子。她问这样品德高尚的人怎么还没有得到重用啊?还有一个叫婴儿子的孝女,威后问她为什么还没有被齐王接见呢?赵威后不仅问好的,还问坏的。问於陵子仲这个大坏蛋为什么还没有被处死。这些都体现了赵威后以民为本的思想。

先秦时代很多典籍中都出现了以民为本的思想,在《论语》中,在《孟子》中,在《荀子》中,尤其是在《道德经》中,民本思想非常多,而且非常有代表性。比如"圣人无常心,以百姓心为心"(《道德经》第四十九章)。还有一句在中国历史上影响很大的名言是出自《道德经》第三十九章的"贵以贱为本,高以下为基"。是说所谓的高贵者,要以他们口中的贱民和平民作为统治的基础,高高在上者要以自己的下属作为自己存在的依据。一旦违背了这一点,就会变成孤寡不谷。

为什么古代的皇帝君王老叫自己为孤寡不谷?就是在警告自己、提醒自己,千万不要忘记历史的教训,一旦忘记"以民为本",就会变成孤家寡人。

《琅琊榜》中也有一个场景讲的是这个道理。靖王的父亲发现靖王和梅长苏是一伙儿的,就对靖王说,别以为他不敢杀靖王,今天杀了靖王,明天还会出现一个新的太子。然后靖王就说,皇上当然敢杀自己,但是当他把天下人都杀光的时候,他还是那个高高在上的王吗?所以我们说贵以贱为本,高以下为基。

孟子的名言"民为贵,社稷次之,君为轻"集中体现了我国古代的民本思想。

赵威后表现出了一个有雄才大略的女政治家的视野与眼光,本是讲民本,末则是君,所以不可舍本而逐末。有了人民才需要建立国家,有了国家才需要有君王。

所以赵威后的三问具有穿透历史、烛照当下的力量,她本人也不负贤德的美誉。只可惜在赵国整个历史中很少能见到这样的名主。

长平之战后,秦昭襄王因为赵国没有履行割让五座城池的承诺,便要求白起再次兴兵去攻赵国邯郸,白起坚决不去,理由就是时机已经错过了。现在赵国人同仇敌忾,见到秦国人,连小孩都恨不得拿起刀加入战场。白起对秦王说现在赵国极力贯彻以民为本,大王的妻妾都在给军民缝补衣服,包括平原君府里的人也都是这样,为士兵服务。所以长平之战后的一段时间内,秦派去攻赵的几个将领最后都失败了,连名将郑安平也被赵国俘虏了。

由此可见,一个国家一旦以民为本,视人民为江山,就会唤起无穷无尽的力量。

我们再重温一下赵威后的这三问。"岁亦无恙耶?民亦无恙耶?王亦无恙耶?"依然具有穿透时空的力量和魅力,值得我们认真学习和思考。

第十章 《魏策》与魏王

第一节 魏国风云

战国有七雄。那初霸是谁呢?是我们下面要讲的魏国。

提到魏国,我们会想起很多著名人物。比如卫鞅,也就是后来入秦的商鞅。比如公孙衍,比如孙膑,等等,他们都是魏国人。这些人才华卓荦,但在魏国没能施展抱负,后来都跑到其他国家去了。而秦国恰恰相反,从其他国家收拢了很多人才入秦。自古至今皆是如此,得人才者得天下。所以在读李白的那首《秦王扫六合》的时候,除了感受这首古风诗恢宏的气势,更要思考秦王统一六国所包含的智慧。

公元前 225 年,也就是秦王政二十二年,秦国名将王翦的儿子王贲率领大军伐魏。当时其实是兵分两路的,王翦是主将,一路伐蜀,一路伐魏。伐魏大军一直攻到了魏国的都城,也就是大梁。大梁就是如今河南的开封。这场仗并不好打。当时大梁粮草充裕,守卫坚固,所以秦军围了很久也无法破城。这让魏国人有了信心,说秦人也不过如此啊。但大梁城远低于黄河的河床。王贲命令军队在大梁城西北开渠,引黄河之水来淹大梁,大梁顷刻就成为泽国。黄河水泡了三个月,城墙也坏了,秦兵趁机而入,大梁城告破。

我们可以想象一下当时的情况,魏王假划着小船含着眼泪出来投降,因为他不划船也出不来。至于魏王假的结果,有人说他是直接被杀掉了,也有人说不知道去了哪里。不论魏王假是什么结局,不可回避的事实是,战国初雄魏国就此灭亡,消散在了历史的风云中,实在是可悲可叹。

我们从魏国的最后一个王魏王假说起,往上倒叙。然后再来总结为什么本来赢在起跑线上的魏国,会由盛转衰,最后走向灭亡。

魏王假在位只有三年,他的父亲是魏景湣王,在位十五年。再往上就是魏安釐王,魏安釐王的父亲是魏昭王,再往上就是魏襄王,魏襄王再往上,就是我们比较熟悉的魏惠王,也称为梁惠王。魏惠王的父亲是魏武侯,再往上就到了有雄才大略的魏文侯了。

从后往前说完了,我们从前往后说。魏国真正兴起是从三家分晋开始的。

真正让魏国开始变得强大的是有雄才大略的魏文侯。魏文侯极其善于用人,对属下也非常好。所以魏文侯时期,很多有才干的政治家军事家都集中在魏国。比如战国时期最先变法的李悝,比如百战百胜的将军吴起,比如攻打了中山国的乐羊,比如治邺的西门豹。

魏文侯除了善于网罗人才，善于用人，还具有非凡的全局意识。比如他对韩赵魏联盟，一直都小心翼翼地呵护着。三国时期，关羽破坏了诸葛亮联吴的策略，导致了一系列失败。所以我们看事情不要只从小的方面考虑，要有全局意识。

魏文侯不错，后来的魏武侯也不错。可是与自己的父亲相比，魏武侯有一个很大的问题，就是破坏了韩赵魏联盟。还有一个问题，就是没有提前定下自己的接班人。这就导致公子缓和䓨两个人争来争去，内耗严重。

武侯之后，就是魏惠王，在位五十一年。在魏惠王长达半个世纪的统治中，魏国由强盛逐渐衰落。魏惠王不仅是魏国衰落的见证者，他还个是"实践者"。他几次想称王，每次都被打得鼻青脸肿，最后弄得非常狼狈。

从《战国策》中的王我们可以看出，专制时代的王和一个国家的兴衰成败息息相关。魏国的历史很能证明这一点。魏惠王之后是魏襄王，魏襄王应该说还不错，但是魏惠王时期魏国的衰落大势已定，在时局瞬息万变的战国几乎无法挽回。

魏襄王之后是魏昭王，昭王时期出现了一些复兴之势，但依然难挽颓势。

昭王之后，是我们后边要细讲的魏安釐王。安釐王的主要问题是什么呢？一方面是他不重视人才，这是魏国后期王的通病。另一方面就是搞不清楚形势，对于周边局势的判断总是失误，比如说他坚持亲秦而伐韩,亲近秦国,而去讨伐自己的同盟。所以说安釐王不论是从总体战略的把握上,还是内在治理上,都走偏了,从而使魏国的颓势进一步加深了。

安釐王之后,是魏景湣王。景湣王还是很有雄心壮志的。安釐王时期,信陵君跑了,但是到了景湣王的时候又回来了。景湣王用谁来做相呢?孟尝君。战国四大公子,有两位都在魏国。景湣王也想复兴魏国,但已经很困难了,虽然景湣王时期也搞了一次合纵,联合五国攻秦,但各国各怀私心,并不团结,最后自然是没有什么用处。

魏国灭亡的原因有很多。第一个因素就是我们前面讲的,在魏国的发展中,从魏文侯到魏王假,王的素质不可同日而语。

第二个因素就是魏国的地理位置。大家看一下战国时期的地图,魏国所处的地理位置是在中原。和秦国、燕国、齐国比起来,魏国可以说是无险可守。国家强大,倒是很方便四面出击,但一旦衰弱,大家都来欺负,也会招致四面八方的攻击。所以当秦国占领了河西之地以后,魏国西面的大门基本上就是敞开的。

关于河西之地,秦魏争夺非常激烈,这个区域是两国的交界。现在陕西的大荔、韩城就是历史上著名的少梁之战发生的地方。秦魏抢来抢去,最后被秦国所占据。

第三个因素是魏国人才流失太多。比如说带领秦走向强大的商鞅,还有吴起。商鞅在秦国协助秦孝公变法,吴起到楚国协助楚悼王变法,秦楚都强大起来了。魏国前期兴起的重要原因就是魏文侯重用人才。可是魏文侯去世后,魏武侯猜忌吴起,吴起离魏赴楚,是魏国的重大损失。魏惠王犯的错误比他父亲有过之而无不及,下面一代一代的王都有这个问题,不会用人。

第四个因素,是迁都的问题。从安义即现在山西夏县一带迁到了开封,也就是大梁,离齐国更近。迁都这一举动在战略上也是一个很大的失误,带来很多弊端。魏国迁都最受益的反而是秦国,秦国获得了喘息之机,慢慢地发展得越来越强大。

魏惠王本来想跟齐楚争霸中原,但是战略重心的东移到最后并没有让魏国继续走向强盛,反而开始一路衰落。

魏国受到众多国家的攻击,除了地形等众多方面的原因之外,还有一个就是内修的问题。魏惠王一直想称王,从而引发了桂陵、马陵两大战役。在这两大战役中,魏国的损失非常大。后来好不容易恢复了一些,又来了一个徐州相王,魏惠王拉着齐威王一起,互相承认对方是王。这标志着楚国自楚武王以来作为诸侯国里唯一称王者地位的丧失,楚威王对此愤怒不已,"寝不寐,食不饱"。所以说,魏惠王的称王梦想,给魏国惹了一堆麻烦,使得魏国内外交困,最终于公元225年被灭掉了。

魏国由盛转衰的历史,同样给了我们很大的启发。一个国家的存亡祸福,与人才有很大的关系,王须懂得留住人才、重用人才。遗憾的是,很多原本在魏国成长起来的护国安邦之才,最后都流散四方,为他国所用。从使用人才这个角度,我们不妨把魏国和秦国进行一个比较。

秦国发展壮大的过程中,一代一代总是有具备雄才大略的王,懂得知人善任,在关键时刻力挽狂澜。这也奠定了秦国最终一统天下的基础。

中国文化积淀了很多智慧,历史智慧无疑是其重要组成部分。我们应该积极学习传承。

第二节　魏文侯与虞人期猎：文侯守信

带领魏国走向强盛,首先成为战国七雄霸主的是魏文侯。魏文侯名魏斯,是魏桓子的孙子,可以说是战国时期魏国百年霸业的开创者。他继位之初,魏国的情况并不是很好,但他重用人才,善于采纳谏言,带领魏国走向强大。

关于善于用人这一点,魏文侯可以说是相当突出,他手下人才济济,在历史上颇有名望的人有很多。比如李悝,李悝变法对魏国走上富强之路非常关键,亦是中国变法之始。随后楚国的吴起变法、秦国的商鞅变法,都在发展着李悝的变法实践,在中国历史上产生了深远的影响。此外,魏文侯麾下还有我们熟悉的西门豹,大名鼎鼎的将军吴起,攻打中山国的乐羊等。那魏文侯又是怎样得到这些英才的信任,从而将他们纳为己用的呢？这就与"文侯守信"不无关联。文侯守信,出自《战国策·魏策一》：

魏文侯与虞人期猎。是日，饮酒乐，天雨。文侯将出，左右曰："今日饮酒乐，天又雨，公将焉之？"文侯曰："吾与虞人期猎，虽乐，岂可不一会期哉！"乃往，身自罢之。魏于是乎始强。

"虞人"就是管理森林的一个小官吏，职位很低。这说明魏文侯礼贤下士，平等待人，非常注重诚信，并没有因为跟自己有约的是一个低阶小官而随意取消约定。一言为重百金轻，国无信不立，人也一样。"魏文侯与虞人期猎"的故事也被概括为文侯守信的典故。

这件事在当时形成了一个什么样的影响呢？很多贤能之士都觉得魏文侯对一个小官吏都如此礼待，一定是一位非常值得信赖、追随的领导人，去为他出谋划策的话，应该能够发挥自己的才能，所以天下的很多有识之士就涌向了魏国。魏国得到天下英才，自然也就逐渐走向强大。

"魏于是乎始强"，从这句话还可以看出，魏国原本并不是很好，土地并不肥沃，但是经过李悝变法，西门豹置业，乐羊征服中山国等一系列举动，魏国在魏文侯的治理下慢慢强大起来。

在一系列举措中，李悝变法尤其值得关注。一个国家想要变得强大，不论在任何时代，经济发展都是硬道理。李悝变法不仅仅是在法律制度方面主张废止世袭贵族特权，选贤任能，赏罚严明，最主要是在经济上实行了"尽地力"与"平籴法"等政策，极大地促进了魏国农业生产的发展，使魏国走向富强。

"尽地力"是一种重农政策，李悝在《尽地力之教》中提到："一百平方里之内,有土地九万顷,除了山泽人居占三分之一之外,可开田地六万顷。"就是让整个国家的土地都得到有效应用,鼓励民众去开荒。

"平籴法",即按年成丰歉和灾情大小等不同情况,有针对性地采取相应的收放政策。政府在丰年以平价收购农民的余粮,防止商人压价伤农;在灾年则平价出售储备粮,防止商人抬价伤民。这就让整个国家的经济处在一个比较平稳的状态当中,避免"谷贱伤农,谷贵伤民"。

魏文侯有很多被世人所称赞的品质。除了礼贤下士、信守承诺外,魏文侯对待老师的态度也被传为美谈。比如,魏文侯在位的时候把孔子的弟子子夏,还有子夏的弟子田子方都请到了魏国,以敬师之礼来对待他们。尤其值得称赞的是,魏文侯对求而不得的人才,同样保持谦恭礼敬之态。魏文侯想请品德高尚、贤名在外的段干木入朝为官,但段干木无心从政,并不想见魏文侯。即便如此,魏文侯每次经过段干木家门口时,都要下车鞠躬行礼,这个行为得到很多人的赞赏,然后很多有识之士也就归顺于他了。

魏文侯是一位在历史上得到很多好评的君主,我们来概括分析一下他外治武备、内修文德的主要体现。

首先是善于用人。之所以说善于用人,主要是说魏文侯对于所用之人,重德又不唯德。对待乐羊的态度足以证明这一点。他非常清晰地了解自己所用之人身上一些重要的特点,能够抓主要矛盾,用人之长,避人之短,并且能够避人长中之短,用人短中之长。

其次是魏文侯的胸怀和格局。可以说是站得高、看得远,善于邦交。比如韩赵相难的故事。韩国和赵国曾先后向文侯寻求帮助,韩国恳求文侯派兵帮助自己去打赵国,文侯拒绝了,说赵国是魏国的兄弟,魏国不能帮韩国。后来,赵国又来求助,恳求文侯派兵帮助自己攻打韩国。文侯同样拒绝了。本来两个国家都不高兴,但后来知道文侯如此重义,又都非常感激他。魏文侯此举让三晋在相当长的时间里,成为一个非常强有力的联盟,也让自己成为三晋领袖式的人物。

魏武侯就犯了一个致命的错误,把韩赵魏三家的联盟破坏掉了,不管夺取了别人多少土地,没有了强大的同盟,都无法对抗日益强大的秦国。

魏文侯的心胸也非常宽广。臣下向他进谏之时,即使说得很直接,他也不会生气,但凡建议有理,文侯都会采纳。比如魏文侯与田子方饮酒的故事:

魏文侯与田子方饮酒而称乐。文侯曰:"钟声不比乎,左高。"田子方笑。文侯曰:"奚笑?"子方曰:"臣闻之,君明则乐官,不明则乐音。今君审于声,臣恐君之聋于官也。"文侯曰:"善,敬闻命。"

文侯和田子方一起饮酒赏乐。文侯听着听着就说这钟声不协调了,左边的有点高。田子方笑了笑,文侯问他笑什么,田子方说,他听说做国君的明理就应该喜欢的是治国安邦之道,不明理的就喜欢音乐。现在魏文侯对音乐如此精通,恐怕在治国之道方面就有点迟钝了,正事就干不好了。魏文侯听了这番话,并没有生气,而是对田子方说:"您说得对,敬听您的教诲。"

田子方讲的这个道理倒很有意思。做国君的音乐水平太高了,超过了很多专业人士,并不是一件好事。就像"欲得周郎顾,时时误拂弦"的典故。周瑜弹琴的水平非常高,要是别人弹琴弹错了,他就会回头看,所以有人为了让他回头看一眼,就故意弹错。历史上的很多事实也证明了这一点,君主在政治才华以外的方面才华很高,对国家并不见得是件好事。比如说宋徽宗,绘画水平、书法水平都极高,再比如说李后主,诗词水平极高。心有旁骛,就很难把国家治理好。所以还是要务正业,抓住根本。

信守承诺,知人善任,心胸宽广,虚心纳谏。文侯的确具备了一个明君必备的品质,正是因为魏文侯的贤,魏国才会成为战国的"初霸"。

第三节　魏文侯与西门豹:似是而非

魏文侯身边的人,西门豹的知名度很高。《战国策》里记载了西门豹治邺的故事。先了解一下"邺",邺城在河北,就是如今的河北临漳县。这个地方在历史上是很重要的,曾经多次作为都城。当年曹丕也曾在邺城建都。虽然现在不那么兴盛了,但在历史上可不得了。西门豹治邺之前,邺算是一个荒凉之地,并且还有很多陈规陋习。所以说派西门豹去治邺,是魏文侯知人善任的一个重要体现。

西门豹要去做邺令了，出发前文侯就先跟他聊了一会儿，说你去吧，祝你成功祝你成名。西门豹说那成功成名有什么诀窍吗？然后文侯就对他说了一段非常重要的话：

文侯曰："有之。夫乡邑老者而先受坐之士，子入而问其贤良之士而师事之，求其好掩人之美而扬人之丑者而参验之。夫物多相类而非也，幽莠之幼也似禾，骊牛之黄也似虎，白骨疑象，武夫类玉，此皆似之而非者也。"

文侯说是有诀窍的，诀窍就是到一个地方去做地方官，首先要尊重当地的长者，听取贤良人士的建议，把他们当作老师一样。另外就是"求其好掩人之美而扬人之丑者"，就是那些老不喜欢赞扬别人而喜好说人短处的人，要去问他们，看他们说的到底有没有道理。然后又进一步说很多事情表面上看起来很相似，但实际差别很大。文侯就举了一些例子，比如说莠草的幼苗跟麦苗是很像的，黑黄色的牛的毛色跟老虎也很像，白骨好似象牙，武夫就像美玉。魏文侯举这些例子是想让西门豹明白不要被表面的一些东西所迷惑，要认清事物的本质。

以西门豹的聪明才智，一定明白文侯说的话里边所蕴含的深刻的道理。邺城形势复杂，很多事情都不像表面看起来那么简单，要多了解情况，不要一到那个地方就冒失行事，要多向人请教。尤其是向经验丰富的长者，以及不喜欢说人好话的人请教。不要被表面现象误导，贸然行动。如果做到这些，就能把这个地方治理好。

西门豹把邺治理好了吗？有个故事我们大家都很熟悉，那就是河伯娶妻。这个故事是说,西门豹到了邺城之后,看到这个地方比较荒凉,就觉得很疑惑。因为邺城临漳河,在古代,有水的地方一般会发展得比较好,为什么邺城却这么荒芜呢?西门豹就去拜访当地有名望的人,这就完全遵从了文侯的建议。最后西门豹了解到邺城百姓苦于给河伯娶妻,为了给河伯娶妻,每年民众的财富都被搜刮,百姓为了保护自己的女儿免遭残害,往往是女儿一成年,就举家外逃。长此以往,邺城的人口越来越少。人是一个地方发展的主要力量,没有人这个地方自然就逐渐破败和落后了。

西门豹了解清楚具体情况之后,也没有贸然采取行动,没有冲过去把主导河伯娶亲的那些人都拉过来砍头,而是"顺水推舟"。等到河伯娶亲的日子,他还亲临所谓河伯娶亲的现场。

西门豹说选的少女不够漂亮,麻烦大巫婆去给河伯说一说,然后先后把大巫婆、三老、廷掾这些操纵河伯娶亲闹剧的人都扔到河里去了。从此以后,没有人再敢提起为河伯娶媳妇的事了。西门豹就这样不动声色地破除了困扰当地许久的陋习。百姓从此不必再害怕了,大家就可以重新回到故地,人丁逐渐兴旺,邺城的发展也就有了根本的推动力。

在破除了河伯娶亲的陋习之后,西门豹又做了更为重要的事情。虽然河伯娶妻是假的,但是漳水泛滥却是真的。西门豹带领民众挖了十二条沟渠,把泛滥的漳水引过来灌溉农田,既解决了河水泛滥的问题,又解决了农业发展的问题。可以说西门豹把邺城治理得井井有条,为人所称道。我们都知道西门豹是个政治家,他其实还有一个身份就是治水大师,十二条沟渠让邺城,也就是现在的临漳,受惠两千多年。

魏文侯知人善任,派西门豹去治理邺城,并且临行之前谆谆教导,让他千万不要为那些假象所迷惑,要重视调查研究,找到关键问题,这就是哲学上讲的透过现象认识本质,然后抓住关键,抓住主要矛盾,其他问题就迎刃而解了。当然,河伯娶妻的故事,看似是破除迷信的行动,实际上是魏国变法图强,依法治国,打击地方豪强,改善民生,从而加强统治的案例。

除此之外,西门豹还是一个非常注重自我修养的人,还有一个与他相关的成语佩韦自缓,记载在《韩非子》之中:

西门豹之性急,故佩韦以自缓;董安于之心缓,故佩弦以自急。故以有余补不足,以长续短之谓明主。

西门豹性子急,这跟他的名字"豹"很配,性子很急,所以他佩韦以自缓。韦指的是一种用煮熟的牛皮做的皮带,它韧性很强又很柔软,西门豹把它佩戴在身上告诫自己,提醒自己要舒缓一点。还有一个人就是董安于。他性格太宽缓了,于是就佩戴一根绷得紧紧的弓弦以鼓励自己"自急"。他们确实非常有内省意识。著名的现代文学家朱自清,字佩弦,也是觉得自己性格太缓了、太慢了,取"佩弦以自急"之意。正所谓以有余补不足。

西门豹在邺城也是非常守信用的,与文侯守信非常相似。西门豹在邺城的时候实行了全民皆兵。文侯去视察时想看一下西门豹能不能把这些人召集起来。西门豹一声令下,全民都聚集到了一起,文侯看了之后说那就散了吧。结果西门豹说,民也不可欺,都召集起来了,不能糊弄他们,不然的话,百姓会觉得君王和长官把如此重要的一件事视作儿戏。他又对文侯说:"燕国经常骚扰我们,大王不如派我率他们去攻打燕国吧!"所以最后文侯就干脆派西门豹带兵去打仗了。

历史上还有一个人也是这样把大家召集起来了,结果告诉大家是开玩笑,我们可以比较一下。烽火戏诸侯,说的是周幽王的故事,他有一个宠妃,笑点特别高,为博美人一笑,周幽王就用烽火把诸侯都引过来。后来,真的有敌人来犯时,周幽王再命人去点燃烽火,却没有诸侯再来勤王了。

西门豹只是文侯手下的能臣之一,文侯手下能聚集这么多人,君臣之间相互砥砺,我们也更加能够领略到魏文侯的英明。

第四节 庞葱与太子质于邯郸:三人成虎

三人成虎,出自《战国策·魏策二·庞葱与太子质于邯郸》,比喻讹传一再重复,就可能使人们把谣言当作事实。

战国时期,战国七雄个个都很有实力,互相攻伐中,盟友就变得很重要,但是在尔虞我诈的关系中,结盟如果只是靠简单发个誓显然太不靠谱,于是在当时,把王子当作人质抵押给对方,就显得超级有诚意,双方的盟约也就相对牢靠了。

魏惠王时期,有一个叫庞葱的大臣,也有人把他叫为庞恭。他要陪太子到赵国的邯郸做人质,出发前他担心自己走后会有人去君王面前说他的坏话,所以就提前去拜见惠王,给惠王打预防针,说了这个"三人成虎"的比喻。

庞葱与太子质于邯郸,谓魏王曰:"今一人言市有虎,王信之乎?"王曰:"否。""二人言市有虎,王信之乎?"王曰:"寡人疑之矣。""三人言市有虎,王信之乎?"王曰:"寡人信之矣。"

庞葱对魏王说:"现在如果有一个人来跟您说,街市上有老虎,您相信吗?"魏王说:"不相信。"庞葱接着问道:"如果有两个人说街市上有老虎,您相信吗?"魏王说:"那我就该怀疑一下了。"庞葱紧接着又问道:"如果有三个人说街市上有老虎,您相信吗?"魏王说:"那我就要相信了。"

然后庞葱就说:"街市上肯定是没有老虎的,然而三个人说您就相信了。我现在要去邯郸,那里离咱们这儿特别远,在您面前说我坏话的人也会比三个更多,到时候还希望王能够明察。"魏惠王就说:"寡人自为知。"意思是听进去了,于是庞葱就走了。但是多年之后他回到魏都,魏惠王却没有再召见他,不重用他了,说明魏惠王还是没能抵御住别人诋毁庞葱的谗言。

魏惠王是魏武侯的儿子。魏武侯儿子很多,但是他去世的时候又没有定谁是接班人,这下麻烦了。魏武侯一走,两个公子就开始争夺王位,这件事对魏国影响很大,因为很多国家都参与了。《韩非子》里边说到了敌国废置,是说敌国参与自己国家的政事,尤其是参与任谁为王、谁继位的问题,这是亡国之兆。所以这件事对魏国影响很大。

魏惠王继位之后有一个缺点就是太多疑,很多人才都因为他的多疑而离开。庞葱知道魏惠王多疑,提前用三人成虎的故事给魏惠王打了预防针,到最后还是"果不得见"。

与三人成虎类似的,还有一个非常著名的典故——曾参杀人,出自《战国策·秦策二·秦武王谓甘茂》,涉及孔子的一个非常有名的弟子曾参。

曾参,"参"一般都把它念成 shēn,其实应该念 cān,为什么是 cān?因为曾子的字是子舆,"舆"字有几个含义都与车相关,"参"读 cān 时,也有与车相关的组词,比如"参乘",但读 shēn 时却没有。古人的名和字的含义一般都是统一的,比如说诸葛亮的名字"亮"和字"孔明"。还有一个原因就是曾子有个儿子叫曾申,父子二人不可能名字起的是同音字,所以这就确定了,下次说曾子就叫曾参 cān,曾参杀人,这个典故也很有名。

昔者曾子处费,费人有与曾子同名族者而杀人,人告曾子母曰:"曾参杀人。"曾子之母曰:"吾子不杀人。"织自若。有顷焉,人又曰:"曾参杀人。"其母尚织自若也。顷之,一人又告之曰:"曾参杀人。"其母惧,投杼逾墙而走。

曾参是孔子的得意弟子,温和、儒雅、孝顺。有一天,他母亲正在织布,有个人跑来说:"你儿子曾参杀人了。"他母亲面不改色,织布如故,说:"我儿子不会杀人。"不一会儿,又有个人跑来说:"你儿子曾参杀人了。"他母亲还是不信,织布如故。紧接着第三个人跑来说:"你儿子曾参杀人了。"曾母丢下织布的梭子,翻墙逃跑了。其实那个杀人的曾参是另外一个同名同姓的人,根本不是她的儿子。

母亲对孩子应该是最了解的,也是最信任的,但有三个人来说这样一件子虚乌有的事情时,连母亲都相信了。所以人们会说谎言重复十遍,也许就变成了真理。众口可以铄金,说的人多了,很多不明真相的人也就相信了。历史上"背锅侠"很多。所以当我们能够让人明白真相,能够发声的时候,能够让我们的声音传出去的时候,一定要尽自己的努力。

君王如果对自己手下的人本身就心存怀疑的话,那肯定怎么看都会觉得他有问题,就不可能去重用他信任他了。有一个成语叫疑邻偷斧,就是这样的,你看他像偷斧的人怎么看都像。

这些都在提示着我们一件非常非常重要的事情,不仅是平常人如此,即便到比较高的层面,大家都要小心语言的力量。三人成虎也罢,曾参杀人也罢,众口铄金也罢,都揭示出一个权谋家应该了解的奥秘,那就是人类的语言对事实的支配性。这也提醒人们面对各种传言时,不要轻易下结论,尽量收集各方面信息,再进行判断,所谓兼听则明。

魏文侯在这方面就要高明很多。这里也有一件事可以引起思考。

乐羊攻打中山国获胜,回来后得意扬扬,结果魏文侯搬来好几个箱子,让乐羊打开看看,乐羊一打开发现都是告他的文书。那么多人告乐羊,魏文侯还让他继续攻打中山国。魏惠王连自己派去陪太子做人质的大臣都不能相信,和爷爷比起来确实有蛮大的差距,这也是魏国江河日下的一个非常重要的原因。

第五节　魏安釐王:南辕北辙

南辕北辙大家应该很熟悉,出自《战国策·魏策四·魏王欲攻邯郸》。辕就是车上的横木、把手,辙就是车轮压过去的印子。南辕北辙,就是方向反了,与北辕适楚、背道而驰都是同义。

魏安釐王魏圉在位时期有一个非常不得了的人物,安釐王的弟弟信陵君魏无忌。魏昭王没有把王位传给公子无忌,反而传给了小心眼善妒的魏安釐王,这是他不会识人的另一个表现。安釐王在位期间少有作为,不仅没有止住魏国衰落的趋势,反而屡屡失策,导致魏国丧失土地。信陵君也是无可奈何,只能眼睁睁看着国势日渐衰微。有一天,魏安釐王想发兵攻打赵国。谋臣季梁本来已经奉命出使邻邦,听到这个消息,他立刻半路折回,想劝安釐王打消伐赵的念头。季梁来不及舒展衣服的皱褶,顾不得洗去头上的尘土,就忙着去谒见魏王,给魏王讲了南辕北辙的故事：

今者臣来，见人于大行。方北面而持其驾，告臣曰："我欲之楚。"臣曰："君之楚，将奚为北面？"曰："吾马良。"臣曰："马虽良，此非楚之路也。"曰："吾用多。"臣曰："用虽多，此非楚之路也。"曰："吾御者善。"此数者愈善，而离楚愈远耳！

季梁说："我今天在过来的大路上碰到一个人，他告诉我说他要去楚国，但他是朝着北方走的，我就对他说你现在朝北方走是到不了楚国的。"结果这个人说："我的马很厉害。"然后季梁就说："马虽然好，但这不是去楚国的路。"这个人说："我带的盘缠多。"季梁说："你虽然带的盘缠多，但这不是去楚国的路。"这个人又回答："我的车夫驾车技术非常高明。"马越厉害，带的盘缠越多，车夫的技术越好，就会离楚国越来越远呀！先讲一个故事，这是很多谋士的特点，然后再进入正题。

今王动欲成霸王，举欲信于天下。恃王国之大，兵之精锐，而攻邯郸，以广地尊名，王之动愈数，而离王愈远耳。犹至楚而北行也。

如今魏王一心想要建立霸业，树立威信，但是攻打邯郸这个行为只会让魏王距离最终目标越来越远。这不就像想去楚国却朝北走的人吗？

季梁去哪儿出使呢？正好是去赵国。魏安釐王想要攻打赵国，先派季梁出使示好，撒迷魂药，让赵国放松警惕。季梁走到一半的时候突然听到这个消息，马上就赶回来，要不然他不会那么狼狈。季梁认为攻打赵国简直是魏国自己给自己挖坑。

魏王为什么一定要打赵国？这与历史上的仇恨相关。魏国立储的时候,就与赵国结下了仇恨,所以一定要打,逮到机会就要去打。还有一个原因就是赵国此时慢慢强大起来了,也非常张扬,跟周边的国家都打仗,包括攻打中山国。中山国原来是属于魏国的,后来才独立的。赵国到处树敌,周边这些国家也都看不惯,逮到机会就想去攻打赵国。

那季梁的劝告起作用了吗?并没有,没劝住。

治理国家,方向目标非常重要,只有搞清楚方向和目标,才能充分发挥自己的有利条件。如果方向错了,越努力,离目标越远。以此看魏安釐王,魏国虽然曾经称雄天下,但到了战国后期,国力已经逐渐衰弱。可是魏安釐王仍有称霸的野心,有野心无可非议,但认不清形势,决策失误,就会带着国家走向灭亡。

魏安釐王总是搞不清楚形势,总是决策失误。苏代曾说魏安釐王"以地事秦,譬犹抱薪救火",这也是"南辕北辙"的举动,所做的事情与想要达成的目标完全背道而驰。

关于以地事秦,苏洵的六国论有很精彩的分析:

六国破灭,非兵不利,战不善,弊在赂秦。赂秦而力亏,破灭之道也。……今日割五城,明日割十城,然后得一夕安寝。起视四境,而秦兵又至矣。……日削月割,以趋于亡。

六国破灭的原因,不是军队不厉害,不是不会打仗,弊在赂秦这样一个行为。今日割五城,明日割十城,这么日削月割,最后就趋于灭亡了。秦人不暇自哀,而后人哀之;后人哀之而不鉴之,亦使后人而复哀后人也。如果我们把这段话的主角换一下,更换成魏的话,那就是灭魏者,非秦也,魏也。魏人不暇自哀,而后人哀之。

魏安釐王昏头的事做了很多、很多。比如说他想亲近秦国而攻伐韩国,本来韩赵魏是联盟的,但他要打韩国。信陵君就劝他,说如果灭了韩国,秦占据了郑国的故地,没有黄河大山的阻拦,也没有了韩的间隔,秦想攻魏可就很容易了。后来果然应验。

南辕北辙,背道而驰,又抱薪救火,安釐王的形象也就基本清晰了。再后来继位的是景湣王,再后来是魏王假,秦军攻打大梁,引黄河之水围困大梁,三个月后城墙泡软了,大梁城破,魏王投降,国灭。灭魏者,非秦也,魏也。

第十一章 《楚策》与楚王

第一节 楚国风云

楚国最后一位王是楚王熊负刍,项燕扶植的熊启则可以忽略不计。负刍在位五年,在公元前 223 年被秦军所俘,楚国灭亡。一个伟大的楚国从第一代领袖熊绎等几代君主筚路蓝缕、以启山林,到第二十一代君主楚穆王、第二十二代君主楚庄王方逐渐强大,但最后还是灭亡了。说起来也蛮令人遗憾的,不过事情总是有因果的。

一谈到楚国还是要先致以敬意,先从筚路蓝缕、以启山林说起。筚路是指用荆柴做的大车,蓝缕是指非常破烂的衣衫,意指创业艰难。当年楚国先民就是这样创建了楚国。经过多年的艰苦奋斗,楚国的疆土不断扩大,沿着长江兼并了长江南北上百个小诸侯国,不仅疆土不断扩大,财富也日益增多,军事力量不断增强,至楚庄王时成为江汉一代的霸主。楚庄王继承发扬积极进取、革故鼎新、开放融合、至死不屈的楚文化的精髓。楚庄王也一直用内忧外患来告诫人民,用先辈坐柴车穿破衣服开辟山林的精神来激励百姓奋发图强。之后楚国则又日渐衰微,楚国的第三十二代君主楚声王在位只有六年时间,最后被盗匪当街杀害。一个国家的王竟然被盗匪当街刺杀,可见这个国家乱到什么程度了。他被杀之后,其子继位,就是楚悼王,他是楚国的第三十三位君主,他接过来的是一个烂摊子。

好在楚悼王是一个很有抱负的人,他起用了鼎鼎有名的人物吴起,在楚国轰轰烈烈搞起了变法。吴起来到楚国之后,大力削减大贵族的特权,同时奖励耕战,富国强兵,使得楚国的领土迅速扩张,所以在楚悼王之时,楚国又慢慢有了复兴的迹象。

再往后第三十四位君主是楚肃王,在位十一年,然后就到了执政三十年的楚宣王。因为楚肃王没有儿子,所以他的弟弟继位,就是楚宣王。

楚宣王在位三十年,对外很谨慎,采取休兵息民的政策,保存实力,不轻易出击,同时又洞察形势,抓住有利时机,攻城略地,开拓疆域,使楚国进入战国时期最强盛的阶段。楚国的第三十六位君主是楚威王,他在位十一年。楚威王继承了楚宣王救赵伐魏与开拓巴蜀的战略布局,是继楚悼王以后颇有建树的君主,一生以恢复楚庄王时代的霸业为志向,力图使楚国成为诸国之首。楚国第三十七代君主是楚怀王,他在位三十年。楚怀王比较骄傲,比较好色,也比较固执,且缺乏判断力。他当政期间楚国非常明显地衰落了。楚的第三十八代君主是楚顷襄王,也可简称为楚襄王,他在位三十六年。楚顷襄王做太子时,曾在秦国与齐国做质子,楚怀王被扣秦国时,他从齐国回到楚国继承王位,他在位的第三年,楚怀王就死在秦国了。顷襄王之后是楚考烈王,他是第三十九代君主。

楚考烈王重用春申君黄歇,让他做令尹,春申君在平原君和毛遂的游说下,出兵解邯郸之围,又领兵灭鲁国,楚国一度复兴。但是在公元前241年,春申君组织东方国家最后一次合纵失败,楚考烈王怕秦国报复,迁都了,从郢迁到寿春。公元前238年,楚考烈王死后,春申君被李园所杀。楚国的国力更加一蹶不振。其实在楚考烈王的时候楚国尚有几次复兴的迹象,结果最后几次大的战役的失败,尤其是迁都,让楚人的信心受挫。公元前238年,楚考烈王死后,后边的几任楚王争来斗去,动荡不休。楚幽王是第四十代楚王,在位十年,楚哀王只在位一年。再往下就到了我们开头提到过的楚王熊负刍,第四十二代楚王,在位五年,在公元前223年被俘。

习惯上的说法是,公元前223年,熊负刍被俘,基本上就代表楚国灭亡了。但是楚国人不甘心,后来又拥立熊启为楚王,拥立者就是项羽的叔叔项燕,项燕被封为武安君,接着反抗秦国,可惜很快失败了。还是在同年,也就是公元前223年,楚国被取消国号,秦国将楚地设置为郡。当然,秦国也并非从此就高枕无忧了,因为虽然项燕兵败身死,可是还有项梁,还有项羽,他们又开始践行"楚虽三户,亡秦必楚"的预言。

楚国先祖筚路蓝缕,以启山林,从一个边陲小国到逐鹿中原,称霸四方,可是最后被秦国所灭,为什么会有这样的结局呢?有以下几个原因:

第一,变法不彻底。楚国旧贵族势力强大,变法触动了他们的利益,他们联合起来阻挡,这是楚国亡国的一个非常重要的原因。

第二,政治不稳定。包含熊启在内,楚国共有四十三位君主,其中有十个都是非正常死亡,有的是子弑父,有的是叔杀侄,甚至还有在大街上被暗杀的,客死他乡的,死在征途之中的,政治动荡,不稳定,强大也就难以持续。

第三,君主多昏聩。楚国接连出现了几个昏君,国力在昏君的影响下日益衰弱。一代强国楚国就这样灭亡了,让人感到非常可惜。

人类历史上最大的教训就是常常忘记历史的教训,所以要了解楚国的历史、文化,总结历史的经验教训,执古之道,以御今之有。

第二节 江乙与楚宣王:狐假虎威

狐假虎威出自《战国策·楚策一·荆宣王问群臣》:虎以为然,故遂与之行。兽见之皆走。虎不知兽畏己而走也,以为畏狐也。

老虎在森林里觅食,逮住一只狐狸,要把狐狸吃掉。狐狸就说老虎吃不了它,因为它是天帝派来做百兽之王的。老虎不信,狐狸就让老虎跟在它后边看看,看那些动物是不是都怕它,于是老虎和狐狸同行,动物们都纷纷逃跑,老虎不明白群兽是害怕自己才逃跑的,还以为是害怕狐狸。后世经常以狐假虎威来比喻仰仗别人的权势来欺压恐吓他人。

《战国策》中狐假虎威故事的主人公是江乙和楚宣王。江乙也写作江一,此人善于谋划,但很多都是阴谋。为了让大家对他有更深刻的了解,我们先说另外一个江乙和安陵君的故事,出自《战国策·楚策一》:

江乙说于安陵君曰:"君无咫尺之地,骨肉之亲,处尊位,受厚禄,一国之众,见君莫不敛衽而拜,抚委而服,何以也?"曰:"王过举而已。不然,无以至此。"江乙曰:"以财交者,财尽而交绝;以色交者,华落而爱渝。是以嬖女不敝席,宠臣不避轩。今君擅楚国之势,而无以深自结于王,窃为君危之。"安陵君曰:"然则奈何?""愿君必请从死,以身为殉,如是必长得重于楚国。"曰:"谨受令。"三年而弗言。

安陵君是王的男宠,也没什么太大的本事,却被封了君。像前面说过的信陵君、春申君、武安君都是战国时期了不得的人物,而安陵君则不然,只是以色事君而已。所以江乙就对安陵君说:"你对楚国没有丝毫功劳,也没有骨肉之亲可以依靠,却身居高位,享受厚禄,楚国的人见到你整理好衣服帽子,毕恭毕敬地向你行礼,这是为什么?"安陵君就说:"不过就是因为楚王错误地提拔我罢了,他宠爱我,不然我不可能有这样的地位。"江乙马上话就跟上了:"你要知道一件事,用金钱和人结交,金钱用完了交情也就断绝了,用美色与人交往,美色衰退,爱也就跟着改变了。所以宠妃床上的席子还没有睡破,就被遗弃了,宠臣的马车还没有用坏就被罢黜了。你现在独揽楚国的大权,可是却没有相配的德行,也没有与楚王深交的资本,我太为你担忧了。"安陵君就问江乙自己该怎么办,江乙就给他出了个主意,让安陵君向楚王请求为楚王殉葬。

安陵君是清醒的,计策知道了,但是三年他都没有说,为什么?自然是时机未到。时机到来时,安陵君把握时机向楚宣王表白:"等大王百年之后,我愿做您的席垫,我能干什么呢?地下的蝼蚁要吃您的时候先吃我。"结果楚王又给了他更多的封赏。

可以说,江乙善谋,安陵君善时。

我们再回到狐假虎威,

荆宣王问群臣曰:"吾闻北方之畏昭奚恤也,果诚何如?"群臣莫对。江乙对曰:"虎求百兽而食之,得狐。狐曰:'子无敢食我也。天地使我长百兽,今子食我,是逆天帝命也。子以我为不信,吾为子先行,子随我后,观百兽之见我而敢不走乎?'虎以为然,故遂与之行。兽见之皆走。虎不知兽畏己而走也,以为畏狐也。今王之地方五千里,带甲百万,而专属之于昭奚恤,故北方之畏昭奚恤也,其实畏王之甲兵也,犹百兽之畏虎也。"

楚宣王问群臣,听说北方的诸侯都害怕昭奚恤,是这样吗?君臣都不说话,这时江乙就讲了狐假虎威的故事。

江乙讲这个故事的目的也很明确,楚国国土方圆五千里,大军百万,昭奚恤独揽大权,北方诸侯害怕昭奚恤,其实是害怕楚王的军队,就像群兽害怕老虎一样。其实不是昭奚恤厉害,是楚国强大,平台高。这小话递得太厉害了!是在给昭奚恤点炮。

昭奚恤的口碑一直很好,为人正直,江乙却总是黑他。

楚宣王的名字叫良夫,他是支持吴起变法的楚悼王之子,也是楚肃王的弟弟。楚宣王有一个很大的优点就是善纳谏言,听得进去臣下的意见。再来说一个江乙在楚国黑昭奚恤的例子,出自《楚策一·江乙欲恶昭奚恤于楚》。

江乙欲恶昭奚恤于楚,谓楚王曰:"下比周,则上危;下分争,则上安。王亦知之乎?愿王勿忘也。且人有好扬人之善者,于王何如?"王曰:"此君子也,近之。"江乙曰:"有人好扬人之恶者,于王何如?"王曰:"此小人也,远之。"江乙曰:"然则且有子杀其父,臣弑其主者。而王终已不知者,何也?以王好闻人之美而恶闻人之恶也。"王曰:"善。寡人愿两闻之。"

江乙这个人真有点不地道,总是想中伤昭奚恤。他对楚王说:"要是在下位的人结党营私,那么居上位的人就危险了,在下位的人互相争夺,那么居上位的人就安全了。大王知道这个道理吗?希望大王不要忘记。有人喜欢宣扬别人善良的地方,大王认为这个人怎么样?"楚宣王说:"这个人是君子,要接近他。"江乙又说:"有人喜欢宣扬别人不好的地方,大王认为这个人怎么样?"楚王说:"这个人是小人,要远离他。"江乙说:"这么说来,有做儿子的杀了他的父亲,做臣子的杀了他的国君,然而大王最终却不知道,为什么?因为你喜欢听别人的好事,讨厌听别人的坏事嘛。"楚宣王的回答很有智慧,他说他两种都听,可以了吧。偏听则暗,兼听则明。这也证明楚宣王能听得进去别人的意见和劝告。

狐假虎威,用生活化的语言说一下,就叫拉大旗扯虎皮,就是打着权威的旗号吓唬和蒙骗别人,生活中很多人也是这样。明朝的时候,浙闽总督叫胡宗宪,地位蛮高的。他在抗击倭寇方面也很有建树,但是有一点他做得不好,就是儿子没教育好。他的儿子倚仗他的权势到处为非作歹。有一次在驿站把人家服务人员打得遍体鳞伤,被一个清官海瑞抓到了。海瑞把他抓起来,然后给胡宗宪写了封信,说有人冒充胡宗宪的儿子干了坏事,问胡宗宪怎么处理。这招挺好的,胡宗宪也是有苦难言。

楚宣王对内基本上延续了楚肃王休养生息的政策,以增强国力;对外他又非常谨慎小心,观察周围的形势,不会轻易出战,但是时机有利时也会加入兼并战争之中。并且楚宣王能够"两闻之",善于纳谏,善于听从别人的意见。所以,宣威盛世出现了。

第三节 楚威王与莫敖子华：断脰决腹

断脰决腹出自《战国策·楚策一·威王问于莫敖子华》："有断脰决腹，一瞑而万世不视，不知所益，以忧社稷者。"

"脰"指的是颈，也就是脖子，"决"是剖开，断脰决腹就是砍掉头、剖开腹，形容惨烈而死，经常用来指壮烈捐躯，一般用来形容非常忠烈的贤臣的形象。

威王问于莫敖子华曰："自从先君文王以至不谷之身，亦有为爵劝，不以禄勉，以忧社稷者乎？"莫敖子华对曰："如华不足知之矣。"王曰："不于大夫，无所闻之。"莫敖子华对曰："君王将何问者也？彼有廉其爵，贫其身，以忧社稷者；有崇其爵，丰其禄，以忧社稷者；有断脰决腹，一瞑而万世不视，不知所益，以忧社稷者；有劳其身，愁其志，以忧社稷者；亦有不为爵劝，不为禄勉，以忧社稷者。"

楚威王问莫敖子华（莫敖是官职名，子华是人名）："从先君文王到我这一辈为止，真有不追求爵位俸禄而忧虑国家安危的大臣吗？"莫敖子华说："这不是我能回答的，不知道。"威王说："我要是不问你更无从知道，你都不知道还有谁知道呢？"然后子华就说："您问的是哪一类大臣呢？我给您分分类。有奉公守法，安于贫困，忧虑国家安危的；有为了提高爵位、增加俸禄而忧虑国家安危的；有不怕断头，不怕剖腹，视死如归，不顾个人利益，忧虑国家安危的；有劳其筋骨，苦其心志，忧虑国家安危的；还有不追求爵位，也不追求俸禄而忧虑国家安危的。"

莫敖子华为楚威王列举了这五类忧社稷的臣子。楚威王就问这些臣子都是哪些人。

子华说，第一类如令尹子文。令尹已经是一人之下万人之上了，可令尹子文穿着破衣服，然后每天勤于政事，并且十分清廉，真正的心忧社稷。

第二类如叶公子高。所谓"崇其爵，丰其禄，以忧社稷者，叶公子高是也"。叶公子高家里财富多，爵位也高，他一直操心着国家安危，因为覆巢之下安有完卵，国家一完了他的爵位也没有了。

第三类如莫敖大心。"昔者吴与楚战于柏举，两御之间夫卒交。莫敖大心抚其御之手，顾而大息曰：'嗟乎子乎，楚国亡之月至矣！吾将深入吴军，若扑一人，若掉一人，以与大心者也，社稷其为庶几乎？'故断脰决腹，一瞑而万世不视，不知所益，以忧社稷者，莫敖大心是也。"

吴楚两国在柏举激战，柏举就是现在的湖北麻城一带，有名的将军之乡，历史上也是一个战乱频仍之地。吴楚在这里激战，楚将莫敖大心，拉着驾车的战士的手，深情而悲壮地望着他们说："咱们楚国亡国的日子就要到了，我要深入吴军，如果你们能打倒一个敌人，都是对我大心的帮助，我要领头冲了，兄弟们跟着我冲，如果大家都能这样拼命，楚国也许还有希望。"所以不怕断头，不怕剖腹，视死如归，丝毫也不考虑个人利益,忧虑国家安危的就是莫敖大心这类人。为国家的利益抛头颅洒热血,楚国人的坚毅意志,也是中华优秀传统文化中非常重要的方面。

第四类如申包胥。还是在吴楚柏举之战的时候,吴攻入了郢都,然后申包胥决心以复兴楚国为己任,跑去向秦国求救。他日夜兼程翻山越岭地去往秦国,一路上可以说是风餐露宿,鞋被磨破了,脚上全都是血泡,身上的衣服也被路上的荆棘刮得破破烂烂,历经千辛万苦,终于来到秦都。但是当时秦哀公并没有想好到底是救还是不救,所以也就不见他,申包胥就在秦宫外哭诉七日,秦哀公终于被他的诚意所感动,认为有申包胥这样的忠臣,楚国还不应该亡,于是出兵救楚。楚国复国之后,楚王要重赏申包胥,但是他拒不接受,因为这不是他救国的目的,而是躲到了深山老林里面去了,所谓劳其筋骨、苦其心志而忧虑国家安危的就是申包胥这种人。

第五类如蒙谷。吴楚交战之际,楚王生死未卜,蒙谷为保护楚国的嗣君就来到楚宫,没有找到嗣君,他就背上楚国散乱的法典、礼典,坐着小船,把这些东西藏到云梦泽。后来楚昭王返回楚地,百官都无法可依,大典都没了,上下乱作一团。此时蒙谷献出了他保存的大典,使朝廷有法可依。所以说除了为天地立心,为生民立命,还有一个为往圣继绝学。文化典籍非常重要。蒙谷立了这么大的功,楚王封他爵位,给他封地,他都拒绝了。蒙谷心忧社稷不是为了换取什么功名利禄,而是真的忧国忧民。

王乃大息曰:"此古之人也。今之人,焉能有之耶?"莫敖子华对曰:"昔者先君灵王好小腰,楚士约食,冯而能立,式而能起。食之可欲,忍而不入;死之可恶,然而不避。章闻之,其君好发者,其臣抉拾。君王直不好,若君王诚好贤,此五臣者,皆可得而致之。"

楚王听完后叹息道:"这些都是古人,现在哪有这样的人呢?"子华就回答:"从前楚灵王喜欢细腰的女子,所以楚国的人,不仅是女子,楚国所有的人都很少吃饭,使自己的腰部细起来,以致最后要扶着东西才能够站起来走路。虽然想吃东西,但总是忍着,不吃;一直饿着可能会因为饥饿而死,可是人们无所畏惧。我听说,如果国君喜欢射箭,大臣也会去学习射箭。大王应该不喜欢贤臣,如果真的喜欢贤臣,上述这五种贤臣就会出现。"

看起来子华确实是一位有爱国情怀的人,通过这番充满感情的论述,我们看到子华心忧社稷的忠臣形象,也了解了国君喜欢忠臣才能得到忠臣的道理。

楚威王在位时期继承了楚宣王救赵伐魏和开拓巴蜀的势头,攻破了赵国,并且在泗水大败齐军,使楚国扩张到长江中下游地区和江淮地区,经济和军事都得到了迅速发展。

第四节　楚襄王：见兔顾犬与亡羊补牢

见兔顾犬与亡羊补牢出自《战国策·楚策四·庄辛谓楚襄王》："见兔而顾犬，未为晚也；亡羊而补牢，未为迟也。"

亡羊补牢大家都比较熟悉。"亡"就是丢失，"牢"指的是关牲口的圈，意思是羊逃跑了再去修补羊圈，也不算晚。见兔顾犬的"顾"是回头看，意思是看到兔子之后再回头召唤猎狗去追捕兔子，虽然说动作有点慢，但也是一种补救方法。这两个成语都比喻出了问题之后，赶紧想办法去解决，就可以防止遭受更大的损失。类似的成语和名句还有很多，比如"往者不可谏，来者犹可追""东隅已逝，桑榆非晚"，等等。

楚襄王熊横，也就是楚顷襄王，简称楚襄王，是楚怀王之子。怀王被骗，后客死秦国。楚襄王继位后，不但不发愤图强，反而亲近小人，荒淫恣肆。庄辛是郢人，后来被封为阳陵君，他很善于谋划。庄辛向楚襄王进谏时责备他："专淫逸侈靡，不顾国政，郢都必自危！"说楚襄王一点都不顾国政，不干正事，荒淫无道，郢都必然危险。楚襄王竟然骂他老悖，意思是说他老糊涂了，让他快滚。于是庄辛离楚赴赵。五个月之后，秦国就发兵攻占了楚国的鄢、郢、巫、上蔡、陈等地，楚襄王也流亡躲藏在城阳（今河南信阳一带），这时他才想起庄辛的劝告，于是派人到赵国召请庄辛。庄辛回来了,楚襄王就对他说:"寡人当初不听先生的话,如今事情发展到这地步,可该怎么办呀?"

臣闻鄙语曰:"见兔而顾犬,未为晚也;亡羊而补牢,未为迟也。"臣闻昔汤、武以百里昌,桀、纣以天下亡。今楚国虽小,绝长续短,犹以数千里,岂特百里哉?

庄辛说他知道一句俗语,见到兔子后再放出猎犬去追并不算晚,羊丢掉了以后再去修补羊圈也不算迟。他听说过去商汤王和周武王依靠百里土地而使天下昌盛,夏桀、殷纣虽然拥有天下,到头终不免身死亡国。现在楚国土地虽然狭小,可是如果截长补短,有数千里土地,何止百里?

接下来庄辛以蜻蛉、黄雀、黄鹄为喻,从人们熟知的事件中挖掘出深刻的道理:

王独不见夫蜻蛉乎?六足四翼,飞翔乎天地之间,俯啄蚊虻而食之,仰承甘露而饮之,自以为无患,与人无争也。不知五尺童子,方将调铅胶丝,加己乎四仞之上,而下为蝼蚁食也。

庄辛先以蜻蛉为例,说蜻蛉长着六只脚四只翅膀,在天地之间飞来飞去。低下头可以啄食蚊虫,抬起头可以喝甘美的露水,自以为无忧无患,又和人没有争执。岂不知那几岁的孩子正在调糖稀涂在丝网上,将要在高空中将它粘住,让蝼蚁把它吃掉。

夫蜻蛉其小者也,黄雀因是以。俯噣白粒,仰栖茂树,鼓翅奋翼,自以为无患,与人无争也。不知夫公子王孙,左挟弹,右摄丸,将加己乎十仞之上,以其类为招。昼游乎茂树,夕调乎酸碱,倏忽之间,坠于公子之手。

庄辛又以黄雀为例。他说蜻蜓的事可能还是小事,黄雀也是这样。它俯身可以啄白米粒,向上栖息在茂密的树丛中,它鼓动着翅膀奋力高翔,自以为没有祸患,与人类也没有冲突。却不知那公子王孙左手拿着弹弓,右手按着弹丸,将要从高空把它打下来。白天还在茂密的树丛游玩,晚上就被加上调料成为桌上的菜肴,转眼之间就落入猎人与公子王孙之口。

夫雀其小者也,黄鹄因是以。游于江海,淹乎大沼,俯噣鳝鲤,仰啮菱衡,奋其六翮,而凌清风飘摇乎高翔,自以为无患,与人无争也。不知夫射者,方将修其碆卢,治其矰缴,将加己乎百仞之上。彼礛磻,引微缴,折清风而抎矣,故昼游乎江河,夕调乎鼎鼐。

说完黄雀后,庄辛又以黄鹄为例。庄辛说黄雀的事可能还是小事,黄鹄也是如此。黄鹄在江海遨游,停留在大沼泽旁边,低下头吞食黄鳝、鲤鱼,抬起头吃菱角和水草,震动它的翅膀,驾着清风飘飘摇摇在高空飞翔,自以为不会有祸患,与人无争又飞得高。却不知那射箭的人,已准备好箭和弓准备从高空把它射下来。它中了箭,拖着细细的箭绳,从清风中坠落下来,掉在地上,白天还在嬉戏,晚上已被煮在锅里成为人类的美食。

这三个例子讲的都是自以为无争,自以为无患,没有居安思危,结果命丧黄泉的故事。

庄辛又举了蔡灵侯的例子:

夫黄鹄,其小者也,蔡灵侯之事因是以。南游乎高陂,北陵乎巫山,饮茹溪流,食湘波之鱼,左抱幼妾,右拥嬖女,与之驰骋乎高蔡之中,而不以国家为事。不知夫子发方受命乎灵王,系己以朱丝而见之也。

这黄鹄的事还是小事,其实蔡灵侯也是如此。他曾南到高陂游玩,北到巫山之顶,饮茹溪里的水,吃湘江里的鱼,左手抱着年轻貌美的侍妾,右手搂着如花似玉的宠妃,和这些人同车驰骋在高蔡,根本不管国家大事。却不知道子发正在接受进攻蔡国的命令,灵侯沦为阶下囚,被红绳捆绑着面见楚王。

终于说到了楚襄王,这是重点:

蔡灵侯之事其小者也,君王之事因是以。左州侯,右夏侯,辇从鄢陵君与寿陵君,饭封禄之粟,而戴方府之金,与之驰骋乎云梦之中,而不以天下国家为事。不知夫穰侯方受命乎秦王,填黾塞之内,而投己乎黾塞之外。

《战国策》里经常看到一些男宠,比如龙阳君、安陵君,等等。庄辛说蔡灵侯的事只是小事,其实襄王也是如此。他左边是州侯,右边是夏侯,鄢陵君、寿陵君始终跟随左右,他们驰骋在云梦地区,根本不把国家的事放在心上。可是楚王却没有料到,穰侯魏冉已经奉了秦王的命令,在黾塞之南布满军队,而把楚王驱逐到黾塞之外了。

庄辛这一系列的比喻由小及大,由物及人,由外而内,步步紧逼,直击楚襄王的内心。

襄王闻之，颜色变作，身体战栗。于是乃以执珪而授之为阳陵君，与淮北之地也。

楚襄王听了庄辛的话，大惊失色，全身发抖。于是便封庄辛为阳陵君。不久庄辛帮助楚王收复了淮北的土地。可以说，庄辛是知人者智，自知者明，可称是明士。

楚襄王继位之后疏于国政，贪图安逸，他身边男宠佞臣横行，自己也不听取良臣之言，最终得到了非常惨重的教训。虽然在最后时刻能够听取庄辛之言，任用贤臣，收复失地，但是楚国江河日下，颓败之势已定。

第十二章 《燕策》与燕王

第一节 燕国风云

燕王喜三十三年,也就是公元前222年,秦军攻破了燕国的辽东地区,俘虏了燕王喜,燕国就此灭亡。

燕国有八百余年的历史,比周王朝存续时间还长一些。公元前221年,秦王扫六合统一六国,燕国是在公元前222年,也就是在秦国统一天下的前一年才被灭掉。上溯至春秋时期,武王灭商后封其弟于蓟,也就是现在的蓟州、北京一带,建燕,封其弟姬奭为召公,召公派长子姬克管理燕国。所以燕国君主也是姬姓,和周王室是同族,召公的长子姬克管理燕国,把周文化带到了今北京一带。

从召公开始,燕国历经二十代,来到燕昭公时代。燕昭公是春秋时期燕国的第二十一任君主。他在位时非常有作为,他东击东胡,并且修筑了燕长城,使得燕国在列国混乱之时能够发展成为一个超级大国,势力范围一直扩展到辽东地区,可以说是威名远扬。

燕昭公之后,我们再来说说燕易王。燕易王在位十二年,是燕的第三十六任君主,他在位期间发生了这样几件大事。一是燕易王一年的时候,齐宣王趁燕国治丧的机会出兵燕国,夺取了燕国的十座城邑,后来经过苏秦游说,齐国把城池又还给了燕国,燕易王因此对苏秦非常厚待。二是在燕易王九年的时候,苏秦作为燕国的间谍赴齐,这为后来很多事情的发生埋下了伏笔。三是燕易王在继位十年之时开始称王。

燕易王之后,其子燕王哙即位,重用国相子之,并且禅位,让子之做王,结果引发了子之之乱。

子之之乱指的是国相子之和燕太子姬平两个人之间的一场夺位大战,持续了好几个月,死了很多人。齐宣王打着所谓讨伐子之、匡扶正义的旗号发兵攻燕,但事实并非如此。后来燕王哙被杀,子之被抓之后,被剁成了肉酱。这是非常残忍的一个结果,由此齐燕就结下了血海深仇。当时中山国也是趁火打劫,攻下了燕的数十座城池,燕可以说几乎是灭亡状态了。好在接下来登上历史舞台的是燕国的一代雄主燕昭王。

燕昭王早年的时候在韩国当质子,子之之乱后期,赵武灵王把他送回燕国即位。燕昭王即位之后可以说是励精图治。

他大量招揽人才,赵国的武将剧辛、齐国的谋士邹衍,还有大名鼎鼎的魏国的乐毅等都为他所用。乐毅是一个非常厉害的将军,深得燕昭王信任,曾攻占齐国七十余城。燕国又在秦国的帮助下,夺回了被中山国抢去的领土。

燕昭王后继位的是燕惠王。燕惠王做太子的时候跟大将军乐毅有一些过节,他即位之后就中了齐国田单的反间计,然后对乐毅有所猜忌,乐毅逃往赵国。燕惠王任用骑劫代替乐毅,但骑劫被田单的火牛阵所败,齐国收复了全部失地。其后是燕武成王,在位十四年,接下来是燕孝王,然后就是亡国之君燕王喜了。

燕王喜二十九年,也就是公元前226年,秦王派王翦率军伐燕,同年十月就攻破了燕都蓟城,燕王逃往辽东。为了苟延残喘,燕王喜竟把自己的儿子,也就是燕太子丹杀害后向秦求和。太子丹派荆轲刺杀秦王失败,秦国借机攻燕,燕王就认为是儿子惹的祸,把儿子杀了求和。其实对秦国而言,灭燕势在必行,太子丹的事只是借口。

到公元前222年,王翦的儿子王贲率兵破辽东,活捉燕王喜,燕灭。最后,我们来总结一下燕灭国的教训吧。

第一,禅让乱国。燕王哙不从实际情况出发,随便禅让,酿成巨大的内乱,使燕国实力严重受损。

第二,灭齐自削。燕齐是邻国,燕国为了历史上的仇恨,一有机会就攻打齐国,与此同时,自己也付出了非常大的代价,所谓杀敌一千自损八百。

第三,疲赵自弱。赵国很霸道,每次因战失城,总想着从燕国往回抢。燕国也不肯吃亏,找到机会,比如长平之战的时候,也跑去想占便宜。赵国、燕国是邻国,所谓唇亡齿寒,所以说疲赵也会自弱。

第二节　燕昭王：千金马骨

千金马骨出自《战国策·燕策一·燕昭王收破燕后即位》："马已死,买其首五百金,反以报君。"

马已经死了,还有人用五百金买了马的脑袋向国君复命,通常用来比喻重视人才,渴望求得人才的行为。

这个故事与燕昭王有关。燕昭王也就是姬职,他即位后决心招募贤才,富国强兵。燕昭王继位时燕国已经成了烂摊子,他深知燕国势单力薄,便向一个叫郭隗的名士问策。郭隗这样回答：

帝者与师处,王者与友处,霸者与臣处,亡国与役处。诎指而事之,北面而受学,则百己者至。先趋而后息,先问而后嘿,则什己者至。人趋己趋,则若己者至。冯几据杖,眄视指使,则厮役之人至。若恣睢奋击,呴籍叱咄,则徒隶之人至矣。此古服道致士之法也。王诚博选国中之贤者,而朝其门下,天下闻王朝其贤臣,天下之士必趋于燕矣。

成就帝业的国君以贤者为师,成就王业的国君以贤者为友,成就霸业的国君以贤者为臣,行将灭亡的国君把贤者当成仆役。如果能够卑躬地侍奉贤者,屈居下位接受教诲,那么比自己才能超出百倍的人就会光临。先学习再休息,先去请教别人,然后再默思,这是第二等级的人对待贤者的行事方法,虽然不是最完美的,但也还马马虎虎,所以可以让能力比自己大十倍的人来投靠你。如果看别人怎么干自己也跟着干,那么与自己相仿的人就会前来。如果凭靠几案拄着手杖盛气凌人地指挥别人,那么供人驱使跑腿当差的人就会到来。如果放纵骄横,行为粗暴,吼叫骂人,大声呵斥,那只有奴隶和犯人才会来了。这就是古往今来实行王道和招徕人才的方法呀。其实古往今来实行王道、招徕人才的方法很简单,就看为王者能不能做到。君王要是真想广泛选用国内的贤者,就应该亲自拜访,天下的贤人听说君王的举动就一定会来到燕国。

臣闻古之君人,有以千金求千里马者,三年不能得。涓人言于君曰:"请求之。"君遣之。三月得千里马,马已死,买其首五百金,反以报君。君大怒曰:"所求者生马,安事死马而捐五百金?"涓人对曰:"死马且买之五百金,况生马乎?天下必以王为能市马,马今至矣。"于是不能期年,千里之马至者三。

郭隗讲了一个故事。从前有个君王,花重金购买千里马,多年没有买到。一个近侍对君王说:"请让我去帮您买千里马。"君王派他出去了三个月,找到了千里马,可马已经死了,他便用五百金买了那匹马的头,返回报告君王。君王勃然大怒,说:"要你买活的千里马,为什么用五百金买一匹死马?"近侍回答道:"死马都要用五百金买,更何况是活马呢?天下的人必然都会知道君王您有诚意买千里马,您现在就快要得到千里马了。"于是不到一年,这个君王就购得了多匹千里马。

只要真的重视人才,人才就会到来。

第十三章 《齐策》与齐王

第一节 齐国风云

齐国是最后一个被秦国灭掉的国家。"秦王扫六合,虎视何雄哉!挥剑决浮云,诸侯尽西来。"这次来的诸侯是谁呢?是齐王建,他在位四十四年。

齐王建在位的前半段主要是由齐王建的母亲君王后主政,后半段由齐王建的舅舅后胜主政。齐国最后亡国和后胜有莫大的关系,他竟然收受秦国贿赂,怂恿齐王侍秦、降秦。降秦后,后胜被秦王诛杀,齐王建被秦王嬴政安置在边远的共地,"处之共松柏之间,饿而死",就是居住在荒僻的共地的松树与柏树之间,活活给饿死了。可以说非常凄惨。君王后虽然纵横天下,在历史上可称为铁娘子,但是在教育儿子方面却并不成功。一个太强势的母亲,什么事都替子女去决策,就没有办法培养出一个真正有主见的孩子。

齐国是一个老牌的强国,分为姜齐和田齐两个时代,历史上的姜齐非常非常之强盛,是由姜太公最早建立的,出现了著名的齐桓公姜小白、管仲,还有鲍叔牙。

2020年的高考语文全国I卷的作文题就是让考生围绕材料从这齐桓公、管仲、鲍叔牙里边选一个,然后结合自己的感受与思考写一段发言稿。

比如说选齐桓公,他的一生可以用两个字概括,一个是"箭",射箭的箭,另外一个是"谏",谏言的谏。

齐桓公当年跟自己的兄长公子纠争夺王位时,管仲是辅佐公子纠的,齐桓公在逃亡的过程中,管仲射了齐桓公一箭,当时应该是射中了衣带钩,齐桓公装死躲过了这一劫。

齐桓公夺得王位之后,想要鲍叔牙继续辅佐自己。鲍叔牙认为自己的能力并不足以辅佐齐桓公称霸天下,认为齐桓公应当用管仲。让一个射过自己一箭的人来辅佐自己,很多人可能都是做不到的,很难采纳这样的谏言,但是齐桓公做到了。他用管仲来辅佐自己,成就了一方霸业,成为春秋五霸之首。

《道德经》第十六章有言:"知常容,容乃公,公乃王,王乃天,天乃道,道乃久。没身不殆。"意思是要能够容纳和吸取别人的意见和建议,这样的人心胸博大,才能够走得更远。

齐桓公刚任用管仲时,真的是做到了"知常容,容乃公"。为了建立霸业,不计较当年的一箭之仇。可是后来管仲临去世之前给他提了谏言,说竖刁、易牙、开方这几个人不能用,可是齐桓公没有听从,觉得这几个人对自己很好很忠诚。当他不能吸纳智者真诚的谏言时，最后竟因王位争夺被围困，活活饿死，尸体被搁置了两个多月才被收殓。

这就是"箭"与"谏"，不计较一箭之仇，虚心纳谏时是一个好的结果，听不进谏言，一意孤行的时候，那就落得如此下场。

如果选鲍叔牙，那就可用《道德经》第三十三章中的"知人者智，自知者明"概括了。鲍叔牙这个人非常"知人"，对管仲很了解，跟管仲做生意的时候，管仲多拿一些钱财，他会说那是因为管仲家里穷，打仗的时候管仲躲在后面，他说那是因为管仲家里有老母，他不会简单地判断一个人，而且他知道管仲真的有雄才大略，这是知人者智。

另外，当齐桓公让他做国相时，他是有自知之明的，他知道自己在治国方面不如管仲，所以决定不领跑而跟跑。当管仲辅佐齐桓公建立一方霸业之时，鲍叔牙的地位也是水涨船高。所以有时选择比自己更合适的人，才是一种明智的选择。

姜齐在齐桓公时达到了顶峰，成为春秋五霸之首，后来强大的姜齐却被田齐所取代。田氏后来在齐国掌握实权，且懂得笼络权臣，最后齐国的权力尽归田氏。到了权臣田和的时候，他把齐康公放逐到海岛上，只给一点点俸禄。

田氏是从陈国迁过去的，后来竟然掌握了齐国的实权，取代了姜氏，这也是蛮传奇的一件事情。不管是姜齐还是田齐时期，齐国一直都很强大。在田齐发展的历史过程中，又经历了许多著名的君王。

首先值得一说的应该是善于纳谏的齐威王。他在位三十七年，可以说是励精图治,先后任用了很多贤能之士,比如任用邹忌为相,任用田忌为将,任用孙膑为军师,还有一个重要的学术贡献是修建了稷下学宫,并且进行了一系列政治改革,齐国在他的统治下日渐强大。后来又经过了桂陵和马陵两场战役,齐国称雄于诸侯。

齐威王之后,就是在位十九年的齐宣王,他是田齐的第五代君王。齐宣王是一个很有趣的人,与他相关的成语有很多,像君子远庖厨、滥竽充数,还有有事钟无艳、无事夏迎春。钟无艳长得丑,但是有智谋,有事就找她,没事的时候找夏迎春,因为夏迎春长得漂亮。与齐宣王有关的典故很多,但从一国领袖的角度看,齐宣王并不杰出。因为有些事他处理得并不好,比如说攻打燕国,与燕国结下了血海深仇。

接下来是好战必亡的齐湣王。作为田齐的第六代君王,他在位十七年。他在"死间"苏秦的鼓动之下屡屡对外扩张,西攻强秦,南吞宋国,四面树敌,可以说是把齐国推到了一个非常危险的境地,最后招致五国伐齐。五国伐齐之后,齐国国势大减。《道德经》第四十二章有一句话"强梁者不得其死",《司马法》中也有一句相同含义的名言"国虽大,好战必亡",这些都被齐湣王所印证。苏秦鼓动齐湣王去打宋国,宋国是大家的奶酪,动了之后其他国家马上就联合起来攻齐。结果齐湣王落得一个什么下场呢?被剥皮抽筋了,应该是历史上死得最惨的一个王。

齐湣王之后,便是曾经流落到民间的齐襄王,在位十九年。他在田单的扶持下复国成功,后来却对田单多有猜忌,导致田单离齐赴赵,这说明他也不算是一个能够"旷兮,其若谷"的君王。

再下来就是齐王建。齐王建时期,前十几年朝政主要由其母亲君王后控制。君王后是历史上著名的铁娘子,她对秦国的政策非常谨慎,与诸侯交往讲求诚信,但是其他国家一个一个被秦国吞并之后,齐国也难逃厄运。

齐国灭国的原因可以概括为几条。第一,改革不彻底。对比秦国的商鞅变法,哪怕最后秦惠文王对商鞅处以车裂之刑,但是用的还是商鞅之法。齐国只是在齐威王的时候推行了改革,并且推行得不好。第二,好战必亡。齐湣王极为好战,导致五国群起而攻之,元气大伤。第三,忘战必危。物极必反,不可好战,同样不可忘战。君王后和齐王建的时代,觉得跟秦国关系还不错,就没有费心强兵。用现代的语言概括,齐国所采取的是绥靖政策,妥协、孤立、跟其他国家不合作,看到其他的国家被攻击的时候也不援助,所以到最后也难逃灭亡之命运。

历史的大趋势难以扭转,但具体到这些亡国的细节,还是不免令人掬一把辛酸泪。当然,最重要的是要总结出历史的经验教训。

第二节 齐威王与邹忌:门庭若市

门庭若市。出自《战国策·齐策一》。

有一天,齐威王下达了一则政令:"群臣吏民,能面刺寡人之过者,受上赏;上书谏寡人者,受中赏;能谤议于市朝,闻寡人之耳者,受下赏。"令初下,群臣进谏,门庭若市。数月之后,时时而间进。期年之后,虽欲言,无可进者。

齐威王的诏令中说,不论是官是民,能当面指责他的过失的,受上等的赏赐,能上书劝谏的,受中等的赏赐,能在大庭广众之下批评朝政,只要他能听到,受下等的赏赐。诏令刚刚颁布时,大臣们都来进谏,朝堂门庭若市,像市场一样。过了几个月,时不时还有谏言上奏。一年之后,人们即使想进言,也没有什么可说的了。

门庭若市是说门前和院子里头就像是市场一样,形容人非常多,非常热闹,放在原文中是形容来进谏的人非常多,给齐王提了非常多有意义的建议。

旷兮,其若谷,就是说听得进别人意见的人的胸怀像山谷一样宽阔。齐威王可以称得上"旷兮,其若谷"。

在齐威王广开言路之后,燕、赵、韩、魏闻之,皆朝于齐,此所谓战胜于朝廷。内政修明,不用兵就战胜了他国。这里边涉及两个人物,一个是我们始终在表扬的齐威王,还有一个就是给齐威王出这个主意,让齐威王能够广开言路的邹忌。

史书记载,邹忌非常俊朗,形貌昳丽,而且非常善辩,口才非常好。他知道齐威王比较喜欢音乐,所以就鼓琴自荐,技艺非常高超,引起了齐威王的注意,并且他还用治大国若调音律的言辞博得了齐威王的赞赏,被任命为齐国的国相。他被任命为国相之后,以自己为例来劝谏齐威王。

朝服衣冠窥镜，谓其妻曰："我孰与城北徐公美？"其妻曰："君美甚，徐公何能及君也！"城北徐公，齐国之美丽者也。忌不自信，而复问其妾曰："吾孰与徐公美？"妾曰："徐公何能及君也！"旦日，客从外来，与坐谈，问之客曰："吾与徐公孰美？"客曰："徐公不若君之美也！"明日，徐公来，孰视之，自以为不如；窥镜而自视，又弗如远甚。暮，寝而思之曰："吾妻之美我者，私我也；妾之美我者，畏我也；客之美我者，欲有求于我也。"

邹忌对齐威王说，他早晨起床穿戴好衣帽，照着镜子问他的妻子："我跟城北的徐公比哪一个更美？"他的妻子就说："您太美了，徐公怎么能赶上您呢！"但城北的徐公是出了名的美男子，邹忌就不太自信，又去问妾："我和徐公哪个更美？"妾也说："徐公哪里比得上您呢！"第二天，家中有客人到访，邹忌跟他坐着闲谈，又问："我跟城北徐公哪个更美呀？"客人说："徐公比不上您，差远了！"第二天，徐公来到邹忌家，邹忌细细打量，自愧不如；拿起镜子再仔细地看，更觉得远远不如。然后晚上就躺在床上思量，领悟到一个道理：妻子说自己美，是因为偏爱；侍妾说自己美，是因为畏惧；客人说自己比徐公俊美，是因为有事相求。

故事讲完，他要表达的意思也就非常明确了。作为一国之君，身边的人敢跟他说实话吗？于是，邹忌对齐王说：

今齐地方千里，百二十城，宫妇左右，莫不私王；朝廷之臣，莫不畏王；四境之内，莫不有求于王。由此观之，王之蔽甚矣！

有的是偏爱，有的是畏惧，有的是有所求，齐王身边这些人哪个会讲真话？如今齐地纵横千里，有一百二十多个城邑。宫中的妃嫔、左右的近臣没有不偏爱齐王的；大臣没有不畏惧齐王的；齐国上下没有不有求于齐王的。所以齐王受到的蒙蔽一定不会少呀。

一语点醒梦中人，齐威王听后茅塞顿开，下令悬赏招谏，于是就有了门庭若市的盛况，也促使齐国走向强盛。齐威王也是齐国历代君主中非常杰出的一位。

魏惠王与齐威王处于同一时代，不妨将两位王参照，以更好地体现齐威王的特点。《齐策一·秦假道韩魏以攻齐》中记载：

秦假道韩、魏以攻齐，齐威王使章子将而应之。与秦交合而舍，使者数相往来，章子为变其徽章，以杂秦军。候者言章子以齐入秦，威王不应。顷之间，候者复言章子以齐兵降秦，威王不应。而此者三。

这个故事主要体现了齐威王用人不疑、疑人不用的作风。

秦国攻打齐国，齐威王派章子应战，章子与秦军对阵，军使往来频繁探听消息，所以章子把军旗换成秦军的样式，派部分将士混入秦军，这在战争中是经常出现的。可是探兵看不清楚，回来说章子率齐降秦了，齐王听了之后没什么反应，不一会儿又一个探兵来报告，说章子已经率齐军降秦了，齐威王听了之后还是没什么反应。后来又有一个探兵说章子已经率齐军降秦了，齐威王仍然没什么反应。

如此经过几次报告，一个朝臣就对齐威王说，报告的人虽然不同，可是内容却相同，众口一词啊，大王为什么不管呢？齐威王说章子绝对不会背叛他。

齐威王为何如此笃定呢？他是如何判定章子的品行的呢？

夫为人子而不欺死父，岂为人臣欺生君哉？

齐威王说："我知道他作为人子，都不敢欺骗死去的父亲，难道他作为人臣还能欺骗活着的君王吗？"他看重的正是章子这个人的孝。这也就是孔子所说的"其为人也孝悌，而好犯上者，鲜矣；不好犯上，而好作乱者，未之有也"。

《道德经》第三十三章首句说："知人者智，自知者明，胜人者有力，自胜者强。"齐威王知人善任，也对自己的判断有充足的把握，明君也。

除了善于纳谏，知人善任，齐威王还非常重视人才。得人才者得天下，自古及今，皆是如此。

有一天，齐威王和魏惠王相约狩猎。魏惠王向齐威王炫耀他的宝物，是直径一寸（一寸约合三厘米）可以照亮前后十二辆车子的十枚宝珠。并说魏国是小国都有宝贝，齐国这么大，难道没有宝贝吗？齐威王说："我对宝贝的看法和你不一样。我有大臣檀子，镇守南城，楚人不敢来犯，泗水之滨十二诸侯皆来朝贺。我有大臣盼子，镇守高唐，赵国人不敢到黄河捕鱼。我有官吏黔夫，镇守徐州，前来投奔的百姓有七千余户。我有大臣种首，让他防备盗贼，则出现了道不拾遗的景象。对我来说，宝物正是我这些能够镇守四方、治国安民的臣子，他们能够光照千里。"有这么多能臣，也是齐威王门庭若市的一种体现。魏惠王闻言自惭形秽。

齐威王广纳贤才，从善如流，励精图治，使齐国日益强盛，称霸一方。求贤若渴之心堪比我们前面盛赞的魏文侯。除了拜邹忌为相,齐威王还任命孙膑为军师,让一个双腿残废的人担任军师,也足见齐威王爱才之心了。

反观魏惠王,心胸狭隘,任人唯亲。孙膑、吴起、商鞅都先后从魏国出走,帮他国成就霸业。从魏惠王与齐威王比宝之事,就可以分辨两人眼界见识之高低。魏国之后日渐衰弱也是情理之中的事。

所以说,兼听则明,偏听则暗,也是我们从门庭若市中得到的智慧。

除了魏文侯、齐威王,说到善于纳谏的明君,必然要提到唐太宗和他的名臣魏征之间的故事了。唐太宗曾问魏征,人主何为明,何为暗?魏征回答他,兼听则明,偏听则暗。所以说齐威王是战国时代比较伟大的君主。

齐桓公和齐威王的时代,是齐国八百余年历史上的黄金时代。

第三节　齐宣王与颜斶:安步当车

安步当车出自《战国策·齐策四·齐宣王见颜斶》。

安步指的是缓慢的步行,以从容的步行代替乘车,说的是一种悠然自得、平静舒缓的状态,借指人能安于贫贱,自得其乐。

颜斶辞去曰:"夫玉生于山,制则破焉,非弗宝贵矣,然夫璞不完。

士生乎鄙野,推选则禄焉,非不得尊遂也,然而形神不全。斶愿得归,晚食以当肉,安步以当车,无罪以当贵,清静贞正以自虞。……"

颜斶是一个隐士,属于道家的人物,齐王要封赏他,他就推辞,说美玉产于深山,雕琢便破坏了天然本色,不是不宝贵了,只是本来的面貌已不再完整。士大夫生于乡野,经过推荐选用而接受俸禄,不是不再尊贵了,但形神从此难以完全属于自己。所以颜斶还是想回到乡下,晚一点饿的时候再吃饭,即使不好的饭菜,也能像吃肉一样津津有味,用缓行慢步代替乘车,把不犯王法当作富贵,清静无为,自得其乐。

作为齐国著名的隐士,颜斶是在什么情况下,又为什么会对齐宣王说这番话呢?

齐宣王听说了颜斶的高明,就召颜斶进宫觐见,颜斶走到殿前的台阶下时,看到齐宣王在大殿上面站着,等着拜见,他就停止脚步,不再向前走了。然后就有了这样一段对话。

齐宣王见颜斶,曰:"斶前!"斶亦曰:"王前!"宣王不悦。左右曰:"王,人君也。斶,人臣也。王曰'斶前',亦曰'王前',可乎?"斶对曰:"夫斶前为慕势,王前为趋士。与使斶为趋势,不如使王为趋士。"

齐宣王召见颜斶,对颜斶说:"你上前来。"颜斶说:"大王上前来。"齐宣王满脸不悦。旁边的一帮大臣就开始起哄,说:"大王是一国之君,你颜斶只是区区一个草民,大王唤你上前,你还唤大王上前,各命向前,成何体统?"颜斶就说:"我上前是趋炎附势,贪慕权势,大王过来是谦恭待士,与其让我蒙受趋炎附势的恶名,不如让大王获取礼贤下士的美誉。"

齐宣王生气地问:"颜斶,是君王尊贵还是士人尊贵?"一般人可能回答还是大王尊贵。但颜斶却说自然是士人尊贵而王者并不尊贵。然后开始举例子了,以前秦国征伐齐国,秦王下令有敢在柳下惠坟墓周围五十步以内打柴的,一律处死,绝不宽恕。又下令能取得齐王首级的封侯万户,赏以千金。由此可见,活着的国君的头颅都比不上死去的贤士的坟墓。宣王听到这个例子内心很不高兴。

然后颜斶又说了一段话:

老子曰:"虽贵必以贱为本,虽高必以下为基",是以侯王称孤寡不谷,是其贱之本与!非夫孤寡者,人之困贱下位也,而侯王以自谓,岂非下人而尊贵士与?

为什么说颜斶属于道家的人物?因为他引经据典,引的就是《道德经》第三十九章中的"贵以贱为本,高以下为基",不过句式稍微变了一下,而且还说孤寡不谷都不是什么好词儿,为什么侯王用来自称呢?要表达什么呢?他们在用这种称呼告诫自己,不要总觉得自己是高高在上的王,要珍视平民百姓的生命,要注重贤士,如果忘记了贵以贱为本,高以下为基,那最后就会沦为孤家寡人,甚至是吃不上饭被饿死。

隐士颜斶的这么一套引经据典的宏论,把齐宣王说服了。齐宣王可是一个好大喜功、眼高于顶的人,却想拜颜斶为师,一般人会觉得机会来了,但颜斶却拒绝了:

制言者王也,尽忠直言者斶也。言要道已备矣,愿得赐归,安行而反臣之邑屋。

颜斶说,发号施令的是大王,秉忠直谏的是颜斶,他要说的话已经十分明了,希望大王能赐他还家。颜斶确是知足之人,返璞归真,则终身不受辱。知足不辱,知止不殆,可以长久。欲望是没有止境的,懂得知足才会有真正的幸福。知足不辱,知止不殆,止就是边界,知道边界底线在哪,这样事业人生才能获得持续发展。

苏轼曾在《东坡志林》收录的一篇文章中评论过颜斶,说颜斶"巧贫"。苏轼说没有穷过的人是不会知道的,饿得要命的时候吃什么都香,饿得要命的时候吃草木就像八珍,吃饱了再吃八珍就像草木。所以说晚食以当肉就叫"巧贫",贫有贫的活法。

讲完了颜斶,再来了解一下齐宣王。齐宣王有一个很大的贡献就是光大了稷下学宫。齐宣王看到秦国招揽贤士,越来越强大,就不惜耗费巨资招徕天下各派文人学者来到齐国的稷下学宫,比如说先是遵从道家后追随法家的慎到,也叫慎子,比如说虽然受了刑,但是智慧很高的淳于髡,都来了,有七十六个人被封为上大夫,都赐给府宅。他们没有担任具体官职,但均可自由发表主张。孟子、荀子都来过稷下学宫,稷下学宫亦成为战国时期百家争鸣的重镇。在治国方面,齐宣王却是表现平平,这我们在前文已经提到,特别是对燕的不当举措留下了巨大的隐患。

第四节　齐湣王与王孙贾：倚门倚闾

倚门倚闾出自《战国策·齐策六·王孙贾年十五事湣王》。倚就是倚靠。闾，古代里巷的门，也就是我们现在常看到的类似街巷和胡同的门。倚门倚闾就是说父母十分盼望子女归来，有慈母望子、倚门倚闾这样的说法。

王孙贾年十五，事湣王。王出走，失王之处。其母曰："女朝出而晚来，则吾倚门而望；女暮出而不还，则吾倚闾而望。女今事王，王出走，女不知其处，女尚何归？"

王孙贾十五岁，侍奉齐湣王。齐湣王国破逃亡，王孙贾不知道齐湣王逃到什么地方去了。他的母亲说："你早晨出去晚上回来，我就倚门向远处望着等你；你晚上出去不回来，我就倚着里门向远处望着等你。你如今侍奉君王，君王逃走了，你不知道他的下落，你还回来干什么？"

这件事成了一个很重要的典故"齐贤母三教王孙贾"，元杂剧里边有这一出。母亲用自己的行为教导儿子，要忠义。历史上有很多伟大的母亲，比如说岳母，为岳飞刺字让他为国尽忠，孟母三迁培养儿子，《三国演义》里还有徐庶的母亲，一听徐庶为救自己投降曹操，便自杀了。王孙贾的母亲用母子之情来诠释君臣之义的精要。有这样的母亲,才有了后来王孙贾惊天动地的一举。

齐湣王是齐宣王的儿子,这个人好大喜功,在他的时代,齐国强盛到了极点,齐湣王却四面树敌,结果是国虽大,好战必亡。对外好战,对内刚愎自用,君臣离心。

说到齐湣王四面树敌,其中一件重要的事情就是齐湣王称帝。秦昭襄王想称帝,但是不想被天下诸侯群起而攻之,就拉上强大的齐国一起。秦王称西帝,湣王称东帝。这件事引发众怒,所以后来苏秦的弟弟苏代就劝说齐湣王放弃帝号。

第二件事是灭宋。宋国虽然很小,但它的地理位置非常重要,可以说是中原的中心。其实各国都想占领宋国,但一直都没能成功。齐湣王一直攻打宋,可以说矢志不渝。第三次伐宋的时候,孤立无援的宋国终于被吞并了,但是齐国也因此彻底地失去了楚国和韩、赵、魏等国的支持。

称帝树敌,灭宋又树敌。四面树敌,导致了后来的五国联合攻击。

对内刚愎自用,导致君臣离心。在《战国策·齐策六》中,有一篇《齐负郭之民有狐咺者》。说齐都的临淄有一个叫狐咺的人,他直言批评了湣王的过失,然后就被湣王给杀了。齐国的宗室里面有一个叫陈举的人,也直言批评了齐湣王的朝政,也被杀了。还有一位司马穰苴为政素有美誉,天下人都称赞他,但是也被齐湣王诛杀了。这样一来,便无人再愿意亲附齐湣王了。最后,走到了内忧外患的边缘。

有一场战役虽然在历史上不太著名,可是对齐国影响很大,被叫作垂沙之战。垂沙在什么地方呢？在楚国，如今的河南唐河一带。以齐国为首的中原三国——齐国、韩国、魏国，联手向楚国发难，楚怀王迎击三军，双方夹沘水相持六个多月。齐国大将不知道哪个地方水深，哪个地方水浅。有一个樵夫说有重兵守的地方就水浅，没有重兵守的地方就水深。于是齐军将领就从三军中选精兵，连夜渡河袭击楚军，楚军也因为连续六个月相持而放松了戒备，被打败了。这对齐国来说本来是一次胜利。可是这次战争让齐国元气大伤，楚国更是遭遇重创，秦国反而从中得利。

所以当年诸葛亮老劝关羽，得和吴联合，外交是很重要的。齐国四面树敌后，老仇人燕国开始有了动静，准备复仇了。这就是我们要说的五国伐齐。燕昭王想报当年燕国差点被齐国灭掉的仇，他派乐毅率领燕、秦、赵、韩、魏五国联军攻齐。首战为济西之战，齐国派了触子带兵迎战，但是齐国大败，触子不知所终，另一个将军达子收拾了残兵败将，重整旗鼓跟燕兵苦苦作战，按理说此时应该犒赏军士。当时达子就请求湣王犒赏军士，但是湣王不愿意，齐军再次败北，然后燕军攻入齐都，齐湣王就逃走了，逃到了莒。

再来说说济西之战。领兵的大将叫触子，触子是很稳重的人，一开始他采取的策略是坚守，齐湣王很恼怒，天天逼迫他开战，不打就刨人家祖坟。触子觉得时机不对，又怨恨湣王，刚一出兵，便又鸣金收兵，齐国大败。济西之战一败，五国联军在名将乐毅率领下，一路猛攻，不但齐国夺取的燕国城池都被抢回去了，齐国的七十余座城池也被燕国所占领，就剩下两座城。

齐湣王跑到卫国去，卫国一开始很礼待他，还臣服于他，但因为齐湣王很傲慢，卫人把他赶走了。他又跑到邹国、鲁国，还是非常傲慢，都已经败到这个程度了还摆架子，结果又被人家赶走了。最后到了莒这个地方。这时候楚国开始出兵了，表面上是帮齐国，派了一个大将淖齿。淖齿领兵有些成效，所以齐湣王就任淖齿为相，但对淖齿也非常傲慢。最后淖齿竟把齐湣王吊在房梁之上剥皮抽筋。历史上有那么多皇帝，不少下场都非常惨，可要说死得最惨的，应该就是这位齐湣王了。

王孙贾在母亲的激励之下，干了一件什么事呢？

王孙贾乃入市中，曰："淖齿乱齐国，杀湣王，欲与我诛者，袒右！"市人从者四百人，与之诛淖齿，刺而杀之。

王孙贾就走上街市，说："淖齿在齐国作乱，杀了湣王，谁跟我去讨伐淖齿，就脱下右边的衣袖。"一呼百应，跟随者有四百人，结果这一股民间力量把淖齿给杀掉了。王孙贾也成了历史上有名的少年英雄，自古英雄出少年。虽说这位英雄有愚忠之嫌，但"忠"的精神值得称赞又是另一回事。

齐湣王本来有资本带领齐国统一天下，可是他刚愎自用，不能采纳谏言，众叛亲离，好大喜功，将士离心，最终被剥皮抽筋。可以说齐湣王死于自己的傲慢，也死于自己的嚣张，死于自己的好战。

第五节　田单与齐襄王：长剑拄颐

长剑拄颐出自《战国策·齐策六·田单将攻狄》。

齐婴儿谣曰："大冠若箕，修剑拄颐，攻狄不能，下垒枯丘。"

拄颐，即顶到面颊，长剑拄颐指佩剑很长，上端几乎触到面颊。在古代，佩长剑是一种身份和地位的象征，所以长剑拄颐也指代达官显宦。

齐国的小孩子们唱着一首歌谣："大帽像簸箕，长剑支下巴，攻狄攻不下，白骨堆成山。"长剑拄颐的达官显宦就是田单。

济西之战后，四国退兵，乐毅继续率领燕国的军队攻齐，最后齐湣王田地被杀，齐国就剩下两座城池了，莒地和即墨，所以田单就率族人以铁皮护车轴逃至即墨。当时的车轴是木头的，一撞就断了，田单用铁皮护住车轴就能大大提高车子的安全性，大家觉得这人蛮有智慧，就推举他作为守城的主将，率领全城军民抵抗燕军。双方交战五年，田单先以反间计调走乐毅，再以火牛阵破敌，复齐国故土，田单确实能力很强。沧海横流，方显英雄本色。可是这么厉害的英雄，这次遇到麻烦了。看没看出童谣对他的讽刺？怎么回事呢？

田单将攻狄，往见鲁仲子。仲子曰："将军攻狄，不能下也。"田单曰:"臣以五里之城,七里之郭,破亡余卒,破万乘之燕,复齐墟。攻狄而不下,何也?"上车弗谢而去。遂攻狄,三月而不能克之也。

我们经常说骄兵必败,田单和燕国作战取得了非常大的胜利,现在攻打狄这么一个小地方,根本没当回事。但很有豪气也很有智慧的鲁仲子,也就是鲁仲连却跟他说:"将军此去攻打狄地,我看不能攻克。"

田单不以为然,说自己曾凭借五里的内城、七里的外城,率领国家破亡后的残兵败将,打败了拥有万辆兵车的燕国,恢复了齐国,怎么可能攻不下一个小小的狄城?结果连攻三月攻不下来。田单遭受了重创,他又想起了鲁仲连的话。

田单还不错,一看形势不对,想起了鲁仲子说的话,还知道反思。

田单乃惧,问鲁仲子曰:"先生谓单不能下狄,请闻其说。"鲁仲子曰:"将军之在即墨,坐而织蕢,立则丈插,为士卒倡曰:'可往矣,宗庙亡矣,云日尚矣,归于何党矣。'当此之时,将军有死之心,而士卒无生之气,闻若言,莫不挥泣奋臂而欲战,此所以破燕也。当今将军东有夜邑之奉,西有淄上之虞,黄金横带,而驰乎淄、渑之间,有生之乐,无死之心,所以不胜者也。"

这段话非常精彩。

田单又去请教鲁仲连:"先生,当初您就说我攻不下狄地,请把原因告诉我吧。"鲁仲连就说:"将军在困守即墨的时候,坐下就编草筐,站起来就铲土,把自己当作普通士兵,还教导战士们说:'我们已经无处可去了,国家已经灭亡了,能归向何处呢?'所以当时将军有死战之心,战士没有贪生之念。听了将军的话所有人都挥泪振臂请求决一死战,这就是打败燕国的原因。而今将军东面的封地能提供丰厚的俸禄,西面有淄水的景色可以娱乐,腰系黄金的带钩,骑马、驾车驰骋在淄水、渑水之间,可谓声色犬马。有活着的欢乐,没有赴死的心情,这就是不能取胜的原因。"

鲁仲连这段话可谓意味深长,田单是怎么做的呢?

田单曰:"单有心,先生志之矣。"明日,乃厉气循城,立于矢石之所,乃援枹鼓之,狄人乃下。

田单说:"我有必胜的决心,先生您就等着瞧吧。"第二天田单亲自去前线鼓舞士气,巡视地形,站在弓箭和雷石都能打到的地方,这叫亲赴前线,并且亲自击鼓,狄城终于被攻下。田单又立奇功。我们来看看田单的口碑。这段有关田单解裘救人的记载出自《齐策六·燕攻齐齐破》。

田单相之过淄水,有老人涉淄而寒,出不能行,坐于沙中。田单见其寒,欲使后车分衣,无可以分者,单解裘而衣之。襄王恶之,曰:"田单之施,将欲以取我国乎?不早图,恐后之。"

有一天田单路过淄水,看见一位老者赤足渡河被冻坏了,僵坐在岸边的沙土上不能行走。田单看见老者很冷,就让随从分件衣服给他,但随从们又没有多余的衣服,只有他有,田单就脱下自己的皮裘送给老者。这件事在齐襄王看来,就是收买人心,所以他说:"田单这样用小恩小惠来收买人心,莫非要图谋我的王权富贵?如果不早早防备,怕有后患。"自古以来,功高盖主是很容易出问题的。

通过田单,我们评价一下齐襄王。其实齐襄王在历史上的评价并不高,为君也没什么本事,得知田单解裘救人就立即感到危险,总是防备田单,听信谗言,田单曾光着脚脱了上衣,战战兢兢地去向齐王请罪,但是看起来也没能打消齐襄王的怀疑。所以后来田单的结局就是"离齐赴赵"。

赵国对田单还是很尊敬的,田单也帮赵国攻下了三座城,后来还成为赵国的国相。齐王把如此有才干的能臣逼走,真可谓"自作孽,不可活"!

第六节　君王后与齐王建:齐后破环

齐后破环出自《战国策·齐策六·齐潜王之遇杀》:

(秦王)尝使使者遗君王后玉连环,曰:"齐多知,而解此环不?"君王后以示群臣,群臣不知解。君王后引椎椎破之,谢秦使曰:"谨以解矣。"

君王后是一种尊称,她是齐襄王的王后,齐王建的母亲。

有一天,秦王派使臣给君王后送去一副玉连环,说齐国人都很聪明,那能解开这个玉连环吗?君王后把玉连环拿给群臣看,群臣面面相觑,不知道怎么解开。结果君王后拿着一个槌子,直接把玉连环锤破了,并告诉秦王的使者玉连环已经被解开了,可以说是智屈秦使。

其实历史上对君王后破环有很多不同的解读,其中一种说法是赞扬她的果敢。因为环象征着秦国的刁难,不破不立,就直接锤破了。但事实上没有这么简单。这个环象征着合纵,秦国拿这个是来探听齐国的想法的。君王后悟出了这一点,破环就意味着退群不再参与合纵。看似彬彬有礼,实则暗藏杀机的秦齐斗智,虽然难住齐国群臣,但君王后却在谈笑间"引椎椎破之"。以常规的思维,这玉连环是不可破的,可是君王后却以超常思路,于"破"中得最佳之"解"!

君王后对秦国的态度很有智慧,所以破环就是宣告一个态度,齐国不再参与合纵了,那秦国对齐国是不是也应该采取怀柔的方式,而不是像攻打其他六国那样?

除了破环,君王后还有非常著名的一段经历,就是她在那个年代大胆地追求自由婚姻的经历。以下引文出自《齐湣王之遇杀》:

齐湣王之遇杀,其子法章变姓名,为莒太史家庸夫。太史敫女奇法章之状貌,以为非常人,怜而常窃衣食之,与私焉。莒中及齐亡臣相聚,求湣王子,欲立之。法章乃自言于莒。共立法章为襄王。襄王立,以太史氏女为王后,生子建。

齐湣王被杀,他的儿子田法章逃到莒地,改名换姓,做了莒地太史敫家的仆人,这很像公子落难的桥段,并且因祸得福了,为什么呢?因为太史敫的女儿一看见田法章相貌非凡,非常喜欢他,经常去照顾,后来两个人还私订终身。现在私订终身没有什么,在那个时代却是大逆不道之举。

在莒地,大臣们聚在一起,寻找湣王的儿子,想立他为王。法章承认自己就是太子,于是大家就立他为襄王,襄王既立,又把太史敫的女儿迎回来了,立为王后,并生了齐王建。但是那个时代私订终身这件事情不会这么简单就结束,毕竟家里还有一个老父亲呢,太史敫会怎么看呢?

太史敫曰:"女无谋而嫁者,非吾种也,污吾世矣。"终身不睹。君王后贤,不以不睹之故,失人子之礼也。

齐鲁之地多恪守礼仪,太史敫就说他的女儿没有通过媒人就出嫁,就不再是他们家的后代,实在是给他丢尽了脸,他永远不会再见女儿。但是太史敫的女儿做了王后还是非常有礼有节的,没有因为父亲和她断绝关系而不顾对父母应有的礼节,也经常回到娘家看望父母,而且对娘家人也非常好。

从这件事我们可以看出,少女时代的君王后就非常独立果敢,且贤惠知恩。齐王建继位的时候,才十五岁。君王后就从幕后走到了台前。齐王建在位四十多年,前期很多重要的决策都是出于君王后。《战国策》中有明确记载:

襄王卒,子建立为齐王,君王后事秦谨,与诸侯信,以故建立四十有余年不受兵。

君王后很贤德,长期执掌齐国政权,与秦连横,交往谨慎,与诸侯讲求诚信,齐国四十多年未经受战争。四十多年没打仗,在战火连绵的时代能保持四十年和平,争取发展,是十分难得的。

但在当时,四十多年没有战争是不是绝对的好事呢?不见得。

其他国家都被秦国吞并了,齐国也不能独存。所以说对君王后的策略也需要辩证地看待。并且君王后走到前台,母强子弱,直接导致了齐王建的无所作为。齐王建最大的缺点应该就是没有担当意识。有事实为证。齐王后临终之时,她想做一件事。

及君王后病,且卒,诫建曰:"群臣之可用者某。"建曰:"请书之。"君王后曰:"善。"取笔牍受言。君王后曰:"老妇已亡矣!"

君王后病危的时候告诫齐王建,群臣当中谁谁谁可用,名字都说出来了,比如说张三可用。可齐王建竟然说让君王后等他把笔墨拿来再说。君王后说好。结果等齐王建把笔墨拿来后,齐王后长叹一口气说:"算了,我也忘记了。"是真的忘记了吗?

分析一下,第一种可能,应该是这个母亲很绝望吧,扶了一辈子都扶不起来,连几个人名都记不住,所以觉得就算了吧,不教了,不可教。当然,齐王建的无能,做母亲的也有责任。什么事都替他拿主意,突然有一天需要独自承担的时候,自然适应不了,担不起来。

还有一种可能,或许齐王后也担心,担心自己推荐的人,惹得齐王建猜忌,害怕他们像母亲一样左右自己,反而给除掉了。这也是一种可能。

齐王建十六年君王后去世了,谁来辅佐呢?他的舅舅后胜。齐王建对后胜的话还是言听计从,可结局如何呢?

> 君王后死后，后胜相齐，多受秦间金玉，使宾客入秦，皆为变辞，劝王朝秦，不修攻战之备。

我们现在经常讲坑爹，历史上还有这么一个坑外甥的舅舅，不仅坑外甥，把自己的国家也给坑了！齐王建的舅舅非常贪财，接受了秦国间谍很多金玉，所以齐国派去秦国的谋士回来后都对齐王建说一些符合秦国利益的伪诈之辞，他们都劝齐王建追随秦国，却不让他考虑备战的事情。我们经常讲好战必亡，比如齐湣王，但在齐王建这里，就是忘战必危。

秦国攻齐时，齐国政局混乱，军心懈怠，无人愿战也无人敢战，都被吓破胆了，齐王建又听从后胜的建议投降。秦王政将齐王建安置在共地，但不给食物，齐王建最终被饿死了。齐人编了一首歌谣：<u>悲耶，哀耶，亡建者胜也</u>。我们的国家灭亡了，多么悲凉的事情呀。谁导致了这个悲惨的结局呢？是王上的舅舅后胜。秦国统一中国的时间是公元前221年，也正好是齐国被灭掉的这一年，齐国是六国中最后被灭掉的。

至此，六王毕，四海一。

第三编

战国四公子

自古以来，人才都是一个国家不可或缺的财富，在诸侯并起的战国时代亦是如此。战国末期，秦国越来越强大，各诸侯国贵族为了抵抗秦国的入侵，竭力网罗人才。他们礼贤下士，广招宾客，以扩大自己的势力，因此养"士"（包括学士、策士、方士或术士等）之风盛行。当时，以养"士"著称的有魏国的信陵君魏无忌、齐国的孟尝君田文、赵国的平原君赵胜、楚国的春申君黄歇，后人称之为"战国四公子"。

这赫赫有名的四公子，到底是才品俱佳的真贤士，还是沽名钓誉的假道人？在他们的背后有着怎样的典故，其中又有哪些充满智慧的做法值得我们去学习呢？让我们一起走近战国四公子。

第十四章　孟尝君田文

第一节　孟尝君·冯谖弹铗

孟尝君名叫田文，妫（guī）姓，田是他的氏，比如屈原是芈姓，但他是屈氏。这里要简单说一下姓与氏在当时的区别。姓，表示有同样的血缘关系,是代表一个家族或者一个族群血缘关系的符号;氏,就是在这个血缘关系之下进一步的分支。简单说,古人的姓是随着自己的血缘传承而来的,而氏则是受封而来的,是一种后天获得的身份符号,相当于一种荣耀。

孟尝君是赫赫有名的齐威王的孙子,孟尝君的父亲叫田婴,被封到薛国,薛地在今山东枣庄滕州附近,因此他的父亲靖郭君田婴即是"薛公"。而田文的字为孟,封地在尝邑,所以他被大家称为"孟尝君"。后来,田婴死,孟尝君田文继承薛国,也称"薛公"。

孟尝君是一个非常有本事的人。当年合纵韩魏攻破函谷关,就是孟尝君策划的,这是历史上赫赫有名的战役。只是孟尝君因与齐王有矛盾,从自己的母国齐国跑到了魏国,又率领其他国家来攻打齐国,因此很多人对他还是有看法的。

冯谖是孟尝君的一位门客。冯谖弹铗出自《战国策·齐策四》:"居有顷,倚柱弹其铗,歌曰:'长铗归来乎!食无鱼。'左右以告。孟尝君曰:'食之,比门下之鱼客。'居有顷,复弹其铗,歌曰:'长铗归来乎!出无车。'左右皆笑之,以告。孟尝君曰:'为之驾,比门下之车客。'……后又顷,复弹其铗,歌曰:'长铗归来乎!无以为家。'左右皆恶之,以为贪而不知足。孟尝君问:'冯公有亲乎?'对曰:'有老母。'孟尝君使人给其食用,无使乏。于是,冯谖不复歌。"

上文中的"铗"是指剑或剑把,例如屈原在《楚辞·涉江》中有"带长铗之陆离兮"的句子;"食"是供养之意;"鱼客"是指中等门客。相传孟尝君将门客分为三等：上客食肉且出门可乘车、中客食鱼、下客食菜。冯谖本来是下客，只能吃到素菜，有鱼吃就是升了一级成为中客，而车客便是上客，即出门有车可乘。每当冯谖不满足于现状时，就会弹击着长剑唱歌，弹一次孟尝君就满足他一次。

冯谖靠着柱子弹击着自己的长剑唱歌："长剑啊，咱们还是回去吧，饭里都没有鱼啊！"身边的人把这件事告诉了孟尝君，孟尝君说："行，行，行，给他提供鱼，和门下的鱼客同等对待。"过了一段时间，冯谖又开始弹剑唱歌："长剑啊，咱们还是回去吧，出门都没有车。"身边的人都嘲笑冯谖，又把这件事告诉孟尝君，孟尝君说："给他一辆车，和其他的车客一样。"过了一段，冯谖又开始弹剑唱歌："长剑啊，咱们还是回去吧，没有衣食可以养家。"大家都开始讨厌冯谖，认为这个人简直贪得无厌。孟尝君问他："冯公有亲人吗？"冯谖说："是的，我家中有老母需要奉养。"于是孟尝君田文就派人给他的母亲送去衣食用品，让他无后顾之忧。从此以后，冯谖就再没有弹剑唱歌了。

孟尝君一次又一次满足了冯谖的要求，而此时的冯谖尚未在孟尝君门下立下过一丝半点的功劳。当初刚投奔到孟尝君门下时，孟尝君也曾问他有什么才华，他说没有。现在他竟然还"厚着脸皮"不断要求提高自己的待遇，所以刚开始大家对这个人的印象都不好，甚至鄙视他。直到后来，他在关键时刻挺身而出，帮助孟尝君解决了几个大难题，人们才认识到，冯谖其实是有真本事的。

孟尝君这个人以好客养士、乐善好施而闻名天下，他对待门客不惜

"舍业厚遇"。当然孟尝君父子受封于薛地,资产很殷厚,他也具备"舍业厚遇"的能力。据《史记·孟尝君列传》记载,他门下的食客一度达到三千多人。既然冯谖是一个很有才能的人,那为什么在初来的时候故意说自己是无才无能的人?又为什么要通过这种方式,来引起孟尝君的注意,搞得周围人都鄙视他呢?这都是什么套路呢?从他后来取得成功的结果看,我们不难猜出,决定大干一场的冯谖,其实是要试探一下孟尝君是否真如传说中那般爱才惜才,是否值得自己为其效犬马之劳。当然,想在三千多人的庞大人才队伍中脱颖而出,也是要花点心思的。于是为了试探孟尝君的气量与眼光,冯谖就三番五次地用弹着长剑唱歌的"奇葩"行为,提出无理要求,以引起孟尝君的注意。当然孟尝君确实有容人之量,全都满足了他。当冯谖发现孟尝君是一个不势利、非常大度、值得为其效力的领导时,就竭尽全力效忠孟尝君。从后边的史实中,我们看到冯谖的确不是一个等闲之辈,他是士阶层的代表。

那么,士究竟是一个什么样的阶层呢?

士的本义是做事,演化成名词后就意指领着大家做事的人。其实在春秋战国时期,最初的士指的是知识分子阶层,因为那时候读书学知识是非常困难的,一般人得到一本书都不容易。到了战国时期,士阶层就不断扩大和分化,尤其是到了战国中后期。当时的士都包括哪些人呢?有著书立说的学士,比如荀子;有懂得阴阳历算的方士,比如齐国的邹衍;有为人出谋划策的策士,比如苏秦、张仪、范雎、蔡泽等;还有荆轲、秦武阳、高渐离等,士为知己者死的刺客也是士,他们是为王行刺的勇士。在战国的历史上这些士还是有一定影响力的。

冯谖属于战国的策士,虽然身份是门客,就跟毛遂一样,但就他的贡献而言,绝对可以算得上士中的佼佼者。

由冯谖弹铗这个故事,我们可以看到,孟尝君门下人才济济,冯谖也是人才,却故意把自己说得一无是处,然后又弹铗而歌,借助这种特立独行的方式成功吸引了领导者。这一点对现在的我们也很有启发,就是为自己争取机会,别人都不愿意接手的事情主动接下来,就是善于抓住机遇。酒香也怕巷子深,一个人想要有一番作为,除了具备真才实学外,还要善于或者勇于进行自我推销。像冯谖的这种自我推销,就给个人发展创造了空间。

第二节　孟尝君·狡兔三窟

狡兔三窟,出自《战国策·齐策四·冯谖客孟尝君》:"<u>狡兔有三窟,仅得免其死耳</u>。"狡猾机灵的兔子有三个洞穴,这样也才只是免遭身死而已。现在多用这个成语来比喻隐蔽的地方或者方法多。不过在现代汉语中,该成语具有贬义色彩,通常在表示某人工于心计、为人狡猾时使用。这个故事说的就是冯谖如何为孟尝君田文建立起了三个可供他安身立命的地方。

孟尝君出任齐国国相,而他的封地在薛。有一次孟尝君就问手下的门客:"谁习计会,能为文收责于薛者乎?"这里的计会也就是会计,"责"在这里读 zhài,相当于债务的债。这句话的意思是说谁会算账,能替孟尝君去薛地收老百姓欠他的钱。

话一出口,座下静悄悄的,这时候第一个站出来应答的人居然是被大家鄙视的冯谖。冯谖说了一个字:"能。"他"<u>驱而之薛,使吏召诸民当偿者,悉来合券。券遍合,起矫命以责赐诸民,因烧其券,民称万岁</u>"。

冯谖到了薛地,就假托孟尝君之命,烧了老百姓的借条,免了所有人的债务。薛地人民高呼万岁,衷心感激孟尝君。差事就这样办完了,冯谖回去怎么向孟尝君交差呢?

长驱到齐,晨而求见。孟尝君怪其疾也,衣冠而见之,曰:"责毕收乎?来何疾也。"曰:"收毕矣。""以何市而反?"冯谖曰:"君云'视吾家所寡有者'。臣窃计,君宫中积珍宝,狗马实外厩,美人充下陈。君家所寡有者以义耳!窃以为君市义。"孟尝君曰:"市义奈何?"曰:"今君有区区之薛,不拊爱子其民,因而贾利之。臣窃矫君命,以责赐诸民,因烧其券,民称万岁。乃臣所以为君市义也。"孟尝君不悦,曰:"诺,先生休矣!"

冯谖是来也匆匆去也匆匆,本来让他收债,结果他把借据都给烧了。这件事很有意思,值得仔细研究一下。

冯谖赶着车回来了,马不停蹄,回到齐都,因为当时孟尝君是齐湣王的国相,住在齐都临淄。清早求见,孟尝君问他:"怎么这么快就回来了,债都收了吗?""收了。""买什么回来了?"冯谖说:"主公,您不是说让我看您家缺什么就买什么吗?我一看您这儿,宫中满积珍珠宝贝,外面有猎狗骏马,后庭美女如云,您家里缺的只有仁义啊!所以我用债款给您买来了仁义。"孟尝君听后有点蒙,问道:"仁义是怎么买的?看不见摸不着的。"冯谖说:"现在您拥有小小的薛地,如果您不安抚薛地的百姓,爱民如子,还用这种商贾之道从人民那里牟取利益,那怎么行呢?因此我擅自假造了您的命令,把债款都赏赐给百姓了,顺便把借据也烧了,百姓都欢呼'薛公万岁',这就是我为您买仁义的方式。"孟尝君不开心,说:"算了吧,先生回去休息吧。"看来孟尝君也习惯了这个门客的行事方式,老出幺蛾子,特立独行。但事实证明,冯谖此举效果十分明显,为什么呢?薛地虽然不大,可这是薛公自己的封地,冯谖深知这一点。他这样做正是给孟尝君提前规划退路。

后期年,齐王谓孟尝君曰:"寡人不敢以先王之臣为臣。"孟尝君就国于薛。未至百里,民扶老携幼,迎君道中。孟尝君顾谓冯谖曰:"先生所为文市义者,乃今日见之。"

过了一年,齐王就对孟尝君说:"我可不敢把先王的臣子当作我的臣子。"找借口免掉了孟尝君的职位。被免相的孟尝君只好回自己的封地。没想到还差百里才到薛地的时候,薛地百姓就扶老携幼在路旁迎接孟尝君的到来。见此情景,孟尝君恍然大悟,回头就对冯谖说:"您为我买的仁义,今天我算是看到了。"

当然，冯谖的计谋远不止于此，他对孟尝君说："狡兔有三窟，仅得免其死耳；今君有一窟，未得高枕而卧也，请为君复凿二窟。"

"第二窟"说来有趣："孟尝君予车五十乘，金五百斤，西游于梁，谓惠王曰：'齐放其大臣孟尝君于诸侯，诸侯先迎之者富而兵强。'于是，梁王虚上位，以故相为上将军，遣使者，黄金千斤、车百乘，往聘孟尝君。冯谖先驱，诫孟尝君曰：'千金，重币也；百乘，显使也。齐其闻之矣。'梁使三反，孟尝君固辞不往也。齐王闻之，君臣恐惧，遣太傅赍黄金千斤，文车二驷，服剑一，封书谢孟尝君曰：'寡人不祥，被于宗庙之祟，沉于谄谀之臣，开罪于君，寡人不足为也，愿君顾先王之宗庙，姑反国统万人乎！'"

孟尝君给了冯谖五十辆车子，五百斤黄金，冯谖往西到了梁国(即魏国)，对梁惠王(即魏惠王)说，现在齐国把他的大臣孟尝君放逐到国外去了，哪位诸侯要先迎到他，就可以使自己的国家富庶强盛。于是，梁惠王把相位空出来，把原来的国相调为上将军，虚位以待孟尝君，并派使者带着千斤黄金、百辆车子去聘请孟尝君。冯谖先于梁国使者驱车回去告诫孟尝君："黄金千斤是很重的聘礼，带着百辆车子的是很显贵的使臣，齐国君臣应该会听说这件事的。您不要答应梁王，只是想办法让齐王知道这件事就好。"梁的使臣往返了三次，孟尝君坚决推辞而不去梁。听说此事后，齐国君臣慌了起来，齐王派遣太傅带着千斤黄金、两辆彩车、一把佩剑，写好书信向孟尝君道歉说："我很倒霉，遭受祖宗降下的灾祸，又被那些逢迎讨好的臣子所迷惑，得罪了您，我是不值得您帮助的,希望您能顾念先王的宗庙,姑且回来统率我们齐国的人民吧。"

齐王看到孟尝君人气这么高,为了消除隐患,主动向孟尝君道歉,要重新聘他为国相。那孟尝君是否答应了呢?冯谖又给他出了什么主意呢?

"<u>愿请先王之祭器,立宗庙于薛</u>。"既然齐王喜欢拿祖宗说事,冯谖就告诉孟尝君让他要求在薛地建立宗庙,借宗庙之威仪来保证薛地的安全。等到薛地的宗庙建好以后,冯谖就对孟尝君讲:"<u>三窟已就,君姑高枕为乐矣</u>。"

"狡兔三窟"的故事启示我们应该目光长远,善于分析,未雨绸缪,这样才能进退自如,不会动辄陷入困境。我们从中应该学习的是冯谖的高瞻远瞩,而不能将"狡兔三窟"曲解为狡诈和炒作。

第十五章　春申君黄歇

第一节　春申君·惊弓之鸟

在电视剧《芈月传》里，黄歇被塑造成光彩照人的翩翩公子。在战国时期，黄歇确实也是风度翩翩、辩才出众的人物。黄歇曾在楚国为相多年，可谓战国舞台上的风云人物。黄歇是四公子中唯一不是七国王室之后的成员，从他的姓氏就能看得出来。战国四公子中，孟尝君姓田，是齐威王之孙；平原君姓赵，是赵武灵王的儿子；信陵君姓魏，是魏昭王的儿子。黄歇姓黄，他是黄国人，这个小国被楚国灭掉了。春申君和孟尝君、平原君、信陵君出身不一样，但才华能力却不相上下，遂并列为战国四公子。

春申君对楚国的贡献非常大。

第一是有纵横捭阖的游说之功。黄歇年轻时就到处游学，见识很广，擅长辩论。楚顷襄王时，秦国派军攻打楚国，攻下了楚国的都城郢，迫使楚顷襄王迁都,并向秦国求和,楚顷襄王派黄歇出使秦国。黄歇到了秦国后,听说秦国准备联合韩魏一起攻打楚国,于是开始游说秦王放弃攻打楚国的计划。黄歇认为,秦楚两国是最强大的国家,如果秦国攻打楚国,会使得其他诸侯国得渔翁之利,不如秦楚结盟,一起去攻打其他国家。秦王觉得黄歇的话有道理,于是便停止攻打楚国,并与楚国结盟。黄歇这次在秦国的游说,为楚国立了功,使楚国避免了一次重大的战争灾难。

第二是有拥立之功。楚国太子到秦国做质子,是黄歇陪着去的,这一待就是十年。楚顷襄王病重时,楚太子熊完要回楚国,可是秦王不同意,于是黄歇就去说服和熊完关系不错的范雎。他对范雎说,楚王可能一病不起,如果熊完回楚国继位,那么他会感激秦国,并维护秦楚的关系,否则,楚国会另立太子来对付秦国,秦楚关系就破裂了,熊完也就没有价值了。范雎把黄歇的话转达给了秦王,可是秦王要熊完的老师回楚国探病,回来后再做打算。黄歇有些担忧,便让熊完装扮成楚国使臣的车夫回到楚国,他自己则留在秦国,并以熊完生病为由谢绝来访。秦王知道后很生气,要杀黄歇,范雎认为应该让黄歇回楚国,以示秦国的友善,秦王同意了。黄歇回楚国三个月后,楚顷襄王去世,熊完即位,也就是楚考烈王。可以说,熊完在黄歇的帮助和拥立下,成功回国,并如愿继位。因此,熊完非常感激黄歇,为表彰黄歇拥立的功劳,拜黄歇为令尹,并封为春申君。

第三是辅政之功。春申君在楚国掌权二十余年,其辅政之功非同小可。春申君没有辜负楚考烈王的期望,使楚国再次兴盛。他曾率楚军灭了鲁国,威望大增,也曾在楚考烈王时担任合纵攻秦的盟军首领,使楚国有了短暂的中兴。

春申君这个封号是有来历的。××君是对有封地的臣子的一种称谓,比如商鞅叫商君,他的封地是商地,在今陕西商洛一带。再比如说孟尝君被封到了薛地,大家叫他薛公。

春申君的封地应该在申地,这里本来是片荒凉的地方,而春代表着繁荣,意思是他能让这个地方繁荣昌盛。其实,本来春申君被封的是淮北地区的十二个县,一片很富饶的地方。但春申君是一个有抱负、想有所作为之人,他不要富饶之地,却选择了荒凉之地——申,这个申就在上海附近。直至近现代,上海还有人拜春申君,上海的简称依然是申,因为最早来开发这个地方的人就是春申君黄歇。可见,在历史上作出贡献的人,大家是会记得他的。战国四公子中,信陵君和春申君的名声是比较好的,虽然春申君结局比较凄惨,但是他作出的贡献,已被后人所铭记。

接下来要讲的故事,就与这位春申君黄歇有关。惊弓之鸟,出自《战国策·楚策四·天下合从》:"有间,雁从东方来,更羸以虚发而下之。"更羸是人名,是魏国的一个大臣,著名的弓箭手。更羸会射箭,他能把箭射到出神入化的程度,甚至只是虚拉弓弦就能射下一只大雁,因为那只雁是惊弓之鸟。"惊弓之鸟"的意思是被弓箭吓怕了的鸟不容易安定,比喻受过惊吓的人遇到一点动静就非常害怕。

六国准备合纵抗秦，这在战国时期发生过多次。赵国派出使臣魏加，与春申君商议军事联盟的事情。合纵一般是以楚国为首，不过这次拿事的并不是考烈王，而是这位春申君。魏加与春申君商量，说军事行动要派大将出战，准备派谁呢？春申君说他想派临武君。关于这个临武君，《战国策》中并没有多少记载，其他史书记载说他曾经跟写《劝学》的荀子论过兵，其他没什么记载。

魏加认为，临武君曾经被秦国打败过，他不适合作为抗秦的将领。于是，他讲了魏国善射的更羸的故事，巧妙地说服了春申君。

天下合从，赵使魏加见楚春申君曰："君有将乎？"春申君曰："有矣，仆欲将临武君。"魏加曰："臣少之时好射，臣愿以射譬之，可乎？"春申君曰："可。"加曰："异日者，更羸与魏王处京台之下，仰见飞鸟。更羸谓魏王曰：'臣为王引弓虚发而下鸟。'魏王曰：'然则射可至此乎？'更羸曰：'可。'有间，雁从东方来，更羸以虚发而下之。魏王曰：'然则射可至此乎？'更羸曰：'此孽也。'王曰：'先生何以知之？'对曰：'其飞徐而鸣悲。飞徐者，故疮痛也；鸣悲者，久失群也。故疮未息，而惊心未去也。闻弦音，引而高飞，故疮陨也。'今临武君尝为秦孽，不可为拒秦之将也。"

春申君还是很谦逊的，他跟魏加对话时谦称自己为仆，就像谦称足下一样。一个大国的令尹，对一个外国的使者很谦逊，这个值得我们学习。

天下诸侯联合起来抗秦，赵国派魏加去见楚相春申君黄歇。魏加问春申君:"您已经安排好领兵的大将了吗?"春申君说:"是的,我想派临武君为大将。"魏加说:"我年幼的时候喜欢射箭,我用射箭做个比喻好不好?"春申君说可以。

魏加开始讲惊弓之鸟的故事。从前,魏国善射之人更羸陪同魏王站在高台下,抬头看见远处有一只大雁飞来,他就对魏王说:"我虚拉弓弦不放箭就能让它掉下来。"魏王说:"你的射箭技术竟然高超到这种地步了吗?"更羸自信地说:"可以。"不一会儿,那只大雁从东方飞来,只见更羸虚拉弓弦并未放箭,随着"啪"的一声弦响,只见大雁一头栽落下来。更羸没用箭,只是虚拉弓弦就把它给射下来了。魏王很惊讶地问:"你的射箭技术竟然高超到这种地步了吗?"更羸说:"因为这是一只病雁。"魏王问:"你怎么知道?"更羸说:"这只雁飞得很缓慢,叫的声音又悲切。飞得缓慢是因为它旧伤疼痛;叫得悲切是因为它离开了雁群,成了孤雁。身负旧伤且心存惊惧,一听见弓弦的声音就吓得拼命高飞,使旧伤破裂,无力再飞,就掉落下来了。"故事讲完了,魏加就对春申君说:"临武君曾经被秦军打败,犹如惊弓之鸟,所以派他去担任抗秦的将领是不妥当的。"

"惊弓之鸟"这个成语后世又出现在《晋书·王鉴传》:"黩武之众易动,惊弓之鸟难安。"王鉴是晋朝时的一个大臣,他文笔很好。这话就出自王鉴写给皇帝的奏章,意思是好战的军队容易冲动,被弓箭惊吓过的鸟难以安定。

魏加惊弓之鸟的故事讲得很好,但凡事都不可以绝对,比如说刘邦跟项羽作战，屡战屡败，最后垓下一战而成。如果打了一次败仗就成了惊弓之鸟，再有战事下次就不敢用他了，那他永远是惊弓之鸟，永远没有翻身的机会。所以应该从两方面来看，有的时候"失败是成功之母"，失败了，总结经验教训，反而更有优势。

教育的一项重要内容就是挫折教育。不能因为一次失败就成了惊弓之鸟，不敢再尝试。尤其是在青少年的成长中，要让孩子经受挫折教育，从而愈挫愈勇，在失败中成为越来越坚强的人。正所谓："杀不死我的，只会让我更加坚强。"

第二节　春申君·骥服盐车

骥服盐车出自《战国策·楚策四·汗明见春申君》："夫骥之齿至矣，服盐车而上太行，蹄申膝折，尾湛胕溃，漉汁洒地，白汗交流，中阪迁延，负辕不能上。"

"骥"指的是良马，经常用来比喻贤才。"齿"指年龄，"齿至"是指马到了可以拉车的年龄，有一些译文译作年老，逻辑上说不通；"服"是驾车的意思；"湛"是沉没的意思，这里指马的尾巴无力地垂下来；"胕"同皮肤的"肤"；"漉汁"是指汗水，指马由于疲劳、恐惧等原因而出的汗。

有一匹千里马到了可以驾车的年龄,主人让它拉着盐车上太行山。它吃力地伸着蹄子,弯着膝盖向前走,尾巴下垂,皮肤也溃烂了,汗水滴到了地上,还因为疲劳、害怕浑身直冒汗,拉到半山坡走不动了,驾着车辕不能继续上山。"骥服盐车"是指让千里马驾盐车,比喻用人不当。秦马不如千里马跑得快,但它拉车有"致远"的能力,很稳定。因此,应当人尽其才,物尽其用。

汗明见春申君,候间三月而后得见。谈卒,春申君大说之。汗明欲复谈,春申君曰:"仆已知先生,先生休息矣。"

汗明求见春申君,结果等了三个月才得到接见。见面后春申君也不过就客气客气,寒暄一下,说了些场面上的话,礼节性地表现得非常高兴,汗明就当真了,以为得到了春申君的赏识,想再和春申君进一步共商国是。不料春申君却说:"我已经了解先生了,先生可以去休息了。"

这个场面对于汗明而言,是不是有点尴尬?像一般脸皮薄一点的人,就只好走了,可是汗明不然,他还要再推销一下自己:"汗明憱焉曰:'明愿有问君,而恐固。不审君之圣孰与尧也?'春申君曰:'先生过矣,臣何足以当尧。'汗明曰:'然则君料臣孰与舜?'春申君曰:'先生即舜也。'汗明曰:'不然,臣请为君终言之。君之贤实不如尧,臣之能不及舜。夫以贤舜事圣尧,三年而后乃相知也。今君一时而知臣,是君圣于尧,而臣贤于舜也。'春申君曰:'善。'召门吏为汗先生著客籍,五日一见。"

汗明还是很有智慧的,他很不安地说:"我想问您一句话,又怕您责备我孤陋寡闻。但不问呢,我心中的疙瘩难以解开。不知您跟尧比怎么样?"春申君说:"我不如尧。"汗明又问:"那我跟舜比怎么样?"春申君说:"你就是舜呢。"汗明说不是,他不是舜,春申君也不是尧。

这段问答堪称经典,汗明成功地把春申君引到自己设定好的话题中。别说春申君了,就是楚王也不敢比肩古代圣王尧、舜、禹啊!春申君说自己不如尧,又礼节性地夸赞汗明像舜一样贤能。汗明对春申君说:"事实并非如此,请允许我来为您总结一下。您的圣明不如尧,我的能力也比不上舜。而当年那么贤能的舜效力于圣明的尧,经过三年的时间,尧和舜才真正做到了彼此了解。现在您才和我说了几句话,就说已经了解我了,看来您一定是比尧还圣明,我比舜还贤能呢。"

可以说,这一番问答让春申君感觉到,这汗明好像是个有点思想的人,于是他赶紧让人给汗明做了登记,明确了汗明的门客身份,并规定每过五天汗明就可以受到自己的接见。

虽然关于汗明的详细记载无从考据,但是仅从这一段言论中不难看出,他应该也是战国时代的一位民间高人,也有可能曾经是个高人,现在改名换姓了,来投奔春申君。不过,在那样一个高人云集的时代,他也有可能只是一个口才比较好的普通的策士。这都是推测,可是他这几个巧妙的问题真是挺高明的。

故事说到这里并没有画上句号,这位不甘寂寞想被春申君重用的汗明就给春申君讲了骥服盐车的故事。

君亦闻骥乎？夫骥之齿至矣，服盐车而上太行，蹄申膝折，尾湛胕溃，漉汁洒地，白汗交流，中阪迁延，负辕不能上。伯乐遭之，下车攀而哭之，解纻衣以幂之。骥于是俯而喷，仰而鸣，声达于天，若出金石声者，何也？彼见伯乐之知己也。今仆之不肖，厄于州部，堀穴穷巷，沉污鄙俗之日久矣。君独无意湔拔仆也？使得为君高鸣屈于梁乎？

汗明对春申君讲了千里马拉盐车碰见伯乐的故事。

最后的问句，是谦卑，也是恳求，是把自己比喻为千里马，而把春申君当作自己的知己伯乐："您看我现在困在底层无所作为，住在穷巷的土屋里，埋没在鄙风陋习之中已经很长时间了，您难道无意提拔我，让我像千里马一样为您在太行之巅高声长鸣吗？"

汗明这话确实讲得非常好！伯乐相马这个故事，古往今来曾被无数次引用。最为大家所熟知的莫过于韩愈的《马说》。同样是感慨人才被辱没的现象，韩愈以其高超的笔法塑造了千里马的形象，既在文章中表达了深刻的哲理，又使文章充满了诗歌的韵味。

总之，从古至今，关于识人、用人一直是个热门话题。前面讲过李白的《与韩荆州书》与齐威王让淳于髡推荐贤人的故事。还有唐初陈子昂的《登幽州台歌》：

前不见古人，后不见来者。

念天地之悠悠，独怆然而涕下。

幽州台就是燕昭王为招纳天下贤士而修建的黄金台，陈子昂的感慨也出于怀才而不遇。

总之,在发现人才和尊重人才这个问题上,最能检验一个领导者的眼光与胸襟。上等领导者是既善于发现人才,又能接纳和优待人才,因为真正的人才所创造的价值,是远远高于领导者给他提供的待遇的。中等的领导者也能识别人才,但总是在给人才的礼遇方面斤斤计较,容易造成人才的流失。第三等的领导者既不具备识别人才的能力,也没有开阔的胸襟,生怕人才功高盖主,不仅不能识别人才,也不会重用人才,甚至会打击人才,到头来只能让自己领导的团队走向衰亡。当然,"骥服盐车"的故事还告诉我们,领导者要善于发现千里马,千里马也要主动展示自己,主动寻找机会,创造机会,而不是一味地被动等待。

第三节　春申君·无妄之灾

所谓天有不测风云,人有旦夕祸福。在战国那样一个纷乱的年代,想要过上几天安稳的日子,的确不是一件容易的事情,即便是王公贵族也得处处提防,能保平安无事,就算是万幸。

春申君位高权重,已经躲过了九十九次危险,本以为万无一失的时候,却突遭横祸,家破人亡。无妄之灾便高度概括了春申君的人生悲剧。所谓月满则亏,物极必反,这些道理在春申君身上体现得太明显了。

无妄之灾出自《战国策·楚策四·楚考烈王无子》:"世有无妄之福,又有无妄之祸。"

这世界有意想不到的福分,也有意想不到的灾祸。通俗讲,就是福祸太难把握了,尤其是无妄之灾。

楚考烈王就是当年由春申君陪同去秦国做质子的太子熊完,后来楚顷襄王去世了,太子熊完在春申君的帮助下回来继位,成为楚考烈王。但是楚考烈王没有孩子,"春申君患之,求妇人宜子者进之甚众,卒无子"。

对于国君来说,没有子嗣的严重性要远远高于普通百姓。楚考烈王无子,春申君为了楚王生子的事操碎了心,但终究无果。按照惯例,王位应由国君的兄弟来承袭,可是有人已经盯上了楚国的王位,酝酿了一个很大的阴谋。春申君被当成一枚重要的棋子,不幸被卷入这场阴谋之中。

赵人李园,持其女弟欲进之楚王,闻其不宜子,恐又无宠。李园求事春申君为舍人。已而谒归,故失期。还谒,春申君问状,对曰:"齐王遣使求臣女弟,与其使者饮,故失期。"春申君曰:"聘入乎?"对曰:"未也。"春申君曰:"可得见乎?"曰:"可。"

赵人李园想把自己的妹妹献给考烈王,可是又听人说妹妹并无生子之相,担心将来得不到考烈王的宠爱。李园就请求做春申君的门客。成为春申君的门客不久,李园请假回家,又故意晚归。回来见到春申君,春申君问他为什么晚归。李园回答说:"齐王派人来娶我的妹妹,我和使者喝酒,结果耽误了回来的时间。"春申说:"送过聘礼了吗?"李园说:"还没有。"春申君说:"可以让我见一下令妹吗?"李园说:"可以的。"

李园欺骗春申君,说齐王派使臣来聘自己的妹妹,自己晚归就是因为和使臣喝酒而误了时间。春申君大概是好奇,说想看看什么样的女子能够被齐王相中,主动提出要见李园的妹妹,岂知这一见误了一生。历史上有一段著名的公案,说当初吕不韦在赵国找了个女子给自己做妾,等其怀孕了再送给在秦国为质的秦王子,又经各种努力让秦王子做了秦王,他和这个赵女的儿子后来继承了王位,所以一直传说秦王嬴政恐怕就是吕不韦的儿子。如果是,这真是处心积虑的算计,但这种记载在《战国策》里也不是独一桩。

园乃进其女弟,即幸于春申君。知其有身,李园乃与其女弟谋。园女弟承间以说春申君曰:"楚王之贵幸君,虽兄弟不如也。今君相楚二十余年,而王无子,即百岁后将更立兄弟。即楚王更立,彼亦各贵其故所亲,君又安得长有宠乎?非徒然也,君用事久,多失礼于王兄弟,兄弟诚立,祸且及身,奈何以保相印、江东之封乎?今妾自知有身矣,而人莫知。妾之幸君未久,诚以君之重而进妾于楚王,王必幸妾;妾赖天而有男,则是君之子为王也,楚国封尽可得,孰与其临不测之罪乎?"春申君大然之。乃出园女弟谨舍,而言之楚王。楚王召入幸之,遂生子男,立为太子,以李园女弟为王后。楚王贵李园,李园用事。

李园把妹妹献给了春申君,得到了春申君的宠爱。当李园知道妹妹有了身孕,就和妹妹商量了一个计谋。李园的妹妹找机会对春申君说:"君王宠信您,就连兄弟也不过如此。现在您位居楚国相位已经二十多年了,可是楚王没有儿子,等到楚王死后继位的必定是他的兄弟。新王继位,必然重用自己的亲信,您又怎么能长久得到宠信呢?您在相位的时间很长,难免对大王的兄弟有许多失礼得罪之处。将来大王的兄弟如果真能登上王位,您定会身遭大祸,又怎能保全相位和江东的封地呢?现在臣妾知道自己怀有身孕,旁人却不知道。臣妾受您的宠爱还不算久,假如能凭您的高贵身份而把臣妾献给楚王,楚王必然会宠爱臣妾。万一臣妾能得上天保佑生个儿子,那岂不是您的儿子当了楚王,到那时楚国的一切都会在您的掌握之中,这和面对着不可预料的罪过相比,哪一个更好呢?"春申君认为非常有道理,就把李园的妹妹安置到一个秘密的地方,向楚王进献。楚王把李园的妹妹召来后非常喜欢,后来她果然生了一个男孩,并被立为太子,李园的妹妹也被立为皇后。考烈王也很重用李园,不久李园便掌握了朝政大权。

这时有个叫朱英的人识破了李园兄妹的阴谋,来提醒春申君让他提高警惕。朱英的这段话非常富有哲理:"世有无妄之福,又有无妄之祸;今君处无妄之世,以事无妄之主,安不有无妄之人乎?"一连用了五个"无妄"!意思是:世人有不测之福,又有不测之祸。如今春申君处在不测的世道中,辅佐着一个随时会有不测的君王,周围哪能没有居心叵测之人呢?

被朱英这么一说,春申君就来了个三连问:"何谓无妄之福?""何谓无妄之祸?""何谓无妄之人?"朱英一一做了回答:"君相楚二十余年矣,虽名为相国,实楚王也。五子皆相诸侯。今王疾甚,旦暮且崩,太子衰弱。疾而不起,而君相少主,因而代立当国,如伊尹、周公。王长而反政,不,即遂南面称孤,因而有楚国。此所谓无妄之福也。""李园不治国,王之舅也。不为兵将,而阴养死士之日久矣。楚王崩,李园必先入。据本议制断君命,秉权而杀君以灭口。此所谓无妄之祸也。""君先仕臣为郎中,君王崩,李园先入,臣请为君劃其胸杀之。此所谓无妄之人也。"

朱英凭借敏锐的眼光,直接识破了李园的阴谋。他告诉春申君:"您做楚相已经二十多年了,虽然名义上是相国,实际上您就是楚王。您的五个儿子皆成为辅佐诸侯的重臣。如今楚王病危,太子幼小,楚王一旦归天,您辅佐幼小的君主,就像古时候的伊尹、周公一样,或者您就可以面南当王掌控楚国,这就是我说的不测之福。""但当前李园虽然还没有执政,但他是太子的舅舅,他不担任领兵的将军,但很早就私下养了一批为他效忠的刺客。楚王一旦去世,李园必将抢先入宫,假托楚王的遗旨,执掌大权,任意专断,杀您灭口,这就是我说的不测之祸。""您现在先任命我做郎中,等到楚王去世,李园如果真的抢先入宫,我就帮您杀掉他,这就是我说的不测之人。"

朱英分析透彻,话语精辟。可是春申君已经深深陷入李园兄妹编织的圈套里,完全听不进去了。

春申君曰:"先生置之,勿复言已。李园,软弱人也。仆又善之,又何至此?"朱英恐,乃亡去。

有的人很会伪装,主人有时候都瞧不上他,可往往就是这样的人才能扮猪吃掉老虎。春申君未能识破李园,他对朱英说:"先生别提这件事了,不要再说了,李园就是一个懦弱之人,我命令他干什么他就干什么,我又待他很好,他怎么能干出这种事呢?"朱英见春申君听不进他的告诫,怕将来受到牵连,就理智地逃跑了,而春申君的结局果然不出朱英所料。

后十七日,楚考烈王崩,李园果先入,置死士,止于棘门之内。春申君后入,止棘门。园死士夹刺春申君,斩其头,投之棘门外。于是使吏尽灭春申君之家。而李园女弟,初幸春申君有身,而入之王新生子者,遂立为楚幽王也。

十几天后考烈王病死了,李园果然抢先进宫埋伏下杀手,等到春申君来时刺杀了他,并且割下他的头扔到宫门外,然后命令手下杀掉春申君全家。李园的妹妹与春申君生下的那个男孩,后来被立为楚王,这就是楚幽王。

春申君被刺身亡,其家族被灭殆尽,何其悲惨!

战国四公子中,齐国的孟尝君最后也被灭了全家,魏国的信陵君也不得志郁郁而终。这四人里结局最好的,反而是被认为相对比较平庸的赵国的平原君,只有他得以善终。

总之,春申君的结局充满了悲剧色彩。朱英反复提到"无妄",无妄之福、无妄之祸、无妄之世、无妄之主、无妄之人,连用了五个"无妄",对乱世中楚国的现状和运势进行了理性评价,细细品味,竟是一语成谶,且带着几分大国没落的悲凉。

再说说春申君,如果不是贪图美色,如果不是轻信小人,自己又有些贪心不足,又怎么会招来无妄之祸呢?行为不当,就要招来祸端,凡事有果必有因,很多事情看似突如其来,实则是遵循着事物发展的内在规律。

第十六章 信陵君魏无忌

第一节 信陵君·窃符救赵

战国四公子中名声最好的是信陵君。信陵君,名魏无忌,是魏昭王的小儿子,魏安釐王的弟弟。他的封地在信陵,所以叫信陵君,信陵在今河南商丘一带的宁陵。信陵君被后世尊为四公子之首,他为人仁厚并礼贤下士,因为有他,其他国家十多年都不敢侵犯魏国。

司马迁对他的评价是:"吾过大梁之墟,求问其所谓夷门。夷门者,城之东门也。天下诸公子亦有喜士者矣,然信陵君之接岩穴隐者,不耻下交,有以也。名冠诸侯,不虚耳。高祖每过之而令民奉祠不绝也。""能以富贵下贫贱,贤能诎于不肖,唯信陵君为能行之。"梁启超先生对这位魏公子信陵君的评价也颇高:"信陵君去千乘之位,而入虎穴,以急朋友之难,吁,何可及也。论者以厕诸平原、孟尝、春申之列,乌足以知公子。"简单来讲,大家普遍认为,四公子中信陵君的人品是最好的,贵以贱为本,高以下为基,能够跟贫贱之人交朋友。还有一个就是信陵君对魏国的确功劳很大。魏国位于四战之地,其他国家之所以十多年不敢侵扰魏国,独赖信陵君。司马迁称信陵君能不唯贫贱而礼贤下士,梁启超赞信陵君不计个人得失救朋友于危难,皆与信陵君"窃符救赵"有关。

《战国策·赵策三》载:"秦围赵之邯郸,魏安釐王使将军晋鄙救赵。畏秦,止于荡阴,不进……适会魏公子无忌夺晋鄙军以救赵击秦,秦军引而去。"此时秦国的力量太强大了,其他国家不足以单独和它相抗衡。窃符救赵是战国时期著名的历史典故,赞扬了信陵君以国家利益为重、个人生死荣辱为轻的优良品德。

公元前257年,秦国围攻赵国,赵国平原君的夫人是魏公子信陵君的姐姐、魏安釐王的妹妹,赵与魏有姻亲关系。信陵君的姐姐多次写信求助于哥哥魏安釐王,但当时秦昭襄王派使者对魏王说:"吾攻赵,旦暮且下。而诸侯敢救赵者,已拔赵,必移兵先击之。"魏王本已出兵相助的,但受到秦王的威胁后,就命令将领晋鄙止步观望,见机行事。兄长不帮忙,平原君的夫人只好又写信求助于弟弟信陵君。一时间信陵君陷入两难境地:一边是兄长,一边是姐姐;一边是自己的国,一边是邻邦。无论考虑亲情还是出于国家的长远利益,信陵君都觉得应该出手救助赵国。就在他下定决心带着自己的门客去救赵国的时候,侯嬴这个名不见经传的小小门吏向信陵君献上了"窃符救赵"的计策。他为信陵君谋划得非常周密。先是找魏王宠妃如姬帮忙偷符,为什么找如姬呢？因为信陵君曾经帮助如姬报杀父之仇，有恩于如姬。如姬果然成功从魏王处盗出兵符。如果信陵君凭兵符命令晋鄙出兵，晋鄙依然不从的话，侯嬴就建议信陵君让自己的朋友朱亥（以屠户身份隐居在民间的勇士）击杀晋鄙，然后信陵君亲自持兵符下令出兵。一切都如侯嬴所料，最终晋鄙不因兵符出兵，朱亥杀掉晋鄙，信陵君得以指挥魏国军队出兵救赵。所以说，侯嬴和朱亥在"窃符救赵"历史事件中起着至关重要的作用，当然魏安釐王的宠姬也是功不可没的。

"符"是什么呢？就是兵符，即古代传达命令或调兵遣将所用的凭证。一般用铜、玉或木石制成，为虎形，所以也称虎符。虎符被制成两半，一半留存在国君处，一半交给统帅。调发军队时，必须两符相合，方能生效。所以说，信陵君得到的兵符是安釐王持有的一半，相当于是拿到了王的调遣令。

虎符在古代战争中曾发挥了重要的作用，也发生了很多与其相关的故事。除了信陵君窃符救赵的故事，在《三国演义》第五十一回中，曹操因赤壁之战兵败北退，诸葛亮趁南郡空虚，命勇将赵云夺城成功，并且俘获守将陈矫，取得虎符，然后以此虎符诈调荆州守军出救南郡，趁势又由张飞袭取了荆州，接着再用同样的方法调出襄阳守军，乘机由关羽袭取了襄阳。诸葛亮仅凭一个小小的虎符，便将曹兵调开，兵不血刃就夺取了三个城池，而耗费许多钱粮、兵马的东吴周瑜却一无所获，气恼不已。由此也可见虎符在古代的作用之大。

讲了这么多，我们能从信陵君身上看到什么呢？当时信陵君一看，算了,既然你这个兄长(魏王)不愿出兵,自己就是带着几百门客,也要上战场。结果侯嬴说:"您上战场不也是送死吗?"于是便献了"窃符救赵"的计策。通过"窃符救赵",我们看到了一批非常讲义气的人,不论是侯嬴、朱亥还是信陵君,还有知恩图报的魏王宠姬,他们为义奉献的精神让人感受到在战国时期涌动的一股侠气。

信陵君如何向魏国的隐士侯嬴问计,侯嬴给信陵君出谋划策等具体细节,《史记·魏公子列传》有详细描述。据《史记·魏公子列传》中的记载,信陵君"为人仁而下士,士无贤不肖皆谦而礼交之,不敢以其富贵骄士。士以此方数几千里争往归之,致食客三千。当是时,诸侯以公子贤,多客,不敢加兵谋魏十余年"。我们来具体看看信陵君和门吏侯嬴的故事。

侯嬴其实是一个隐于平民中的贤士,《史记·魏公子列传》中记载:"魏有隐士曰侯嬴,年七十,家贫,为大梁夷门监者。公子闻之,往请,欲厚遗之。不肯受,曰:'臣修身洁行数十年,终不以监门困故而受公子财。'公子于是乃置酒大会宾客。坐定,公子从车骑,虚左,自迎夷门侯生。侯生摄敝衣冠,直上载公子上坐,不让,欲以观公子。公子执辔愈恭。侯生又谓公子曰:'臣有客在市屠中,愿枉车骑过之。'公子引车入市,侯生下见其客朱亥,睥睨,故久立与其客语,微察公子。公子颜色愈和。当是时,魏将相宗室宾客满堂,待公子举酒。市人皆观公子执辔。从骑皆窃骂侯生。侯生视公子色终不变,乃谢客就车。至家,公子引侯生坐上坐,遍赞宾客,宾客皆惊。酒酣,公子起,为寿侯生前。"从这段文字中可以感受到信陵君礼贤下士的风范,像"虚左""自迎""愈恭""愈和""色终不变"这些细节描写,将信陵君对待门吏侯嬴和屠夫朱亥的神情动作刻画得淋漓尽致,就是今天读来也不禁为信陵君这样谦恭、和善、真诚的品格所感动,更何况是当时那样一个等级森严的时代。

虚左就是指空出左边的座位,按照当时的习惯,左边的座位是尊位,是留给地位高或者长辈的。中国古代从周秦汉开始就是尚右的,以右为尊,一直延续到后代。为官者,右丞相为正,左丞相则为副,所以古代被降职贬官称作"左迁",韩愈的那首《左迁至蓝关示侄孙湘》在诗题中就直接说"左迁",表明自己是被贬官了。那么"虚左"为什么是反过来以左为尊呢?这和古代人坐的车有关系。古代人出门坐的是马车,马车夫处在中间的位置,右边一般还有一个护卫,叫"车右"或"参乘",车夫右手挥鞭驱马,再加上右边坐着或站着一位护卫,会妨碍坐在后车座上右边的人的视线,故将左座作为主座。而让出左边的座位给客人,就是表示对客人的尊重。

总而言之,信陵君之所以在战国四公子中名声最好,不仅仅是因为他礼贤下士、海纳百川的胸怀,还因为他非常仗义,有侠气。正如南宋诗人文天祥所说:"人生自古谁无死,留取丹心照汗青。"只有与集体荣辱与共,才能保持永久的价值。

《道德经》中也有一句广为人知的至理名言:"上善若水。水善利万物而不争,处众人之所恶,故几于道。居善地,心善渊,与善仁,言善信,政善治,事善能,动善时。夫唯不争,故无尤。"听其言,观其行,信陵君位高权重,不能说他达到了圣人的境界,但他至少做到了"心善渊,与善仁,言善信,政善治,事善能,动善时"。今天我们为人处世,如果能做到低调、谦虚、与人为善、待人以诚,不仅能提升个人修养,而且一定有利于个人的成长与发展。

第二节　信陵君·天下无双

有关信陵君的记载还有很多。信陵君窃符救赵取得成功,打退秦军挽救了赵国后,他让手下的将军带着他的军队返回魏国,自己与门客留在了赵国,他也被平原君赞为"天下无双"。

平原君是信陵君的亲姐夫,窃符救赵令赵国上下对信陵君都很敬重。但窃符之事也必然得罪了魏安釐王,所以帮助赵国打退了秦国的军队后,信陵君就暂且留在了赵国。而信陵君礼贤下士,爱惜人才,即便是客居赵国,他依然遍访高人贤士。

信陵君听说赵国有姓毛和姓薛的两位高人都隐居于民间,于是就四处打听寻访。起初这两个人躲着不见他,后来有一次,信陵君打听到毛、薛两人正在某地游逛,立刻赶到二人身边陪着一起游玩。因为毛公经常赌博,薛公是卖酒的,平原君就有点看不起他们。他对自己的夫人信陵君的姐姐说道:"很早就听说夫人的弟弟天下无双,如今我听说他竟跟赌徒和酒鬼交往,看来信陵君也不过是一个徒有虚名、行为荒唐的人罢了。"这话传到信陵君那里,信陵君不高兴了,他说:"我也很早就听说平原君很贤德,所以为救赵国不惜背弃魏王,满足了平原君的要求。现在才知道平原君与人交往不过是为了显示自己的尊贵,并不是为了求得贤士。我在魏国的时候就听说赵国的毛公和薛公贤能有才。到了赵国,我唯恐不能见到他们,还担心他们不愿意与我交往。现在平原君竟然以此为耻,那平原君也不值得我结交。"于是就收拾东西准备离开赵国,平原君知道自己说错了话,赶紧向信陵君谢罪。这下信陵君的名望就更大了,吸引了更多士人的归附,连平原君的门客都有很多来投靠信陵君。魏王也原谅了如此"天下无双"的信陵君,派人请公子回去,据说公子起初不肯回去,还是毛公、薛公晓之以理、动之以情,才终于答应回到魏国。信陵君和平原君的对比很明显:一个善于发现人才且虚心求贤,一个则是不重实际高高在上的贵族王公。

在春秋战国时期,在诸侯纷争的过程中,因为贵族殒命或者邦国消亡,出现了一大批一时间失去固定主人的士。他们流散各处,寻找新的主人,谋求新的职位,士成了这一阶段非常活跃的阶层。一方面是明君求贤若渴,一方面是一部分士要实现理想抱负,要生存下去。王侯公卿是士的靠山,遇良人则士之幸,特别是那些想有一番作为的怀才之士更期待被信陵君这样礼贤下士的王侯公卿发现。生逢乱世,人心叵测,所以像冯谖、毛公和薛公这些贤士大都要先试探一番,才敢决定投靠哪家门下。否则不仅不能大展宏图,恐怕连小命都难保。

故事讲完了，我们从中能有什么体会呢？《三国演义》里有一段人们非常熟悉的故事，那就是三顾茅庐。刘备的坚持感动了卧龙先生，让卧龙从此为刘备鞠躬尽瘁，这就是尊重人才最为有名的故事。

当今社会更加提倡"尊重知识，尊重人才"，人才是掌握了大量知识、有深刻思想和远见卓识的群体，尊重人才是保证社会良性运转的前提。

第十七章　平原君赵胜

第一节　平原君·辞金蹈海

平原君赵胜是赵国贵族,赵武灵王之子、赵惠文王之弟,受封于东武,也就是现在山东的武城,号平原君。他也以养士著称。赵惠文王元年,平原君被拜相,其后三去相,三复位,前后相赵四十八年,历经赵惠文王和赵孝成王。

有趣的是,后世对平原君的评价,可谓褒贬不一。甚至有人认为在战国四公子中,平原君从能力到人品都欠佳,但是他的运气又是最好的,真的是这样的吗?从四公子的结局来看,平原君的运气确实不错。田文最后被灭族了,黄歇最后也是被灭族了,魏无忌最后是郁郁而终,死于酒色之中,而平原君倒是得以善终了。

关于平原君的事迹,我们主要通过《史记·平原君虞卿列传》与《战国策》当中的记载来了解。史书中涉及的与平原君赵胜相关的故事,一个就是为客杀美人。讲的是一个客人因为瘸腿被平原君的侍妾嘲笑,这个人十分不悦。平原君一开始也没当回事,但后来他手下的门客跑掉了很多,这才使平原君重视起此事来,他杀掉了这个美人,然后门客才慢慢重新聚拢在他身边。

第二个故事可以说是平原君的义举,那就是举荐赵奢。赵奢(赵括的父亲)因功绩卓著,被封为马服君。为什么说平原君举荐赵奢这点做得不错呢?其实赵奢一开始是得罪了平原君的,他因交税事件把平原君的家人杀了好几个。如此平原君还能够举荐赵奢,说明平原君还是有一定气度的。

第三个故事就是义救魏齐。当年魏国国相魏齐得罪了范雎,结果范雎在秦国为相的时候,就想杀掉魏齐,魏齐便跑到赵国去了,平原君收留了他。后来秦王把平原君软禁了,让拿魏齐的脑袋来换,平原君说魏齐没在我家,就是在我家我也不会将人交出来的,从这件事中是能看到他是有侠义精神的。

再补充一个让后世对平原君的评价贬褒不一的重要事件,那就是上党之争。成语"利令智昏"就与这件事有关。《史记·平原君虞卿列传》有记载:"鄙语曰:'利令智昏',平原君贪冯亭邪说,使赵陷长平四十余万众,邯郸几亡。"平原君贪图上党,从而引发了对赵国来说使其国力大衰的长平之战。

从这几件事中我们可以窥见平原君为人的一些特点,他有政绩,也有败绩,有为人大度的一面,也有刚愎自用的一面,比如上党事件。

还有一个与平原君有关的成语"辞金蹈海"。《战国策·赵策三》记载:"彼则肆然而为帝,过而遂正于天下,则连有赴东海而死矣,吾不忍为之民也。"此为"蹈海"。平原君乃置酒,以千金为鲁仲连祝寿。鲁仲连笑曰:"所贵于天下之士者,为人排患、释难,解纷乱而无所取也。即有所取者,是商贾之人也,仲连不忍为也。"此为"辞金"。辞金蹈海比喻不慕富贵,慷慨有气节。

这个故事我们在前文的鲁仲连话术中有详细记载,这一方面反映了鲁仲连的高风亮节,一方面也能看出平原君对人才的爱惜。

第二节　平原君·富不期骄

如今我们经常说为人处世要遵循一个原则——"高调做事,低调做人"。其实这样的处世标准并不是现在才有的,我们的老祖先早就以此为准则来告诫世人。富不期骄说的就是这个道理。

富不期骄出自《战国策·赵策三·平原君谓平阳君》:"夫贵不与富期,而富至;富不与梁肉期,而梁肉至;梁肉不与骄奢期,而骄奢至;骄奢不与死亡期,而死亡至。"意思就是说人尊贵了,不去追求富裕,富裕也会到来;已经富裕了,不去追求美味佳肴,美味佳肴也会到来;已经享受了美味佳肴,不去追求骄奢,骄奢也会到来;已经骄奢了,不想灭亡,灭亡也会到来。

"贵"和"骄"本来是没有必然联系的,可是当官做大了,不想骄傲,骄傲也会随之出现;"富"和"侈",本来也没有必然联系,可是一旦有了钱财,就算不打算浪费,浪费也随之而来。一旦变得骄奢,不想灭亡,但结果一定会是自取灭亡。这就是我们常说的骄奢而必败、必亡。

平原君赵胜有一个哥哥叫赵豹,称平阳君,是赵惠文王的同母弟。《战国策·赵策三》中专门记载了平原君与平阳君兄弟二人的一次谈话,今天再回顾平原君的这段话,真是耐人寻味。

平原君谓平阳君曰:"公子牟游于秦,且东,而辞应侯。应侯曰:'公子将行矣,独无以教之乎?'曰:'且微君之命命之也,臣固且有效于君。夫贵不与富期,而富至;富不与粱肉期,而粱肉至;粱肉不与骄奢期,而骄奢至;骄奢不与死亡期,而死亡至。累世以前,坐此者多矣。'应侯曰:'公子之所以教之者厚矣。'仆得闻此,不忘于心。愿君之亦勿忘也。"平阳君曰:"敬诺。"

公子牟是指魏国的魏牟,他是魏国的贵族,《汉书·艺文志·道家》篇中还有四篇关于他的文章。应侯是指范雎。粱肉是指精细的膳食,比如白米、细面、鸡鸭鱼肉之类。平原君赵胜对平阳君赵豹说:"公子牟在秦国游历,准备返回魏国,向秦相应侯告辞。应侯说:'公子就要回国了,难道没有什么要指教我的吗?'公子牟说:'您就是不提起,我本来也想说说自己的愚见。人们已经尊贵了,不去追求富裕,富裕也会到来;已经富裕了,不去追求美味佳肴,美味佳肴也会到来;已经享受了美味佳肴,不去追求骄奢,骄奢也会到来;已经骄奢了,不想灭亡,灭亡也会到来。世世代代因为这样而败毁的,实在太多了。'应侯说:'公子对我的这番教导,实在太深刻了。'我听了这番话,决定永远铭记在心。希望您也不要忘记。"平阳君说:"遵命。"

平原君借用公子牟和应侯的对话来教导平阳君,也可能是与平阳君共勉的。一代名相魏征也曾用同样的话劝诫过唐太宗李世民,据《旧唐书·魏征传》记载,贞观十一年(637年),唐太宗出巡洛阳,停留在显仁宫,很不满意宫苑官员的接待安排,对他们进行严厉指责。这时,魏征上书谏言,其中有一句话是:"贵不与骄期而骄自至,富不与侈期而侈自来。"太宗看到魏征的奏章后说:"如果没有你,我是听不到这些话的。"魏征这一奏章,距闻名于后世的《谏太宗十思疏》仅相隔一月。"贵不与骄期而骄自至,富不与侈期而侈自来"与"由俭入奢易,由奢入俭难"是相同的逻辑关系,在毫无觉知的情况下骄奢成瘾,等到祸事上身之时,后悔已经来不及了。

再来看看《周易》大有卦九四爻:"匪其彭,无咎。"《象》曰:"'匪其彭,无咎',明辨晰也。"这里的"彭"本义是鼓声,此处形容一个人盛气凌人的样子。这是提醒人们,虽然实力雄厚,但是仍然要低调做人才行。

《象》的解释是说,不自我膨胀,则没有灾祸,这是因为能明辨是非,且有自知之明,比如说,秉持节俭节制之风,不张扬、不炫耀、不奢侈。守住初心实在是太重要了。时过境迁,一个人无论身份、地位、物质条件如何变化，都要时刻提醒自己不忘初心，方能守住底线，不撞红线。

关于战国四公子，我们分别讲述了与孟尝君田文、春申君黄歇、信陵君魏无忌和平原君赵胜相关的历史记载或成语典故。作为战国时期的"最强男团"，发生在他们身上的故事给我们的启发还是很多的。首先这些人能力很强，位高权重，但也有各自的弱点。其次这些人在发展道路上，有成功，也难免失误，留下很多耐人寻味的道理。今天我们再读这些历史人物的故事，就是要从中吸取历史的经验教训。人类历史上最大的教训就是常常忘记历史的教训，只有牢记历史教训，总结经验，"执古之道，以御今之有"，才能使自身获得更好发展。

第四编

《战国策》之刺客

纵观整个《战国策》,有这么几个特殊的人,他们出身市井身份低微,文不能治国安邦,武不能开疆拓土,一直默默无闻,直到怒发冲冠、血溅五步,方才名留史册。他们要么就是王族重臣门下的食客,要么就是民间深藏不露的隐者。他们把自己的命运托付给了自己所认可的"贵人",把自己的人生、命运,所有的东西都和盘托出,寄托在他们的知己身上,像一把等待见红的利刃,隐忍且严肃。正如在棋盘上的摆位,他们的使命就是接近核心目标,要么守之,要么杀之。在这本书的最后我们来聊一聊几位不普通的普通人——《战国策》中的刺客。

第十八章　刺客豫让:士为知己者死

《战国策》中第一场刺杀发生在一个非常重要的历史节点"三家灭智"。

"三家灭智"与"三家分晋"我们在前文都已经有详细的叙述。

智氏被灭,智伯瑶未得善终,最恨他的人就是赵氏的首领赵襄子,因为在智、赵、韩、魏四家纷争中赵家是受智伯瑶迫害最深的一家。而且在此之前,有一次晋国六卿聚会,宴席期间双方话不投机,智伯瑶当众用酒浇了赵襄子的头,这样的奇耻大辱赵襄子自然是记得的。在智伯瑶死后,赵襄子就把他的头颅砍下来晒干,用做漆器的工艺制成了酒杯。也有记载说制成了夜壶。

这个行为让赵襄子痛快,却大大地惹怒了一个人,他叫豫让。"士为知己者死"就是豫让所说,出自《战国策·赵策一·晋毕阳之孙豫让》:

> 豫让遁逃山中,曰:"嗟乎!士为知己者死,女为悦己者容。吾其报知氏之仇矣!"

豫让是毕阳的孙子,毕阳又是谁呢?晋国曾经有一个卿大夫叫伯宗,当年晋国想要攻打楚国,伯宗就劝诫说:"虽鞭之长,不及马腹。"《左传》也记载了这句话,留下一个成语叫鞭长莫及,意思就是要正确地看待自己,看清能力和目标之间的差距。这样一位说实话的大臣,却被他人诬陷,定了死罪,祸及满门。自知在劫难逃,伯宗就找到手下最亲近最信任的门客,护送他的儿子逃亡楚国。这位门客一路小心翼翼、风餐露宿,终于护送公子安全到达楚地,他就是当时著名的剑客毕阳,也就是豫让的爷爷。豫让算是忠烈之后,但早年间他过得算不上很好。他先是在范氏家族谋到了一份差事,没有得到重用。又跑去投奔中行氏,依然没什么起色。最后他拜入了智伯瑶门下,得到了智伯瑶的重用。士为知己者死,很显然他这个士愿意为智伯瑶这个知己而死。在事业上,智伯瑶对豫让有知遇之恩;在情感上,豫让自然地把智伯瑶和当年的伯宗联系在了一起;在行动上他也期待自己有一天能够像爷爷一样为主分忧,被后人铭记,甚至是名垂青史。但是这些美好的想象和希望,随着智氏的覆灭和智伯瑶的被杀化作泡影。

那么在这种情况下,豫让该怎么办呢?豫让决定为智伯瑶报仇,行刺赵襄子。于是他更名改姓,进入赵襄子的行宫当了一名奴隶,而且是底层的清洗厕所的奴隶。

有一天赵襄子方便的时候,就感觉很不对劲,再一细品似有杀气,赶紧整顿内务让左右护卫查看周遭。顷刻之间就把手持利刃的豫让给搜出来了。护卫刚要动手杀豫让,被赵襄子喝住:"这智瑶已经没了,他手下的人还能为他报仇,这是个贤人啊!好在我也没什么事,咱以后小心点就是了。"就把豫让给放了,第一次刺杀失败。

一次不成还有第二次,这次更狠,豫让是真的下了血本——漆身吞炭,二次来袭。漆就是做漆器用的油漆,这东西别说往身上涂了,就是闻一下都很不舒服。豫让就这么把漆涂满全身,为的就是让身上的皮肤溃烂,再剃掉眉毛,刮掉胡子,确保没人能认得出他,然后离开家前往赵襄子所在的晋阳城。他的妻子都认不出他,只是觉得声音有些像,没想到豫让又吞掉一大块烧红的木炭,以改变自己的声音。可以说豫让用当时人类能想到的最极端的方式完成了改头换面,他要干什么?就是为了换取第二次刺杀赵襄子的机会。

有人会问,这么做值吗?这个疑问不但现在有,当时也存在。豫让有一个好朋友劝他假装投到赵襄子门下,凭豫让的才华,肯定会得到重用。到时候再寻找刺杀的机会,没必要把自己弄成这样。

面对这种提议,豫让是怎么回答的呢?

且夫委质而事人，而求弑之，是怀二心以事君也。吾所为难，亦将以愧天下后世人臣怀二心者。

豫让认为他若投了赵襄子，便不可再行刺杀之事，否则更加不义。这样既对不起智伯瑶，也对不起赵襄子。他就要做给天下人看，让那些心怀鬼胎、朝秦暮楚的人好好看一看，为人臣者该当如何！

朝秦暮楚说的是没定性、没立场，只以自身利益驱动所有行为，这样做的人在《战国策》里占了大多数，所以单凭讲义气这一点，豫让可说算个真义士。刺客为什么能在《战国策》当中有特殊的地位呢？就是因为他们拥有那个时代缺少的忠义、诚信、坚定等品格。

已经改头换面的豫让每天在大街小巷中走着，他记下了赵襄子每天的行程，他在等，也在筛选，找一个一击必中的机会。这一天晋阳城内有一件喜事，一座新桥建成，赵襄子带着仪仗过来验收，算是个剪彩仪式。车队要过桥，可到了桥头马突然就不走了，护卫四下查看后报告赵襄子："没有什么异常，只是桥中间有具尸体，可能是尸体把马给惊到了。您稍等，我们搬开就能走了。"赵襄子摇摇头说："什么尸体，那人必是豫让，请他过来见我。"

还真被赵襄子说中了，豫让提前假装成尸体的样子，埋伏在桥中间，想等车队走到这里的时候动手。

赵襄子看着五花大绑的豫让，很是不解，他就问："成王败寇你不是不懂啊，你原来在范氏、中行氏手下都做过门客，但是灭掉这两家的不是我赵襄子，而是智瑶。你要是个忠臣，你想报仇，你该先杀智瑶啊！

退一万步说,智瑶不容我赵襄子,我能怎么办呢?单就你豫让,我是一而再再而三地忍让,你是三番五次针对我,这是忠义吗?忠在哪义在哪?"面对赵襄子这样的质问,豫让怎么回答的呢?接下来的这段回答,是本篇的高潮:

> 臣事范中行氏,范中行氏以众人遇臣,臣故众人报之;知伯以国士遇臣,臣故国士报之。

豫让认为范氏、中行氏只是把他当作普通人,他就用普通人的态度报答他们,智伯瑶把他当作国士看待,他就要以国士的作为报答智伯瑶,为他报仇。

赵襄子听着听着,被感动了,叹了口气说:"豫子啊豫子,你的所作所为算是对得起智伯瑶了,我的所作所为也算对得起你了!"说罢就挥了挥手,护卫马上把豫让团团围住。赵襄子不忍心看到这一幕,背过身去。就在此时,豫让又说了一段话:

> 臣闻明主不掩人之义,忠臣不爱死以成名。君前已宽舍臣,天下莫不称君之贤。今日之事,臣故伏诛,然愿请君衣而击之,虽死不恨。非所望也,敢布腹心。

豫让恳求赵襄子把身上穿的那件衣服脱下来,让他砍几下,刺几下,以对主人有个交代,这样就死而无怨,死而无憾,死而无恨!

赵襄子一句话都没多说,背对着豫让解下自己的锦袍。有人给豫让松绑,又把赵襄子的锦袍交到豫让手里。只见豫让一扬手把衣服扔到天上,自己高高跳起拔出佩剑向上一挑,丝线崩裂;再次跳起朝着半空中的锦袍狠狠一刺,正中胸口位置;最后双手握剑原地跳起朝着赵襄子的那件衣服狠狠斩下,锦袍一分为二。这三跳下来,豫让身上的痂不知道裂开了多少,疼痛也都无所谓了,这三剑斩断了他的一切悔与恨。他双膝跪地,眉眼用力,沙哑的嗓子发出了最大的音量:"主人!成了!成了啊!成了!"而后挥剑自刎。

这正是:"豫让拔剑三跃,呼天击之曰:'而可以报知伯矣。'"

不过这件事还有一个比较诡异的后续,在《战国策》当中没有记载,但是在《东周列国志》里面有记载,说豫让刺了赵襄子的衣服三剑,衣服上出现三个洞,同时赵襄子这边打了三个寒战。豫让自尽之后,赵襄子身上竟然出现了血迹,拿过那有三个洞的衣服一比,出血的地方正是那件衣服上的破洞之处。从此之后,赵襄子身上的三处伤口就再也没有愈合过,没过几年赵襄子就病死了。

其实,像这样的后续不过是狗尾续貂,是真不知豫让。因为豫让的真实目的根本不是想成功刺杀赵襄子,而只是求一个壮烈而死!他要给自己一个交代。

去掉一些主观想象,我们从历史记载中能够确认的可靠信息有这么几点:第一,豫让曾经两次刺杀赵襄子,但都以失败而告终;第二,豫让第一次刺杀失败后被捕,曾被赵襄子放走;第三,豫让为了刺杀赵襄子,把自己折磨得不成人形;第四,豫让刺杀赵襄子一事,并不是绝对保密的,相反他公然地跟他的朋友宣扬此事,他说的内容包括为什么刺杀、怎样刺杀、刺杀理念等。这里就产生了一个疑问,刺杀的方法有千万种,为什么豫让要选择最难的一种？有一句话叫作"大隐隐于市",豫让如果要完成刺杀,只需要在赵襄子必经之地埋伏就可以了,或者是在埋伏之前化装,为什么非要把自己折磨得不成人形？如果说这是豫让的策略,是为了万无一失,可是他又为什么到处宣扬自己的刺杀计划呢？一方面要把自己搞得连妻子都认不出,另一方面又和朋友大谈自己的刺杀计划,这可是在他毁容变声之后,这样做,岂不是把自己费心"树立"的新形象又暴露了吗？如果了解豫让所处的历史背景和报仇的真实目的,就会发现豫让真正所需要的是什么。明确地说,让人知道他是为知己者死是最重要的,刺杀是否成功并不重要。

  首先我们来说历史背景。人类从很早以前就开始思索生命的意义,后来有人得出了一个答案,那就是只有"名垂青史"才能做到真正的永垂不朽,才能使自己以另一种形式永远地"活"下去。这算是一种君子价值观。豫让是自诩为国士的,所以他说"士为知己者死",而且他还要让别人知道他"为知己者死",因为他的所有行为动机都是"求名"。

  这样就能解释,他为什么看似"低调"却又很"高调",明明是想让所有人都认不出他,却又跟朋友、跟赵襄子承认自己是豫让,并且跟别人宣扬自己的刺杀计划和刺杀理念……凡此种种,只是因为他的目的就是为了"求名",未尽之事成了他的信仰！为了自己的信仰,豫让可以忍受非人的痛苦,为了自己的信仰,豫让可以放弃自己的生命。豫让是一个"国士",他并不是一个严格意义上的"刺客",所以他不能不问是非。如果他对赵襄子一击毙命,那么,他的名字可能会被历史渐渐地遗忘,甚至不会出现在《战国策》与《史记·刺客列传》当中。

因为,在历史的定义中,赵襄子代表的是正义的一方,如果豫让真的将赵襄子一刀致命,他可能留下恶名,而且这样做也很难符合他自己的国士定位。所以,刺杀是一定要有的,悲壮惨烈也是必要的元素,但是人却不见得真的要杀,如果真杀了就不是"国士"而是"刺客",甚至是"恐怖分子",这就有悖初衷了。所以,从一开始,豫让的刺杀就注定是一去不回,因为他一心求死,以这样一种方式实现自己的信念,以这样的一种"殉死"的方式来报答智伯瑶的知遇之恩,这样来看,整个事情就可以解释清楚了。

豫让"求名"求出了一种精神的觉悟,这种觉悟是胸中的一口气,心上的一把火,"已诺必诚,不爱其躯;漆身吞炭,国士无双"。

第十九章　刺客聂政：白虹贯日，仗剑入韩都

前文曾经讲到过唐雎，唐雎形容聂政的时候用了四个字——白虹贯日，说的正是聂政的剑和他的胆，剑人合一刺穿了时空，把一段故事嵌进了历史的风云之中。

在豫让的事情过去了几十年后，聂政出场，一场刺杀，一瞬之间，所杀者数十人，聂政也成为《战国策》三大刺客当中唯一一位真正完成使命的人。说起来聂政刺杀的人跟聂政没有一点瓜葛，因为他们是韩国人，聂政是卫国人，在齐国生活，地理上差着老远，所以完全不可能结什么仇，那为什么要行刺人家呢？这就要说到另一种刺客了，驱使他们行刺的动机不是仇恨，而是受人之托，成人之事，这种刺客更类似于荧幕里面的冷面侠客。

这个故事的背景依然是赵魏韩三家分晋之后。《战国策》一共记载了三个刺客，前两位都是在这个时间点出现的，可见当时局面之混乱，三家联合把晋国的宗庙给废了。韩哀侯当时是韩氏的当家人，一个好汉三个帮，这位韩哀侯身边有几个得力的人才，或者说在瓜分晋国这件事上立了大功的功臣，事成之后那自然要论功行赏。那谁来做韩国

的国相就是一个大问题了。韩哀侯也是举棋不定。

在《韩非子·内储说下》中记载:"韩傀相韩哀侯,严遂重于君,二人甚相害也,严遂乃令人刺韩傀于朝,韩傀走君而抱之,遂刺韩傀而兼哀侯。"

二虎相争,抢饲养员丢下来的一只鸡。其中一虎急了,去找了猎人,让他毙了另一虎,另一虎害怕了,就到饲养员那边求助,结果猎人枪一响,向饲养员求助的老虎当场死亡,饲养员身受重伤。

这段记载更像是一条微博,直接交代矛盾和结果,其中的"严遂乃令人"的这个"人"就是聂政。要知道其中的细节还是得翻开《战国策》,《战国策·韩策二·韩傀相韩》中记载:

韩傀相韩,严遂重于君,二人相害也。严遂政议直指,举韩傀之过。韩傀以之叱之于朝。严遂拔剑趋之,以救解。于是严遂惧诛,亡去游,求人可以报韩傀者。

韩傀做了韩国的国相,但同时,严遂也受到韩哀侯的器重,因此两人相互忌恨。这一天在开会的时候,严遂率先开口,在朝廷上大讲特讲韩傀的坏话,韩傀哪受得了这个,马上唇枪舌剑开始反击。严遂由于公开辩论的能力比较弱,节节败退,处处被怼,恼羞成怒拔出宝剑就要砍人,被在场的人给拉住了。回到家他一琢磨,我在朝堂上动刀动枪这可不太好啊,于是就带上细软跑了,跑到各地寻访武林高手,誓要杀掉韩傀。

追根溯源地讲,这又是一起领导发起的二虎相争的惨案。这个做法的愚蠢之处在于,表面上是两个下属或两个部分负责人在积极地做事情,看起来组织内部欣欣向荣充满活力,但其实这种内部的斗争消耗的都是内力。本来长线的项目为了出成绩改成短线,本来有潜力的客户双方都在抢,最后谁也拿不到;本来是有明文规定的晋升制度,变得乌烟瘴气。总之,从中长期来看,这种做法的结果就是双输、三输,有多少输多少。

一段官场纠纷,竟发展到雇凶杀人的地步。那这事和聂政有什么关系呢?

至齐,齐人或言:"轵深井里聂政,勇敢士也,避仇隐于屠者之间。"严遂阴交于聂政,以意厚之。聂政问曰:"子欲安用我乎?"严遂曰:"吾得为役之日浅,事今薄,奚敢有请?"

严遂来到齐国,有人对他说:"轵地深井的聂政,是个勇敢的侠士,因为躲避仇人才混迹在屠户中间。"严遂就和聂政暗中交往,以深情厚谊相待。轵地在今天河南省济源市,深井是轵地的一个乡,总之就是比较偏,人也比较少的一个地方。聂政因为要躲避仇家的追杀,只能带着老母亲和自己的姐姐背井离乡,来到齐国,藏在这个人生地不熟的小地方,干一份屠夫的活计。严遂听说聂政身怀绝技,而又为人低调,便十分欣赏,主动前来结交。两个人也比较聊得来,关系日渐密切。交往的过程中严遂也是十分照顾聂政,聂政也知道严遂肯定是有什么事情,自己肯定是对眼前的这位大人物有用,就主动问道:"有什么地方能为您效劳的,尽管盼咐。"得到的回答基本都类似这种:"哪有哪有,知己相交不聊其他。"

有一次,严遂备办了酒席,宴会上他主动向聂政的母亲敬酒。后来又拿出百镒黄金,为聂政的母亲祝寿。聂政大为震惊,这跟平时的小恩小惠不同,这数目确实太大了。在搞不清楚的时候,最安全的办法就是拒绝,他坚决谢绝严遂的赠金,但严遂坚持要送。聂政就说:"感谢先生的抬爱,我这小本生意不求大富大贵,只求母亲吃饱穿暖。现在老娘想吃什么,我也都买得起,总体上日子还算过得顺遂。不敢再接受您的赏赐了。"

面对聂政的一再推辞,严遂命左右侍从回避,对聂政说:"咱俩有同样的遭遇啊,我也是躲避仇家方才来到此地。一路上风尘仆仆,艰难险阻,幸而现在算是安全了,想起刚开始逃难的时候又心酸又后怕啊!我来到齐国时,无意间听说了你的大名。看到你,我就想起那时候的我了,我懂你的感受,我知道你重义气。正因如此,我这才送上这黄金百镒,只是想作为老夫人粗茶淡饭的费用罢了,同时也希望你能高兴,真没别的意思。"

聂政听完没有表态,而是面对着严遂说了这样一番话:"臣所以降志辱身,居市井屠者,徒幸以养老母。老母在,政身未敢许人也。"

好男儿生在天地间,像聂政这样有本领的人谁愿意如此度过一生呢?聂政所做的一切,只是为了奉养老母。只要老母还活着,聂政这条命就给不了别人。听到这里,严遂没有再说下去,尽了宾主之礼就离开了。

毫无疑问,聂政是个大孝子。他的意思很清楚,他现在的生活重心那就是奉养母亲,严遂现在有事需要聂政做,他并不是推脱,而是对于现阶段的聂政来说,天大地大没有老娘大。

一晃几年过去了,公元前397年聂政的母亲去世了,聂政守孝期满,脱去丧服,感叹地说:"唉!我不过是市井平民,切骨卖肉的屠夫,而严遂却是诸侯的卿大夫。他不远千里,屈驾屈尊前来与我结交,我对他确实太薄情了。时至今日,也没有能为他做什么事情。比较他对我和我对他,我确实太不像话了。前些年我还拒绝了他为老母祝寿的好意,现在想起来惭愧得很呀!先生是看得起我聂政呀!这样的贵人把我这样的粗人当作突破困境的希望,我怎么能冷眼旁观呢?以前先生来找我,我以母亲在世为由拒绝了他。如今母亲已享尽天年,于情于理再没有推脱的理由了,我要去为赏识我的人效力了!"

于是聂政往西到了濮阳,多方打探找到了严遂,两人见面之后,聂政只问了一个问题:"所欲报仇者为谁?"他知道严遂想干什么,也知道自己该干什么。

严遂告诉聂政:"我的仇人是韩国国相韩傀,他也是韩哀侯的叔父。他势力很大,家中守备森严,出行的时候守卫齐备,警惕性很高,我曾经派人刺杀过他,几次都没能成功。还好兄弟没有抛下我,我盼星星盼月亮终于把兄弟你盼来了!我这就让手下人准备车辆,为你准备足够的人手,他们随时听你吩咐。"聂政起身,躬身行礼说道:"韩国和卫国相隔不远,现在我们要杀的是韩国的国相,此人又是韩侯至亲,这种情况下多一个人就多一分差错,如果这个消息泄露出去,先生得罪的就是整个韩国了,到时候您是百口莫辩的。"于是聂政谢绝了车马和随从,只身一人前往韩国。

这几句话把聂政的冷静、决绝、专业凸显得淋漓尽致。自此,屠户聂政变成了刺客聂政。

关于这个刺杀事件的过程,《战国策》的记载很详细,这些细节,不但成为这些历史人物的防腐剂,而且也使侠士的精神得到了进一步弘扬。布衣聂政之所以不朽,不仅仅是依靠刺杀那一瞬间的惊天之举。

韩适有东孟之会,韩王及其相皆在焉,持兵戟而卫者甚众。聂政直入,上阶刺韩傀。韩傀走而抱哀侯,聂政刺之,兼中哀侯,左右大乱。聂政大呼,所杀者数十人。因自皮面抉眼,自屠出肠,遂以死。

聂政来到韩国之后打探到,韩国此时正在举行盛会,韩侯和国相都亲临现场。现场热闹非凡,安保做得也非常好,重甲兵士层层把守。聂政打定主意,要想得手必须突出一个快字。他看准了韩傀的位置,估算了自己的脚力,两点一线大步流星冲上台阶,快速奔向韩傀。韩傀见势不妙站起身跑向韩侯。聂政调整脚步,抽出匕首刺向韩傀,为确保刺杀成功聂政换了一个部位又扎了一下,这次也刺中了韩傀身边的韩侯。现场一下炸了锅了,反应慢的人现在才开始呼天抢地,整个会场一片混乱。聂政在确认自己已经得手之后,用手中的匕首划烂脸皮,挖出眼珠,锋刃向内剖腹挑肠,倒在原地,就此死去。

《战国策》中没有说明聂政毁容的目的,后文以聂政姐姐之口,说聂政是为了保全姐姐聂嫈的安全。

韩取聂政尸于市,县购之千金。久之莫知谁子。政姊闻之,曰:"弟至贤,不可爱妾之躯,灭吾弟之名,非弟意也。"乃之韩。视之曰:"勇哉!气矜之隆。是其轶贲、育而高成荆矣。今死而无名,父母既殁矣,兄弟无有,此为我故也。夫爱身不扬弟之名,吾不忍也。"乃抱尸而哭之曰:"此吾弟轵深井里聂政也。"亦自杀于尸下。

晋、楚、齐、卫闻之曰:"非独政之能,乃其姊者,亦列女也。"聂政之所以名施于后世者,其姊不避菹醢之诛,以扬其名也。

刺杀成功之后,韩国为了查找凶手的来源,把聂政的尸体悬挂在闹市,千金悬赏刺客的线索,主要是要知道他姓甚名谁,因为聂政的尸首几乎无法辨认,无人知道他的来历。这一天,有人跟聂政的姐姐说了这件事情,不知道是缘于血缘的神奇还是她对弟弟的了解,她感觉这具无名尸体就是自己的亲弟弟聂政。"我弟弟是个真正的贤人,我不能因为自己活命而让弟弟暴尸街头,我弟弟的名声不能这样被糟蹋!假装不知道,假装不认识,这不是姐姐能做出的事,况且让他的姐姐一辈子背负这样的愧疚,也不是我弟弟的本意。"

聂嫈义无反顾地去往韩国,果然在闹市看见了那具尸体,过往行人告诉她:"这个人杀害了国相,君王悬赏千金查询他的姓名,夫人没听说吗?"聂嫈看着弟弟的尸首大声高喊:"好样的弟弟!这是何种的气势啊!古代的勇士孟贲、夏育也不及你呀!天下都要知道你的名字,而你却这样作践自己,咱们父母已经不在了,姐姐知道你都是为了我呀!

姐姐不会让你不明不白地死掉的,你有名字,你叫聂政!你是我的弟弟,轵地深井里的聂政!"

这番话让整个街市上的人都惊诧不已。说完这些,她竟也自尽在弟弟的尸体旁。

三晋、楚、齐、卫等国的人听说这件事,都赞叹道:"不单聂政勇敢,就是他姐姐也是个刚烈的女子!"聂政之所以名垂后世,就是因为他姐姐顶着被剁成肉酱的后果,也要让天下人知道聂政的名字!

可能会有一些人对刺客的行为不是特别理解,觉得他们行事很极端,但单就刺客的知恩图报、视死如归的精神来说,我们能从他们身上看到可贵的侠义精神。这也是一种洒脱,也可以说是以身相许。今天我们用这个成语形容的是爱情,而其时说的往往是士为知己者死,为道义甘愿献身,为自己美好的名誉甘愿付出宝贵的生命。

在聂政的故事中,严遂对聂政一直以来的认可和期待,在聂政心中化成了一种坚定的信念。这种信念非常单纯,又转化为聂政的行为,他直接走到濮阳,面见严遂,只问了一个问题:"所欲报仇者为谁?"用白话文讲出来就是一句电影台词:"给我一个名字。"画面感很强!

于是就有了故事开始时那个画面,长驱直入,杀韩傀,伤韩王,皮面抉眼,从容赴死。但无论如何,这种过激行为也终有人有非议,也太血腥。这个事件更特别的部分在于姐弟之间的亲情,他们相互成就着,相互支撑着。在严遂面前他问"所欲报仇者为谁?"面对自己他问的是"所欲保护者为谁?"奉养母亲,人伦之本。母亲去世后,他在人世间还有一个牵挂,就是他的姐姐,他不希望自己的姐姐因此遭受任何连累和伤害,于是毁容自尽,暴尸于市。而他的姐姐也不避刀剑,她虽无惊人的武艺,却具有无畏的精神,为了信仰、亲人,不惜牺牲自己的生命,敢于挺身而出,其性格刚烈坚强,行事果决,重义轻生,也可称为侠女。在刘向编纂的《列女传》中,还有属于聂政姐姐的一篇。现代作家郭沫若不仅在历史剧《棠棣之花》中歌颂了聂嫈聂政姐弟,而且还根据聂嫈的事迹,创作了历史剧《聂嫈》。

这正是,聂政行刺血染东孟会,家姐认尸扬名青史留。

第二十章　刺客荆轲：易水苦寒，一去不还

说到荆轲,他应该是大部分人最熟悉的一个刺客。实际上,提到刺客这个词,很多人的第一反应可能就是荆轲,很多电影电视剧,甚至是游戏都在渲染荆轲刺秦的故事。

关于荆轲的故事,出自《战国策·燕策三·燕太子丹质于秦》。这个事件里的矛盾双方就是秦王嬴政和燕太子丹。其实他们是从小一起玩到大的朋友。曾经燕国把本国的公子丹,送到赵国当人质,丹在赵国遇到了一个叫政的小孩,也就是嬴政。两个人年纪相仿,不久就成了一双好玩伴。《史记·刺客列传》中记载:"燕太子丹者故尝质于赵,而秦王政生于赵,其少时与丹欢。"

那个时候他们两个人同病相怜,所以成为好朋友。身为"质人",小小年纪就被扔在异国他乡,日子能好到哪里?不知道什么时候能回国,不知道什么时候会死,就是勉强活命。

二十多年的时光弹指而过,谁能想到,曾经患难的兄弟,一个做了大秦的王,另一个又到秦国为质。《史记·燕召公世家》记载:"二十三年,太子丹质于秦。"

当时,秦国已经吞并了韩国,兵临易水,虎视眈眈,二目圆睁,一目摄赵一目眈燕,燕王喜为了安抚秦国,又让太子丹到秦国去做人质,《燕丹子》中记载:"燕太子丹质于秦,秦王遇之无礼,不得意,欲归。秦王不听,缪言曰:'令乌白头马生角乃可许耳。'"

燕国的太子丹来到秦国做人质,秦国人待他粗暴无礼,丹很是不满意,他想求自己的老熟人秦王让他归国。秦王不答应,妄言称:"若令乌鸦白头、马生出角,才可允许此事!"

试想,太子丹此时的心情可想而知。儿时你我同为阶下囚,那种做人质的滋味你不是不知道。如今我来到秦国,你却这样待我。于是太子丹仰天长叹:为何生于王家,若生于王家,又为何生于燕国?也许是上天可怜他,果然一只白头的乌鸦飞过,然后一匹脱缰的马脑袋上有一个长长的角。秦王不得已,下令放人,但又同时派人在太子丹返回燕国必经的一座桥上动手脚。不过太子丹走过那座桥的时候,机关失效没有被触发。太子丹一行人一路狂奔,直至秦国的边关。但是夜已深,城门已关,太子丹情急之下躲在草丛里,学公鸡打鸣的声音,由于学得太像,其他鸡也都跟着叫,守关的士兵以为天亮了,便打开城门,太子丹一行成功逃走。《燕丹子》中记载:"遂得逃归,深怨于秦,求欲复之,奉养勇士,无所不至。"

回到燕国之后的太子丹,他的世界只有仇恨,恨什么呢?嬴政辱他,父亲也不重用他,他恨燕国积贫积弱,恨虽是太子却无权无势……于是他就有了刺杀秦王嬴政的计划。所以这场刺杀的起因不单是国与国之间的对抗。太子丹担心国家被秦吞灭,想要通过刺杀实现政治目的,这肯定是太子丹刺杀秦王的主要原因。但这场刺杀也掺杂了大量的个人情感,也可以说有太子丹个人想要实施报复行为的因素。

在太子丹与自己的老师鞠武的交往中,这个观点也被证明。在《燕丹子》当中记载了太子丹写给鞠武的一封信:"一剑之任,可当百万之师,须臾之间可解丹万世之耻。若其不然,令丹生无面目于天下,死怀恨于九泉,必令诸侯无以为叹易水之北,未知谁有。"

《战国策》中的记载是师生二人面对面交谈。

太子丹想要刺杀秦王,让鞠武帮他想办法。鞠武说:"我国有一位田光先生,此人深谋远虑,勇敢沉着,您可以跟他商量商量。"太子丹说:"劳烦您从中介绍,我想结交这位田先生,可以吗?"鞠武说:"好的。"而后鞠武就去见田光,说:"太子来找我,他说希望和先生一起商议国家大事。"田光就与鞠武一起去拜见太子。太子跪着迎接田光,倒退着走为他引路,又跪下来替田光拂拭座席。等田光坐稳,左右人都退下后,太子就离席与田光坐在一起,向田光请教道:"燕国秦国势不两立,希望先生能想个办法。"田光说:"我听说好马在年轻力壮的时候,一天可以飞奔千里。可到它衰老力竭的时候,连劣马也能跑在它的前面。太子现在听说的那些传闻,都是我年轻时候的事情了,现如今的我已经年老体衰了。虽然这么说,我不敢因此耽误国事。我的好朋友荆轲可以担当这个使命。"太子说:"希望能通过先生与荆轲结识,可以吗?"田光说:"好的。"说完就起身,太子把他送到门口,告诫他说:"方才我同先生讲的,以及先生您同我讲的,那可都是国家大事,希望先生不要泄露出去。"田光低头一笑,说:"好。"随后田光就去见了荆轲,他跟荆轲说:"我和您交情很深,燕国没有人不知道。现在太子只听说我壮年时的经历,却不知道我的身体已大不如当年了。太子对我说燕国秦国势不两立,希望我想想办法。我向太子举荐了您,希望您到宫中去拜见太子。"荆轲答应了。田光又说:"我听说,忠厚之人的所作所为不会使别人产生怀疑,如今太子却告诫我说:'我们所讲的,都是国家大事,希望先生不要泄露出去。'这是太子怀疑我啊。为人做事让人怀疑,那可失了侠客的气节。"殊不知田光这是想用自己的生命来激励荆轲,接着田光又说道:"希望您这就去拜见太子,说我已经死了,以此表明我没有把国家大事泄漏出去。"说完当场自刎而死。

荆轲见到太子,告诉他田光已经死了,以向太子表明自己没有把国家大事泄露出去。太子拜了两拜,双腿跪行,泪流满面,过了一会儿才说道:"我之所以告诫田光先生不要泄密,只是想保障我们燕国的大事顺利进行。现在田先生用死来表明他没有泄密,这哪里是我的本意呢?"

不管是不是太子丹的本意,这复仇的战车已经发动,任何人也无法阻挡了。

对荆轲而言,从老前辈田光以死明志之时,他就已然明白了这件事情的分量。他面见太子丹时,太子丹依旧把秦国如何无耻,燕国如何贫弱,自己如何痛苦说给荆轲听。最后太子丹说出了自己的计划:

丹之私计,愚以为诚得天下之勇士,使于秦,窥以重利,秦王贪其贽,必得所愿矣。诚得劫秦王,使悉反诸侯之侵地,若曹沫之与齐桓公,则大善矣;则不可,因而刺杀之。彼大将擅兵于外,而内有大乱,则君臣相疑。以其间诸侯,诸侯得合从,其偿破秦必矣。此丹之上愿,而不知所以委命,惟荆卿留意焉。

关于曹沫,《史记·刺客列传》里有记载,在齐鲁会盟的时候,他用匕首胁迫齐桓公,收复了鲁国的失地。这种方法既简单,见效又快,深合太子丹的心意。荆轲听完太子丹的故事和计划,明白了自己的任务。双方一拍即合,太子丹拜荆轲为上卿,尽心款待。从此以后他们二人一个有了希望,另一个得到了认可。却不知莺歌燕舞之时,秦国大军已攻破赵国邯郸,正在继续推进,现已逼近易水之滨。得到消息的太子丹又着急了,荆轲倒是十分冷静,他向太子丹要了最后两样东西:樊於期的人头与燕督亢之地图。

太子丹与樊於期私交深厚,不忍心加害,荆轲便私自去找樊於期。他对樊於期说:"我本是魏国人,之所以来到燕国,就是为了解除燕国的危难,同时帮将军您报仇。不日,我会接近秦王,然后杀之。为了有刺杀的机会,我冒昧地向将军索要一样东西,就是您的项上人头。"樊於期将衣服扯下一半,袖子撸起来说:"此臣日夜切齿拊心也,乃今得闻教。"说完便自杀了。

太子丹听说后,迅速赶来,趴在樊於期的尸体上痛哭起来,极其悲伤。事情既然无可挽回,于是就只好收敛樊於期的头颅,用匣子封存起来。

荆轲计划周密,他知道樊将军和秦王有血海深仇,以至于秦王为了杀掉他可以付出"邑万户,金千斤"的代价。至于这两个人到底是什么恩怨,史料所记不详,但从樊於期偏袒扼腕、切齿拊心也能看得出来,这仇肯定不简单。樊於期一直活在仇恨的折磨里,但他完全找不到解决的方案和发泄的途径,荆轲的话给了他一个希望。所以他义无反顾地把宝剑横在了脖颈间……

荆轲要带的第二样东西就是燕督亢之地图。燕国奉行的是三都制,也就是三个都城,下都武阳,中都良乡,上都蓟,蓟就是现在的京津地区。把这三个都城当作三个点,把三个点连成一条线,然后以这条线为直径画出一个圈,这个圈的范围内就是督亢之地。所以很显然,让出这块地方就代表着让出燕国。督亢之地没了,燕国就只剩辽东了。

有这两样东西方才换得荆轲刺秦这一个机会,这是多么不容易,反过来看,燕丹子真是下了血本。当然,要刺秦,自然要有凶器,这个,太子丹也是毫不含糊:

于是,太子预求天下之利匕首,得赵人徐夫人之匕首,取之百金,使工以药淬之,以试人,血濡缕,人无不立死者。乃为装遣荆轲。

太子已经预先寻到天下最锋利的匕首,那是从徐夫人手里用百金才买到的匕首。太子让工匠用毒药水淬染匕首,拿它在人身上试验,只要匕首让试者流出一点儿血,试者就会立刻死去。这把匕首就藏在献给秦王的燕国地图里面。一切备齐,太子丹又为荆轲配备了一名副手——勇士秦武阳,二人准备动身赴秦都咸阳。

要出发了,太子丹搞了一个盛大而悲壮的送行场面。他和一众门客身穿白衣,送别荆轲一行人,这种送别就是太子丹给荆轲提前准备的葬礼。因为谁都知道,荆轲此行必定是有去无回,在易水河边:

> 高渐离击筑,荆轲和而歌,为变徵之声,士皆垂泪涕泣。又前而为歌曰:"风萧萧兮易水寒,壮士一去兮不复还。"

都说燕赵之地,自古多慷慨悲歌之士,慷慨就是面对生死的潇洒和勇敢,说是悲歌实际就是哀乐。有人击筑,有人悲歌,所有人都白衣胜雪,那个场面还是非常悲壮的。

荆轲和他的副手秦武阳来到咸阳,一番活动之后见到秦王。本来一切顺利,没想到他的副手秦武阳被秦宫和秦王的威势所震慑,差点露馅。说起来秦武阳这个人本身也是名门之后,他是燕国名将秦开的孙子,秦开为燕国开辟辽东五郡,何其勇武。但是这些优势显然秦武阳并没有继承,在献地图和樊於期首级的关键之时他露怯了。

> 秦王闻之,大喜。乃朝服,设九宾,见燕使者咸阳宫。荆轲奉樊於期头函,而秦武阳奉地图匣,以次进。至陛下。秦武阳色变振恐,群臣怪之,荆轲顾笑武阳,前为谢曰:"北蛮夷之鄙人,未尝见天子,故振慑,愿大王少假借之,使毕使于前。"

秦王听了荆轲说的燕王愿意献上樊於期首级与督亢之地图求和的表白后十分高兴。于是穿上朝服,设置九宾之礼,在咸阳宫接见燕国使者。荆轲捧着封藏樊於期头颅的匣子,秦武阳捧着装地图的匣子,按顺序走上前去。走到宫殿前的台阶下，秦武阳脸色陡变，浑身发抖，秦国大臣们感到奇怪，荆轲回过头朝秦武阳笑了笑，走上前去向秦王谢罪说："他是北方荒野之地的粗人，没有见过世面，今日得见天子，所以害怕，希望大王稍加宽容，让他能在大王面前完成使命。"

要知道秦武阳手里边拿的是地图，地图里面包裹着用于刺杀的唯一的武器。幸亏荆轲沉着冷静，一番解释算是做了一个掩护，但肯定引起了秦王等的警惕。

刺秦故事的高潮终于来了。这一段非常精彩：

秦王谓轲曰："起，取武阳所持图。"轲既取图奉之，发图，图穷而匕首见。因左手把秦王之袖，而右手持匕首揕抗之。未至身，秦王惊，自引而起，绝袖。拔剑，剑长，操其室。时怨急，剑坚，故不可立拔。荆轲逐秦王，秦王还柱而走。群臣惊愕，卒起不意，尽失其度。而秦法，群臣侍殿上者，不得持尺兵。诸郎中执兵，皆陈殿下，非有诏，不得上。方急时，不及召下兵，以故荆轲逐秦王，而卒惶急无以击轲，而乃以手共搏之。是时侍医夏无且，以其所奉药囊提轲。秦王之方还柱走，卒惶急不知所为，左右乃曰："王负剑！王负剑！"遂拔以击荆轲，断其左股。荆轲废，乃引其匕首提秦王，不中，中柱。秦王复击轲，被八创。轲自知事不就，倚柱而笑，箕踞以骂曰："事所以不成者，乃欲以生劫之，必得约契以报太子也。"左右既前斩荆轲，秦王目眩良久。

秦王对荆轲说："起来，把武阳拿的地图取过来。"荆轲就从秦武阳手中取过地图奉上，秦王打开地图卷轴，等地图完全展开时露出了匕首。荆轲马上展开行动,他左手拉住秦王的衣袖,右手抓过匕首就刺向秦王,可惜没能刺中。秦王大吃一惊,抽身而起,挣断衣袖。秦王赶忙伸手拔剑,可剑身太长,空间有限,再加上紧张,这把剑就卡在腰侧怎么也拔不出来。第一次刺杀没成功,荆轲就开始追赶落荒而逃的秦王,秦王绕着柱子逃跑,荆轲绕着柱子追。群臣都惊慌失措,由于发生了过于出人意料的事,一个个都乱了分寸。而且按照秦国的法律,大臣在殿上侍奉君王时不得携带任何兵器,守卫宫禁的侍卫虽然带着武器,但都站在殿外,没有秦王的命令不能上殿。殿外的卫兵此刻也是远水解不了近渴。大臣也是手足无措,一时竟不知用什么东西来对付荆轲,只能用手来阻挡荆轲。这时御医夏无且用他身上带着的药袋向荆轲投去,这一下立了大功,打断了荆轲追杀的节奏,荆轲一愣,趁这个机会大臣们大喊:"大王把剑推到背后!推到背后往出拔!"秦王这才拔出剑来砍荆轲,一下子砍到了荆轲的左腿。荆轲重伤跌倒在地,于是举起匕首向秦王投去,没有击中,扎在柱子上。秦王连砍荆轲数剑,荆轲八处受伤。他自知事情失败,就靠着柱子大笑起来,由于伤势越来越重,最后坐在地上说:"事情之所以没有成功,无非是想活捉你,得到归还被侵占土地的凭证,回报太子。"两旁的人赶过来把荆轲杀了,秦王头晕目眩了好久,才回过神来。

荆轲刺秦,图穷而匕首现。我们来分析一下其中的细节,地图是秦王从右至左自己展开的。"(荆轲)奉之,(秦王)发图",以这个视角,荆轲看着地图从左到右,等待其完全展开,所以才有接下来发生的"因左手把秦王之袖,而右手持匕首揕抗之",这个揕就是刺,抗是抵的意思,就是把匕首攥紧,铆足了劲扎过去,可还是没中。为什么?

第一,匕首适用于贴身攻击,在荆轲跟秦王之间隔着一个条案,攻击距离过远。

第二,嬴政也算是久经沙场,他的防范意识和身体素质还是过硬的。这一点从《战国策》的记载中可以看出,那就是嬴政"自引而起"。大家可以试一下,坐在地上,然后引体向上,还是有点难度的。

第三,秦王扯断了自己的袖子,没给荆轲近身的机会。

惊天动地的荆轲刺秦就这样以失败而告结束,其直接后果一是荆轲身死,二是"秦大怒燕":

于是,秦大怒燕,益发兵诣赵,诏王翦军以伐燕。十月而拔燕蓟城。燕王喜、太子丹等,皆率其精兵东保于辽东。秦将李信追击燕王,王急,用代王嘉计,杀太子丹,欲献之秦。秦复进兵攻之。五岁而卒灭燕国,而虏燕王喜,秦兼天下。

在最后的最后,燕国再次选择了牺牲太子丹,然而毫无作用。公元前222年,秦国灭燕。反观"荆轲刺秦"这一出悲剧,其主角固然是荆轲,但是真正悲哀的是燕国的太子丹。

一场刺杀并没有阻止秦王征伐的脚步,灭燕之后,第二年他消灭了齐国,统一了中原地区,分天下三十六郡,结束了中国历史上的战国时代。"六王毕,四海一",中华文明合久必分,分久必合,统一的趋势终究势不可挡。